书山有路勤为径,优质资源伴你行
注册世纪波学院会员,享精品图书增值服务

中国项目管理实战系列丛书

一个项目管理故事学通PMP®考试

《PMBOK®指南》（第七版）
全面解析与运用

莫敏 张倩 刘辛宇 杨大鹏 编著

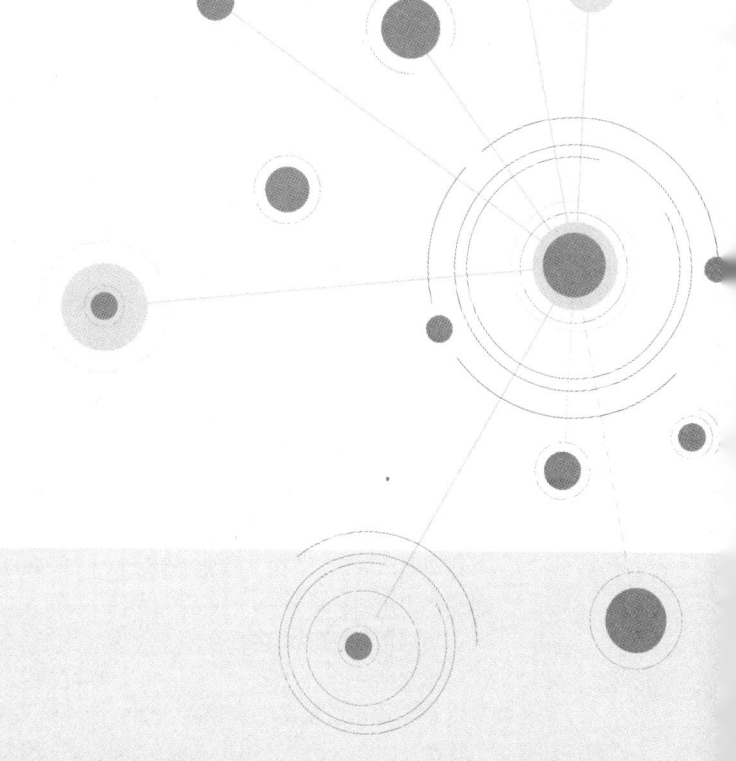

电子工业出版社
Publishing House of Electronics Industry
北京·BEIJING

未经许可，不得以任何方式复制或抄袭本书之部分或全部内容。
版权所有，侵权必究。

图书在版编目（CIP）数据

一个项目管理故事学通PMP®考试：《PMBOK®指南》（第七版）全面解析与运用 / 莫敏等编著.—北京：电子工业出版社，2024.4
ISBN 978-7-121-47519-1

Ⅰ.①一… Ⅱ.①莫… Ⅲ.①项目管理—资格考试—自学参考资料 Ⅳ.① F224.5

中国国家版本馆 CIP 数据核字（2024）第 057410 号

责任编辑：刘淑丽
印　　刷：天津画中画印刷有限公司
装　　订：天津画中画印刷有限公司
出版发行：电子工业出版社
　　　　　北京市海淀区万寿路173信箱　邮编：100036
开　　本：720×1000　1/16　印张：18.75　字数：357千字
版　　次：2024年4月第1版
印　　次：2024年4月第1次印刷
定　　价：88.00元

凡所购买电子工业出版社图书有缺损问题，请向购买书店调换。若书店售缺，请与本社发行部联系，联系及邮购电话：（010）88254888，88258888。
质量投诉请发邮件至zlts@phei.com.cn，盗版侵权举报请发邮件至dbqq@phei.com.cn。
本书咨询联系方式：（010）88254199，sjb@phei.com.cn。

序一

项目管理知识体系（Project Management Body Of Knowledge，PMBOK）不是一个简单的知识体系，它涵盖培训、认证、考核一整套科学手段。它是目前影响最广泛的项目管理实践的总结。每年有很多人考取PMP®证书，借此证明自己的能力，并将其作为获取更好的职位的敲门砖。

近20年来，互联网软件产品的研发给项目管理带来了新的变化。PMBOK不太适应新的软件研发模式。

传统的软件研发比较强调需求的稳定性。只有源头稳定，才能在后续的环节加以度量，并根据对度量数据的分析持续优化。传统软件项目，如外包项目或行业管理软件项目，都有明确的需求。软件供应商的竞争力体现在更低的成本和更高的质量上。PMBOK强调的度量和持续优化特别适合软件供应商进行成本/时间控制和质量管理。

但是，在互联网产品面前，环境变了。互联网产品聚焦于产品对用户痛点的满足，而且互联网头部产品存在"赢家通吃"的特点，不但要求团队擅长挖掘用户的真实需求，而且要求团队快速满足这些需求。

相当多的项目管理从业人员从传统项目转型到互联网项目时都有些不知所措。

我和莫敏在2012年相识，他当时是深圳敏捷活动的组织者。正好我在腾讯互娱事业群主持敏捷项目转型工作，于是我力邀他加入我的团队。

我们并肩战斗，向众多游戏研发团队传授敏捷研发管理思想，指导他们的研发过程，逐个解决问题，提升每个环节的效率。莫敏主持了腾讯欢乐斗地主项目团队的项目管理工作，给这个上百人的团队带来了更高效的研发模式，并培养了一批敏捷项目经理。

莫敏的这本书以一个虚拟项目实施过程为主线，以对话的形式将敏捷思想娓娓道来。业界阐述PMBOK的书有很多，讲解敏捷项目管理的书也不少，但是就融合敏捷思想和实践案例来阐述PMBOK的书来说，这本书是我读过的最好的。它不像PMBOK标准那般内容艰深晦涩；也不像一些敏捷实践书籍中所描述的内容那样无头无尾，让人不明白实践的原因和目的，以及需要解决什么问题。莫敏将他10余年来的工作经验沉淀下来，巧妙地糅合到实际案例中，使书中知识特别易于理解。

特别推荐这本书给正处于从传统行业向互联网行业转型的企业中高层领导和项目经理，这是一本很好的实践教程。

熊晖

游戏制作人，项目管理老兵，深圳爱游龙科技有限公司合伙人

序二

《PMBOK®指南》（第七版）的发布是一件既让人兴奋又让人担忧的事，让人兴奋的是，这必将是项目管理理论、知识和实践指南的一次全面更新，带来的将是项目管理价值的重估和项目管理方法的重构；让人担忧的是，这一更新又得让多少经验积累面临贬值，不断地学习和更新知识是免不了的，但如何才能更有效地成长，更有效地将这次颠覆性的更新与已有的知识和实践基础结合呢？

读完《PMBOK®指南》（第七版），我觉得大部分读者都需要一些辅助资料来指点迷津，而莫敏的这本书非常好地满足了将标准的颠覆性更新与来自不同领域的理论和思想精华相结合的现实需要，能够真正帮助读者完成一次脱胎换骨式的升华，这种升华来自从面向过程到面向价值交付，以模型思维面对项目管理的空前不确定性挑战，更加自信、睿智地站立在时代前沿。

郭必坚

腾讯项目管理专家，腾讯IEG项目管理通道原负责人，

《腾讯游戏自研项目管理指南》主编写人

序三

自改革开放以来，特别是进入21世纪以来，中国经济高速发展，各个领域、行业的大型项目不断涌现。随着全球化的加速和国际交流的日益增多，跨国项目越来越多，项目管理在这些项目的成功开展中发挥了巨大的作用，为经济的发展起到了极大的推动作用。伟大的时代也为人才的发展提供了良好的机遇，大批项目管理人才和优秀的项目管理实践不断涌现出来。

实践需要理论的指导，大批优秀人才的涌现需要理论的武装，美国项目管理协会（Project Management Institute, PMI）出版的《项目管理知识体系指南》（以下简称《PMBOK®指南》）及其系列标准和实践指南是很好的参考书。要想掌握这些知识、工具、技术、方法，参加PMP®考试等是最好的途径。然而，相关书籍动辄几百页，且文字晦涩难懂，对学习项目管理及参加考试的人员进行培训辅导的市场需求随之产生。这些年国内也涌现出了不少培训机构及从业人员，相关解读书籍可以说琳琅满目。目前《PMBOK®指南》已经更新至第七版，之前版本一直是"M过程组+N知识领域"的结构，而且第6版已经演进成为大家非常熟知也非常完善的"五大过程组+十大知识领域"，能够全面指导项目管理从业人员开展项目管理活动，实现项目目标。

随着社会和经济活动节奏的加快，传统的预测型生命周期模型越来越难以适应各种项目活动的开展，适应型、敏捷型生命周期模型应运而生。同时，更多的项目复杂性越来越高，不再局限于简单的单一类型的活动，单一类型的生命周期模型难以覆盖不同类型项目活动的特点，同时在项目执行过程中需要应对可能发生的环境变化。《PMBOK®指南》（第七版）正是在这样的背景下面世的。新版本结构性的变化覆盖不同的生命周期类型，适应灵活、多变、模糊、不确定的环境，并从原来的"过程组+知识领域"结构转变为"原则+绩效域"结构。做好《PMBOK®指南》（第七版）的解读，帮助项目管理从业人员学习，既是应对实际工作挑战的需要，也是许多准备参加PMP®考试的人的真实需求。

当前正值我国"十四五"规划实施时期，各行各业都在进行数字化转型。国家"一带一路"倡议的实施，需要开展大量的项目工作。因此，项目管理专业人员，特别是掌握先进管理理念和技能的专业人员，迫切需要在不确定和快速多变的环境中决策、执行项目工作。对项目经理来说，环境适应能力非常重要。工作中的实际需求催生了越来越多学习项目管理、应用项目管理的人。2000年，PMP®考试由中国国际人才交流基金会引入中国，目前中国大陆地区PMP®持证人数已经突破50万人，近几年报名参加PMP®考试的人数屡创新高。

与莫敏先生相识于2020年年初的PMI（中国）组织的年度REP大会。甫一交谈，我就感受到他对项目管理的深刻认识和敏锐洞察力，他对项目管理及项目管理培训行业发展方面的独到见解让我折服。由于我们两人都有从事软件开发的工作经历，有较多的共同语言，两年多来经常有关于项目管理方面的交流。2022年8月一个周末的上午，他打电话和我说起准备写一本书来解读《PMBOK®指南》（第七版），我很为他高兴。当他提到让我为他的新书作序时，我顿感惶恐。但朋友有托，只好勉强凑些文字，权当对大家了解本书的一个辅助参考。

高学军

中兴通讯股份有限公司资深项目管理专家

中兴通讯股份有限公司G.R.E.P.负责人

前言

PMP®考试引入中国20余年来，各种PMP®教辅书层出不穷，但大多是对《PMBOK®指南》结构的解读，只不过增加了一些个人或企业的案例，读者很难代入理解。《PMBOK®指南》本身就是一套适合全行业的项目管理体系。

于是，如何让考试书变得易读就成了本书要解决的重点问题。由于本书的几位作者都是IT人员出身，所以本书一改其他同类书籍针对知识点逐个讲解的方式，以一个IT项目团队转型为故事主线，把《PMBOK®指南》（第七版）的知识点贯穿其中。书中呈现的不再是枯燥的知识堆积，而是一个个项目运作的实际场景，内容生动有趣，读起来轻松流畅。项目经理学习项目管理，不能只简单地掌握一些项目管理知识，还要能够运用所学的知识把实际项目工作完成好。因此，场景化学习从应用出发，以应用牵引学习，更符合项目管理知识学习及应用的特点。

在故事主线下，预测型生命周期、迭代型生命周期、增量型生命周期、适应型生命周期及混合型生命周期等枯燥且难以理解的概念，在本书中都以场景对话的形式生动地展现出来，让人耳目一新。项目管理十二原则、八大绩效域也都在本书中一一呈现。

本书内容分为两部分。

第一部分，团队开始学习新型价值交付型项目管理体系方法，也称"项目管理十二原则"。学完方法之后，团队便按照新学习的原则把项目管理方法导入项目管理八大绩效域，这是项目管理实践部分。团队运用所学的方法解决了在实践中遇到的一个又一个难题，最终发布了让用户满意的产品，成功实现了价值交付。

第二部分，介绍模型、方法与工具。第一部分出现的模型、方法与工具都可以在第二部分找到具体的解析和举例说明，方便读者查阅和学习。

本书也是用价值交付的方式不断迭代出来的，在4个月的写作过程中，几位作者不断地沟通，并将书稿发布到各大项目管理平台，听取大家的意见，历经6次修正，才最终定稿。为了照顾备考PMP®的读者，使本书既易读，又方便读者对照《PMBOK®指南》学习，作者在本书中创新性地使用了双目录结构，第一个目录反映本书的结构，第二个目录反映《PMBOK®指南》（第七版）在本书中对应的知识点。

本书适合有IT背景的项目管理从业人员阅读。如果你正在备考PMP®，本书可以作为你的备考资料。相信你会一边读，一边拍着大腿惊呼："没错，我的项目就是这样的。"如此，我们的目的就达到了。

导读

从一个故事开始……

通过一个故事对新项目管理体系进行介绍，是一个大胆的尝试。

内忧外患，公司面临转型

菜菜网络有限公司一直致力于为电商公司提供"一站式"IT解决方案。疫情防控期间，生意不太好做，公司想转型做垂直类电商，打算从生鲜出发，做买菜类App，名字都想好了，就叫"菜多多"。这是公司的第一次尝试，所以找了一个试点团队先开始。但摆在公司面前的问题是，公司之前是做传统IT软件的，并没有做App的经验。为了做好这个项目，公司从以前的项目组中抽调了精锐的成员加入该项目团队。

临危受命

公司老板张大牛任命陈恭为该项目的项目经理。为了保证项目的成功，公司还从外部请来了业界知名的项目管理顾问马丁。公司老板强调"这个项目只许成功不许失败"。陈恭临危受命，他在向老板张大牛拍完胸脯之后，便着手组建团队。

团队初建

这个项目的成员不多，总共15人，配备比较齐全，有项目经理、产品经理、开发人员、测试人员、运维人员、运营人员。除此之外，还有一位非常有经验的咨询顾问马丁。团队被分配到一个大会议室，开始集中办公。

虽然团队中有部分人彼此认识，但项目经理陈恭为了让大家互相熟悉，还是将每个人都介绍了一遍。

项目团队成员介绍

发起人：公司老板张大牛

项目经理：陈恭

产品经理：大鹏

开发人员：于倩及其他人

测试人员：木宇及其他人

运维人员：乔乔及其他人

运营人员：春哥及其他人

咨询顾问：马丁

具体如表0-1所示。

表 0-1 项目团队成员介绍

主要项目干系人	在项目中的角色	干系人分组
陈恭	项目经理	内部干系人
大鹏	产品经理	内部干系人
于倩	开发骨干	内部干系人
木宇	测试骨干	内部干系人
乔乔	运维骨干	内部干系人
春哥	运营骨干	内部干系人
张大牛	项目发起人	公司治理干系人
马丁	咨询顾问	公司治理干系人
王二萌	商品供应商	外部干系人
刘大虎	用户	外部干系人
关二爷	监管机构对接人	外部干系人

该项目计划8个月内完成上线，从5月开始，到12月底V1.0上线。

主要项目里程碑如下。

5—6月：市场调研。做市场调查和用户访谈，绘制用户画像，厘清商业模式，确定项目愿景和目标。

7—8月：产品开发与试运营期。基本流程跑通，完成第一个试用版本并试运行，基本实现买菜流程主功能。

9月：产品引入期。开始打磨版本，实现基本功能，积累原始用户，依靠原始用户完成产品的冷启动。此时的更新和迭代主要侧重完善核心交易流程。

12月：发布V1.0，产品成长期，吸引新用户，完善基础功能，以快速拉新为目的搭建运营工具，通过新人福利、邀请有礼、分享红包等大量促销活动吸引用户。进一步完善基础功能，如配送定位、优化退款售后等。

第二年4月：发布V2.0。产品成熟期，提高用户活跃度和用户黏性。在积累了一定用户量后，开始提高用户活跃度和用户黏性。引入积分系统和会员系统，提高用户复购率。布局"吃了么"模块，引导用户下单，提高用户在峰值时段的活跃度，并通过密集的优惠促销活动维持用户忠诚度。

第二年10月：发布V3.0。产品成熟期，放缓各种烧钱补贴的运营步伐，回归产品本身，优化产品细节，提升用户体验。添加"扫一扫"功能，让用户能查询商品产地等信息，消除用户对商品安全性的顾虑，优化下单、客服、评价、搜索等核心功能，在迭代中不断提升产品的易用性和用户满意度，在精细化运营的前提下实现营收。

注：正文中用"我们"指代项目团队。

目录一

第一部分　新型项目管理的实践

第一章　学习新型项目管理方法　002
　　第一节　第一天：打开思维——价值传递和交付　003
　　第二节　第二天：项目经理学习手册　012
　　第三节　第三天：产品负责人学习手册　022
　　第四节　第四天：团队学习手册　030

第二章　项目启动阶段　040
　　第一节　从不确定性中找到确定的成功　042
　　第二节　项目成功的关键是管好干系人　054
　　第三节　如何打造高绩效团队　061

第三章　项目计划阶段　071
　　第一节　开发方法的选择　071
　　第二节　规划绩效域　088

第四章　项目执行和监控阶段　097
　　第一节　项目正式实施　097
　　第二节　用数据指标测量项目工作　109

第五章　项目收尾阶段　126
　　第一节　菜多多终于可以交付了　126
　　第二节　交付后产品的优化点和用户体验的反馈　143
　　第三节　让项目流程为我们服务　144

第二部分　模型+方法+工件

第六章　常用模型 165
- 第一节　情境领导力模型 165
- 第二节　沟通模型 168
- 第三节　激励模型 171
- 第四节　变革模型 177
- 第五节　复杂性模型 187
- 第六节　项目团队发展模型 190
- 第七节　其他模型 194
- 第八节　跨绩效域应用的模型 198

第七章　常用方法 200
- 第一节　数据收集和分析方法 200
- 第二节　估算方法 214
- 第三节　会议 217
- 第四节　其他方法 226
- 第五节　跨绩效域应用的方法 230

第八章　常用工件 233
- 第一节　战略工件 233
- 第二节　日志和登记册 238
- 第三节　计划 241
- 第四节　层级图 251
- 第五节　基准 255
- 第六节　可视化数据和信息 256
- 第七节　报告 272
- 第八节　协议和合同 272
- 第九节　其他工件 274
- 第十节　应用于跨绩效域的工件 279

目录二

与《PMBOK®指南》（第七版）目录对应的本书章节和页码（用于查找知识点）。

项目管理标准

2 价值交付系统（第一章第一节 第一天：打开思维——价值传递和交付） 3
  2.1 创造价值（第一章第一节 学习价值交付系统） 4
  2.2 组织治理系统（第一章第一节 学习组织治理系统） 8
  2.3 与项目有关的职能（第一章第一节 学习与项目有关的角色及职责） 8
  2.4 项目环境（第一章第一节 学习项目环境） 9
  2.5 产品管理考虑因素（第一章第一节 学习产品管理考虑因素） 10

3 项目管理原则（第一章第二节 第二天：项目经理学习手册） 12
  3.1 成为勤勉、尊重和关心他人的管家（第一章第二节 管家式管理） 12
  3.2 营造协作的项目团队环境（第一章第四节 团队） 30
  3.3 与干系人有效互动（第一章第二节 干系人） 13
  3.4 聚焦价值（第一章第三节 价值） 22
  3.5 识别、评估和响应系统交互（第一章第二节 系统思考） 15
  3.6 展现领导力行为（第一章第三节 领导力） 24
  3.7 根据环境进行裁剪（第一章第二节 裁剪） 17
  3.8 将质量融入过程和可交付物中（第一章第三节 质量） 27
  3.9 驾驭复杂性（第一章第四节 复杂性） 32
  3.10 优化风险应对（第一章第四节 风险） 35
  3.11 拥抱适应性和韧性（第一章第四节 适应性和韧性） 37
  3.12 为实现预期的未来状态而驱动变革（第一章第二节 变革） 19

《项目管理知识体系指南》（简称《PMBOK®指南》）

2 项目绩效域（第二章 项目启动阶段） 40
  2.1 干系人绩效域（第二章第二节 项目成功的关键是管好干系人） 54

2.1.1 干系人参与（第二章第二节 让干系人积极参与项目过程，提高项目成功率） ... 59

2.2 团队绩效域（第二章第三节 如何打造高绩效团队） ... 61

2.2.1 项目团队的管理和领导力（第二章第三节 用服务型领导力激发团队能力） ... 63

2.2.2 项目团队文化（第二章第三节 团队文化很重要，那么如何建立团队文化） ... 65

2.2.3 高绩效项目团队（第二章第三节 自组织团队从建立团队章程开始） ... 66

2.2.4 领导力技能（第二章第三节 自组织团队建立和维护共同的愿景） ... 67

2.2.5 裁剪领导风格（第二章第三节 对项目经理的考验：团队应该采用何种管理方法） ... 68

2.2.6 与其他绩效域的相互作用（第二章第三节 团队在成长中创造高绩效） ... 68

2.3 开发方法和生命周期绩效域（第三章第一节 开发方法的选择） ... 71

2.3.1 开发、节奏和生命周期之间的关系（第三章第一节 了解基础概念） ... 71

2.3.2 交付节奏（第三章第一节 了解基础概念） ... 71

2.3.3 开发方法（第三章第一节 4种开发方法的比较） ... 84

2.3.4 选择开发方法的考虑因素（第三章第一节 是什么限制了开发方法的选择） ... 72

2.3.5 生命周期和阶段的定义（第三章第一节 预测型项目生命周期、迭代型项目生命周期、增量型项目生命周期、敏捷型项目生命周期） ... 75

2.3.6 协调交付节奏、开发方法和生命周期（第三章第一节 4种项目周期的选择） ... 84

2.3.7 与其他绩效域的相互作用（第三章第一节 与其他绩效域的关系） ... 87

2.3.8 测量成果（第三章第一节 检查成果） ... 88

2.4 规划绩效域（第三章第二节 规划绩效域） ... 88

2.4.1 规划概述（第三章第二节 做好计划等于成功了一半） ... 88

2.4.2 规划的变量（第三章第二节 关注项目计划的变化与偏差） ... 91

2.4.3 项目团队的组成和结构（第三章第二节 我们彼此之间如何协作：沟通计划） ... 94

2.4.4 沟通（第三章第二节 我们彼此之间如何协作：沟通计划） ... 94

2.4.5 实物资源（第三章第二节 如何使项目外部资源为我们所用） ... 95

2.4.6 采购（第三章第二节 我们要花多少钱：成本规划） ... 93

2.4.7 变更（第三章第二节 关注项目计划的变化与偏差） ... 91

2.4.8 度量指标（第四章第二节 可交付物与商业价值） 113

2.4.9 一致性（第三章第二节 关注项目计划的变化与偏差） 91

2.5 项目工作绩效域（第四章第一节 项目正式实施） 97

2.5.1 项目过程（第四章第一节 菜多多V1.0阶段目标和日常工作） 97

2.5.2 平衡竞争性制约因素（第四章第一节 调整制约因素，保证项目如期交付） 101

2.5.3 使项目团队保持专注（第四章第一节 建立"作战室"，使项目团队保持专注） 97

2.5.4 项目沟通和参与（第四章第一节 利用沟通和参与确定V1.0的项目范围） 99

2.5.5 管理实物资源（第四章第一节 用供应链系统管理菜多多实物资源） 104

2.5.6 处理采购事宜（第四章第一节 简化菜多多采购流程） 105

2.5.7 监督新工作和变更（第四章第一节 用自组织的方式取代变更控制委员会） 105

2.5.8 整个项目期间的学习（第四章第一节 迭代回顾） 105

2.6 交付绩效域（第五章第一节 菜多多终于可以交付了） 126

2.6.1 价值的交付（第五章第一节 为客户创造价值的交付体系） 127

2.6.2 可交付物（第五章第一节 菜多多的Demo） 129

2.6.3 质量（第五章第一节 注重质量的菜多多） 136

2.6.4 次优的成果（第五章第一节 得了"爆款"的病） 139

2.6.5 与其他绩效域的相互作用（第三章第一节 与其他绩效域的关系） 87

2.6.6 检查结果（第五章第一节 来一次有计划的"体检"） 140

2.7 测量绩效域（第四章第二节 用数据指标测量项目工作） 109

2.7.1 制定有效的测量指标（第四章第二节 用SMART原则制定菜多多的指标） 110

2.7.2 测量内容（第四章第二节 从多维度测量菜多多项目） 113

2.7.3 展示信息［第四章第二节 利用信息发射源（可视化工具）让团队更好地协作］ 120

2.7.4 测量陷阱（第四章第二节 测量要具有正向引导意义） 125

2.7.5 对绩效问题进行故障诊断（第四章第二节 给指标制定临界值） 125

2.7.6 成长与改进（第四章第二节 数据驱动学习和改进） 125

　2.8 不确定性绩效域（第二章第一节 从不确定性中找到确定的成功） 42

　　2.8.1 普遍不确定性（第二章第一节 如何减少不确定性） 42

　　2.8.2 模糊性（第二章第一节 如何减少项目的模糊性） 49

　　2.8.3 复杂性（第二章第一节 如何让复杂的项目变得简单） 50

　　2.8.4 易变性（第二章第一节 如何应对变化不定的项目环境） 52

　　2.8.5 风险（第二章第一节 风险既是危又是机，如何转危为机） 52

3 裁剪（第五章第三节 让项目流程为我们服务） 144

　3.1 概述（第五章第三节 什么叫裁剪） 144

　3.2 为什么要裁剪？（第五章第三节 什么叫裁剪） 144

　3.3 裁剪的内容（第五章第三节 如何进行裁剪） 146

　　3.3.1 生命周期和开发方法的选择（第五章第三节 如何进行裁剪） 146

　　3.3.2 过程（第五章第三节 常见的裁剪误解） 158

　　3.3.3 参与（第五章第三节 常见的裁剪误解） 158

　　3.3.4 工具（第五章第三节 常见的裁剪误解） 158

　　3.3.5 方法和工件（第五章第三节 常见的裁剪误解） 158

　3.4 裁剪过程（第五章第三节 开始裁剪） 147

　　3.4.1 选择初始开发方法（第五章第三节 选择开发方法：菜多多的融合模式） 149

　　3.4.2 对组织进行裁剪（第五章第三节 对组织"动手"） 150

　　3.4.3 对项目进行裁剪（第五章第三节 对项目"动手"） 151

　3.5 对绩效域进行裁剪（第五章第三节 对绩效域"动手"） 156

　　3.5.1 干系人（第七章第三节 常见的裁剪误解） 158

　　3.5.2 项目团队（第七章第三节 常见的裁剪误解） 158

　　3.5.3 开发方法和生命周期（第五章第三节 常见的裁剪误解） 158

　　3.5.4 规划（第五章第三节 常见的裁剪误解） 158

　　3.5.5 项目工作（第七章第三节 常见的裁剪误解） 158

　　3.5.6 交付（第五章第三节 常见的裁剪误解） 158

　　3.5.7 不确定性（第五章第三节 常见的裁剪误解） 158

3.5.8 测量（第五章第三节 常见的裁剪误解） 158

3.6 诊断（第五章第三节 评估效果） 157

3.7 总结（第五章第三节 裁剪总结及持续裁剪） 158

第一部分

新型项目管理的实践

第一章
学习新型项目管理方法

团队组建完成之后,我们坐下来一起讨论如何才能顺利开展工作。我们发现,现阶段大家最缺乏的是对新方法的掌握,缺乏系统性的体系知识。我们向老板张大牛说出了这些困扰。他哈哈一笑:"我们不是有现成的高手马丁吗?他在这方面是专业的。"

于是,我们求助顾问马丁老师,马丁老师和我们说:"要想把这个项目做好,我们首先要学习什么是价值交付系统,然后学习价值交付系统下的项目管理十二原则,最后才能依据这十二条原则来开展项目。"

随后,他花了两天时间帮我们制订了一个学习计划,如表1-1所示。

表1-1 学习计划

时间	学习内容	具体内容	学习对象
第一天	价值传递和交付	创造价值 价值交付系统 与项目有关的职能 项目环境 产品管理考虑因素	全体人员
第二天	项目管理十二原则之项目经理学习手册	管家式管理 干系人 系统思考 裁剪 变革	项目经理陈恭
第三天	项目管理十二原则之产品负责人学习手册	价值 领导力 质量	产品经理大鹏
第四天	项目管理十二原则之团队学习手册	团队 复杂性 风险 适应性和韧性	全体人员

我们同意了这个计划,第二天便进入了紧锣密鼓的学习。

为什么我们需要进行这些培训呢?通常我们在进行项目转型之前,共同接受培训是必不可少的工作,因为我们或多或少都接触过不同的项目管理方法,但是如果没有统一接受同一种项目管理"语言"的培训，对同一专业流程或术语理解不一致，那么如何共事、完成统一的目标呢？

所以，接受培训非常重要，请跟着我们一起学习吧。

第一节　第一天：打开思维——价值传递和交付

一、思维的转变——从项目交付到创造价值

第一天，我们学习的第一堂课是"思维的转变——从项目交付到创造价值"。

人的提升往往来自认知的改变。要想将项目做得更加成功，需要改变人们的认知，从以前的项目交付型思维转变为价值创造型思维。

在以前的概念中，项目只包含"交付"这个阶段。项目只要按照既定目标，按时、按质交付就行，也就是满足项目的4个约束因素：范围、时间、成本、质量。

但是对菜多多项目来讲，需要通过项目创造价值。那么，项目能够给组织带来哪些价值呢？

马丁老师就项目给组织带来的价值进行了解读，具体有以下5个方面。

（1）提供新产品或新服务，满足消费者需求。

示例：小米生态链项目。小米生态链项目是小米公司的重要项目之一，旨在为用户提供多样化、高品质的智能硬件产品，如智能手环、智能插座、智能灯具等。这些产品通过小米的销售渠道和品牌影响力，能够快速满足消费者对智能化生活的需求，提升公司的市场份额和品牌价值。

（2）为社会做出积极的贡献。

示例：阿里巴巴公益项目。阿里巴巴集团积极推行公益事业，开展了多个公益项目，如"乡村淘宝计划""菜鸟驿站"等，旨在为贫困地区的农民提供电商服务和快递服务，帮助他们增加收入、改善生活，同时推动中国乡村经济的发展。

（3）提升个人或组织的能力。

示例：华为"海思"芯片项目。华为"海思"芯片项目是华为公司的重要战略项目之一，旨在通过自主研发芯片提升公司的核心竞争力。该项目使华为公司的技术研发能力和人才培养能力得到了很大的提升。

（4）推动变革，促进组织发展。

示例：拼多多"新农人计划"。拼多多"新农人计划"旨在帮助贫困地区的农民增加收入、改善生活，并推动中国乡村经济的发展。该项目采用了"互联网+

农业"的模式，推进了农村电商的发展，同时为拼多多的业务拓展提供了新的增长点。

（5）通过业务运营带来收益。

示例：腾讯游戏业务。腾讯游戏业务是腾讯公司的重要收入来源之一，旨在为用户提供高品质的游戏产品和服务，如《王者荣耀》《和平精英》等。这些游戏通过腾讯公司的运营和营销渠道，为公司带来了可观的收益。

二、学习价值交付系统

勤于思考的于倩提出了新的问题："项目创造了价值，该如何交付？交付给谁？"

马丁老师听了，欣慰地笑着说："这个问题提得好！"具体来讲，项目可以通过各种组合产生不同的组件（如项目组合、项目集、项目、产品和运营），通过这些组件创造价值。这些组件组成了一个价值交付系统，如图1-1所示。从图中可以看到，一个个项目组成了项目集，不同的项目集和项目组成了项目组合，项目组合A、项目组合B和其他项目再加上运营，组成了整个价值交付系统。

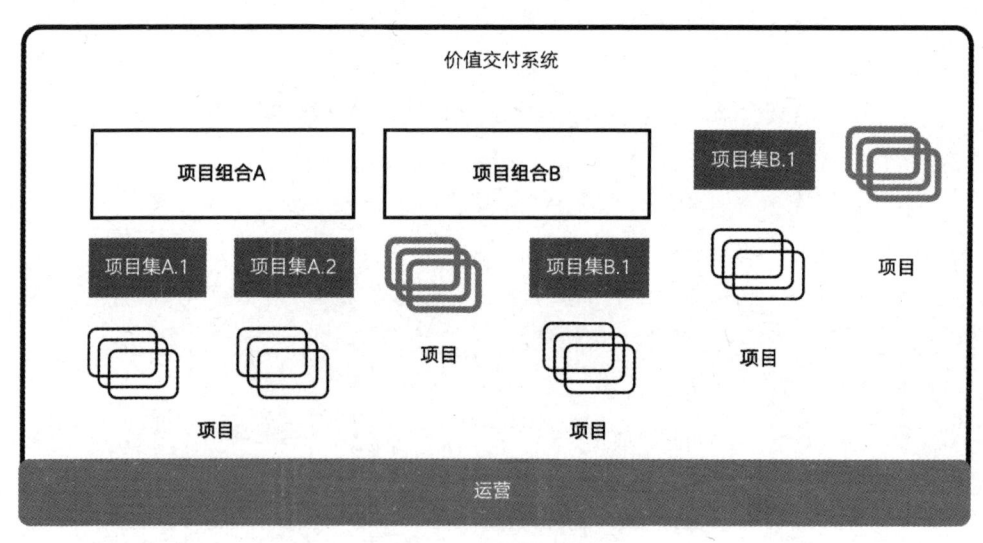

图 1-1 价值交付系统

概括地讲，组件创造价值，价值由交付系统交付，成果最终交付给对应的组织。

接下来，马丁老师拿出了两张图和一张表（见图1-2、图1-3和表1-2），呈现在大家面前，说："这两张图和一张表是我多年的经验总结，把项目组合管理、项目集管理、项目管理三者之间的关系从不同的维度进行了分析和对比。大家好好看看这三张图表，就基本清楚三者之间的关系了。"

图1-2展示的是项目组合管理、项目集管理、项目管理在目标管理范围上的差异。

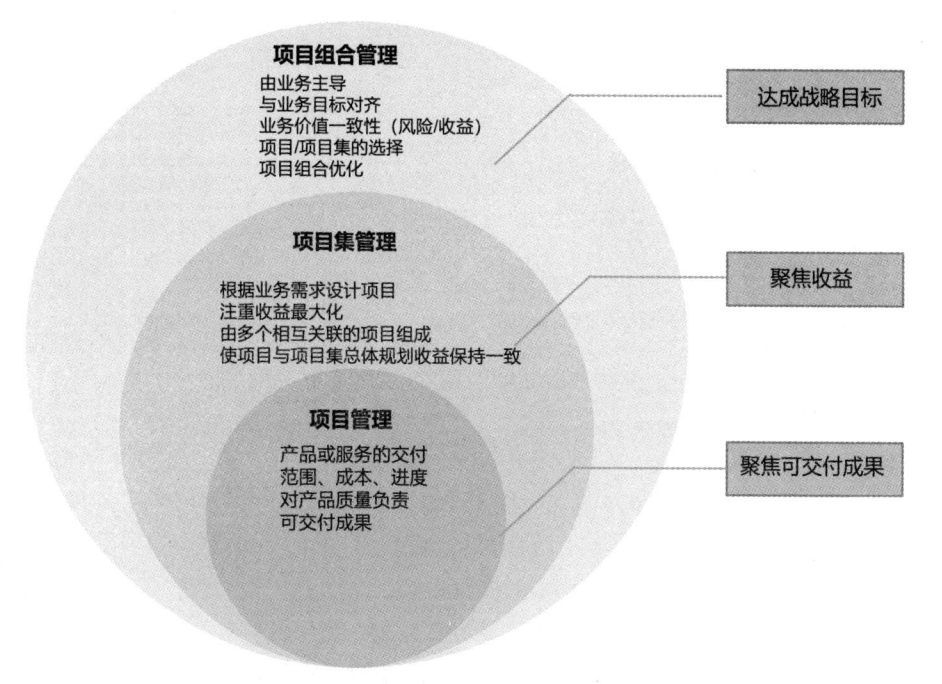

项目组合管理
由业务主导
与业务目标对齐
业务价值一致性（风险/收益）
项目/项目集的选择
项目组合优化
——> 达成战略目标

项目集管理
根据业务需求设计项目
注重收益最大化
由多个相互关联的项目组成
使项目与项目集总体规划收益保持一致
——> 聚焦收益

项目管理
产品或服务的交付
范围、成本、进度
对产品质量负责
可交付成果
——> 聚焦可交付成果

图 1-2　项目组合管理、项目集管理、项目管理在目标管理范围上的差异

项目组合管理是做正确的事，项目集管理和项目管理是正确地做事。

例如，腾讯游戏对所有棋牌游戏进行管理，就是项目组合管理，这些项目组合中的游戏有的挣钱，如欢乐斗地主，有的不挣钱，如腾讯围棋。这些挣钱和不挣钱的游戏都是为了达成战略目标。

对 QQ 游戏大厅进行管理可以看作项目集管理。游戏大厅是一个游戏平台，平台上会接入欢乐斗地主、麻将、围棋等游戏。这些游戏和游戏大厅彼此依存，为共同的收益服务。

单个游戏的项目管理可以聚焦交付成果，如欢乐斗地主的主要交付成果是游戏的收入。

这个例子说明了项目组合管理、项目集管理和项目管理的区别。

图 1-3 清晰地展示了项目组合、项目集、项目之间的关系。

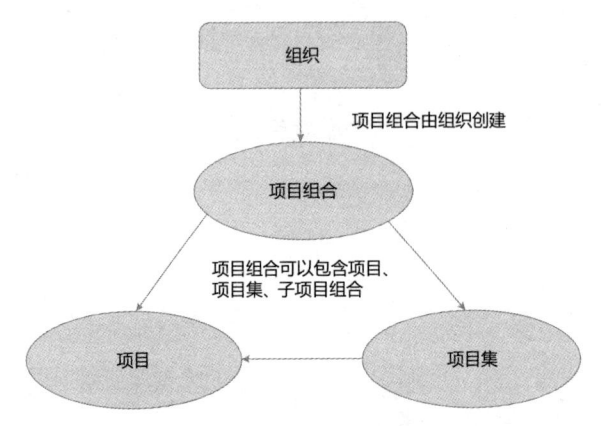

```
                    ┌──────┐
                    │ 组织 │
                    └──────┘
                       │
                       │ 项目组合由组织创建
                       ▼
                   ┌────────┐
                   │ 项目组合 │
                   └────────┘
              项目组合可以包含项目、
              项目集、子项目组合
           ↙                    ↘
       ┌──────┐              ┌──────┐
       │ 项目 │              │项目集│
       └──────┘              └──────┘
```

图 1-3　项目组合、项目集、项目之间的关系

还以腾讯游戏项目为例，游戏工作室是组织。游戏工作室管理和运营着很多不同平台的游戏，这些游戏就是项目组合。QQ 游戏大厅是项目组合下的项目集。除了 QQ 游戏大厅，还有很多独立于QQ游戏大厅的项目，就是单款的游戏。

项目组合、项目集、项目之间的区别如表1-2所示。

表 1-2　项目组合、项目集、项目之间的区别

区别项	项目组合	项目集	项目
范围	项目组合的范围随着组织战略目标的变动而变动	项目集的范围更大，可提供更重要的收益	项目有明确的目标 范围是在整个项目生命周期中逐步详细阐述的
对变更的态度	项目组合的项目经理在更大的内外部环境中监控变更	项目集经理随时准备应对并管理来自内外部的变更	项目经理通过实施相关流程，确保对变更的管理和控制
规划	项目组合经理创建并维护与项目组合相关的流程和沟通	项目集经理制订总体计划，并创建高层次的计划，指导组件级的详细计划	在整个项目生命周期中，项目经理逐步将高层级的信息细化为详细的计划
管理	项目组合经理管理或协调项目组合人员、项目集人员和项目人员，并将他们的报告职责纳入项目组合管理	项目集经理管理项目集人员和项目经理，并提供愿景和全面的领导	项目经理通过管理项目团队达成项目目标
成功标准	衡量成功的标准是整个项目组合的投资绩效和收益	衡量成功的标准是项目集在多大程度上满足所期待的需求和收益	成功是通过产品和项目质量、及时性、预算遵从性和客户满意度衡量的
监控	项目组合经理监控战略变化和项目组合的绩效、资源分配及风险	项目集经理监控项目集组件的进展，确保项目集的目标、进度、预算和收益能满足要求	项目经理监督和控制产品的生产与服务的提供，以及项目所期待的结果

如图1-4所示，价值交付系统是组织内部环境的一部分，该环境受政策、程序、方法论、框架、治理结构等因素的制约。

内部环境存在于更大的外部环境中，包括经济环境、竞争环境、法律环境等。

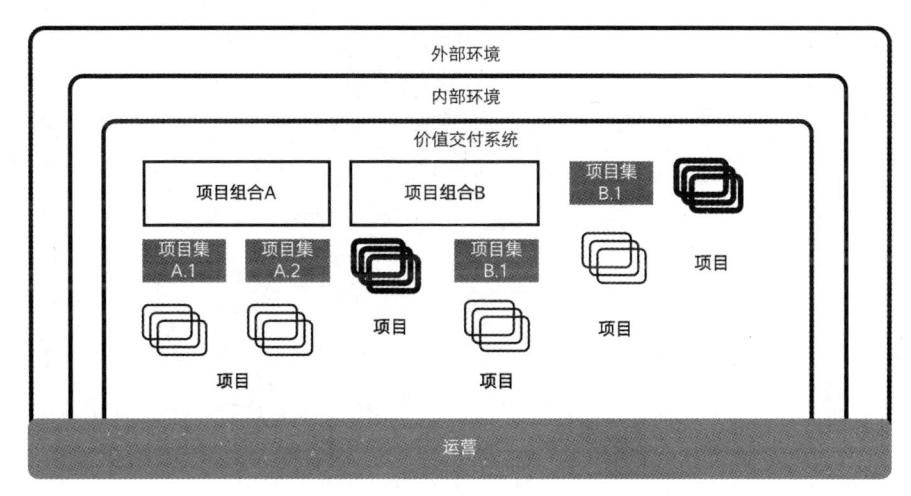

图1-4　价值交付系统是组织内部环境的一部分

马丁老师停下来，拿起水杯喝了一大口水，然后清了清嗓子，说："下面要讲的关于信息流的内容很重要，大家要认真听。我们先一起看这张图（见图1-5），再来解读在项目过程中信息流的传递和反馈情况。"

图1-5展示了从高层领导到项目组合，再到项目集与项目，最后进入运营的整个信息流转的情况。朝下的箭头表示将战略进行分解，再一层层下放到执行层，朝上的箭头表示对交付成果进行调整、优化和更新。计划和实际绩效不断迭代，实现组织效益最优的结果。这样做的好处是：战略下达之后能更快地交付市场进行验证，验证的结果也能更好地反馈战略执行得是否正确。

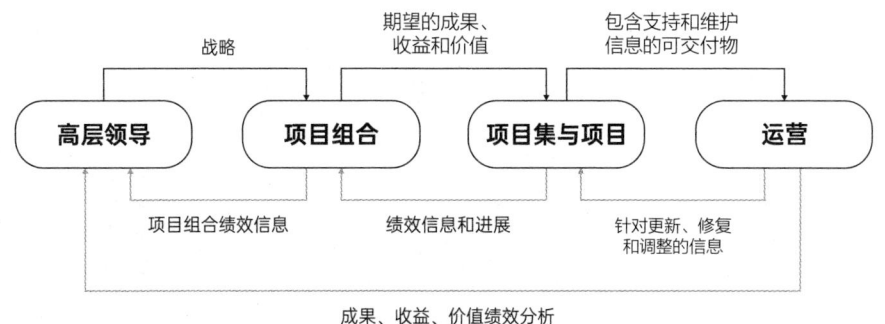

图1-5　信息流的传递和反馈

三、学习组织治理系统

产品经理大鹏看到"组织治理系统"这个名词，产生了好奇心，就举手提问："马丁老师，我有个疑问，前面你解读的是'价值交付系统'，到了这里突然出现了另一个系统，叫'组织治理系统'，这个系统是干什么的呢？两者之间有什么关系？"

马丁老师听了，耐心地回答道："大鹏同学的提问很及时，为什么突然插入这个系统呢？项目是由人完成的，不同的项目代表不同的事务，而对人的管理需要一套组织治理系统来实现。它包括组织职能的划分、人员责权的明确、活动职责分工的确定等，组织治理系统同时提供了一个框架，其中包括用于指导活动的职能和流程。治理框架可以包括监督、控制、价值评估、各组件之间的整合，以及决策能力等要素。组织治理系统与价值交付系统是可以协同运作的，这样可以实现工作流程流畅、问题管理和决策支持等目的。"

项目治理的负责人是高层领导。再往下由项目组合经理负责项目组合管理，由项目集经理负责项目集管理，由项目经理负责项目管理。

四、学习与项目有关的角色及职责

项目是由人完成的，多个人形成了一个团队，团队成员通过分工协作，完成项目目标，交付最终的价值。团队协作对任何项目的成功至关重要。在价值交付系统中，与项目相关的职能需要有相应的角色去承担，然后联系项目的实际情况，介绍承担这些职责的角色。

（1）提供监督和协调：并不是高层领导把战略、计划做出来就行了，而是要有人专门对此进行监督和协调，这样才不会让计划走偏。这个角色一般是敏捷教练。

（2）重视目标和反馈：需要有专人收集客户和用户的意见与建议。这里需要注意客户与用户的区别，客户被定义为请求或资助项目的个人或团体，而用户是直接使用项目交付成果的个人或团体。这个角色一般是产品经理。

（3）提供促进和支持：需要有专人促进项目团队围绕解决方案达成共识，解决冲突，通过变革支持并帮助人们消除成功的阻碍。支持还通过绩效反馈帮助人们学习、适应和改进。这个角色是敏捷教练。

（4）开展工作并贡献见解：承担这一职责的是跨职能团队，也就是拥有广泛技能的团队。团队成员的技能可以相互补充，提供生产产品所需的知识、技能和经验，并实现项目的成果。

（5）应用专业知识：承担这一职责的是专业跨职能团队。团队成员拥有不同的专业知识，在项目推进过程中各自提供见解。

（6）提供业务方向和洞察力：这个角色毫无疑问是产品负责人。他不仅要指导并阐明项目或产品成果的方向，还要根据业务价值对需求或积压的项目进行优先级排序。

（7）提供资源和方向：这个角色充当高级管理层和项目团队之间的联络人，使项目与业务目标保持一致，消除障碍，解决项目团队决策权限范围之外的问题。这里其实设置了一个项目管理办公室（Project Management Office，PMO）的角色，在团队与敏捷教练都搞不定问题的情况下，PMO需要提供一些资源和帮助。

（8）维持治理：这个角色负责批准并支持项目团队，监督项目在实现预期目标过程中的进展，这个角色也由PMO扮演。

为了方便大家理解，马丁老师展示了图1-6。

敏捷教练
1. 提供监督和协调
3. 提供促进和支持

PMO
7. 提供资源和方向
8. 维持治理

产品经理
2. 重视目标和反馈

价值交付系统

团队
4. 开展工作并贡献见解
5. 应用专业知识

产品负责人
6. 提供业务方向和洞察力

图1-6　与项目有关的角色及职责

值得注意的是，图1-6中出现了"敏捷教练"的概念。一般来说，在预测型生命周期中，通常称其为项目经理；在敏捷/混合型生命周期中，通常称其为敏捷教练。

五、学习项目环境

下面一起学习一下项目环境。项目是在内部和外部环境中存在与运作的，项目环境会在价值交付中产生不同程度的影响和作用。

内部和外部环境可能会影响规划及其他项目活动。这些影响可能会对项目特征、干系人或项目团队产生有利、不利或中性影响。

项目内部环境：内部因素可能来自组织自身、项目组合、项目集、其他项目或这些来源的组合。它们包括工件、实践或内部知识。知识包括从先前项目中吸取的经验教训和从已完成的活动中获取的经验。

项目外部环境：外部因素可能会增强、限制项目成果，或者对项目成果产生中性影响。

项目环境如图1-7所示。

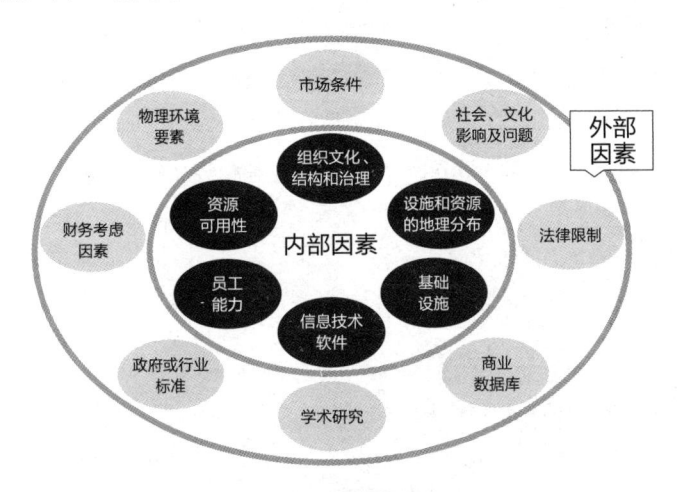

图 1-7 项目环境

项目要想做得好，就要注意内部和外部环境对项目的影响，有些是好的影响，有些是坏的影响。这些影响会产生项目机会或风险，要注意在项目过程中不断地识别。

六、学习产品管理考虑因素

"咱们的产品经理大鹏要认真学习产品管理的内容，这部分内容与产品经理的日常工作密切相关。"马丁老师敲黑板了。

"这里提及新产品开发流程的部分内容，PMI真是个'杂家'。关于产品流程的系统学习，我们可以在相关课程中讨论。"

产品管理涉及将人员、数据、过程和业务进行系统的整合，以便在整个产品生命周期中创建、维护和开发产品或服务。产品生命周期指一个产品从引入、成长、成熟到衰退的整个演变阶段。

重点看图1-8，它清晰地概括了在产品生命周期中各个项目的侧重点。学过《PMBOK®指南（第6版）》的人都知道，产品是通过一个个项目完成的。那么，在产品生命周期的4个阶段，项目的侧重点都有什么呢？

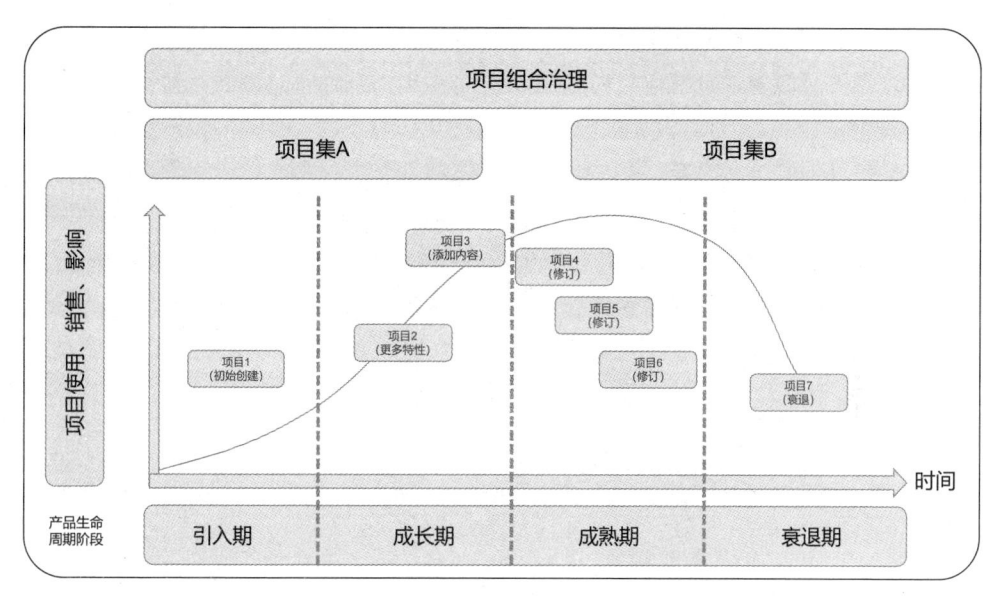

图 1-8　项目在产品生命周期不同阶段的侧重点

（1）引入期。在这个阶段，项目的侧重点是完成产品最小单元的功能模块，先把核心功能完成，得到核心目标用户的认可，这样产品才能继续发展。这时候，产品是非常不稳定的，需要不断调整以满足目标用户的需求。

示例：微信1.0版本先推出语音短信，让用户不再通过冰冷的文字与对方交流。

（2）成长期。在满足目标用户的需求之后，产品会被更多用户使用，而且渐渐被更广泛的用户接受。这时项目的侧重点应该是给产品增加更多的功能，满足更多用户的需求。

示例：微信推出朋友圈功能，方便用户向朋友们展示自己的生活状态。

（3）成熟期。在这个阶段，用户会有更多反馈，这对产品改善非常有用。我们应该收集用户的反馈，再分析归类，形成产品功能，再完善此功能，让产品更好用。所以这时项目的侧重点是倾听用户心声和优化产品。

示例：腾讯公司出品的所有App中都设置了帮助与反馈功能，用户能够很方便地对所使用的产品进行反馈。每次用户反馈的内容都会附带手机型号、手机操作系统、App的版本等信息，方便技术人员定位到不同版本的手机出现的问题，使功能改善变得更加容易，不过这些附带的信息用户是看不到的。

（4）衰退期。在这个阶段，项目的侧重点应该是和退市相关的功能开发，如支持退市相关的运营工具，把用户引流到另一个新的产品，尽量把用户留在本公司的新产品上。产品管理可以在产品生命周期的任何时间点启动项目，不同时期成立的项目所承担的职责不同。

示例：腾讯音乐类游戏"节奏大师"在退市之前，会发消息告知玩家，该游戏在什么时间停止服务，向玩家推荐其他游戏，并送上游戏相关福利，帮助玩家平移到新的游戏中。

在某些情况下，项目集可以涵盖产品或服务的整个生命周期，能更直接地管理收益并为组织创造价值。

好了，价值传递系统已经解读完毕了。总结一下，本节讲了5项内容：创造价值、价值交付系统、组织治理系统、与项目相关的角色及职责、项目环境、产品管理考虑因素。

第二节　第二天：项目经理学习手册

"在学习完价值交付系统之后，我们需要再学习和理解什么是项目管理十二大原则。总体来说，项目管理十二大原则是提供给项目的3个角色的，这3个角色分别是项目经理、产品负责人和团队。下面让我来——介绍。"马丁说道。

一、管家式管理

第二~四天学习的是项目管理十二大原则。本节课我们要学习的是，如何从原来的领导式项目管理风格转变成现在的管家式项目管理风格。

管家式管理的职能包括被委托看管某一事物，以负责任的方式规划、使用和管理资源，维护价值观和道德。首先，我们要确认的是，管家式管理受谁的委托，要成为哪个组织的管家。要明白这一点，需要先理解下面这段话。

项目不只产生输出，更重要的是利用这些输出来推动成果的实现，而这些成果最终会将价值交付给组织及其干系人。项目经理被期望交付的项目应该能为组织和组织价值交付系统内的干系人创造价值。

价值交付系统改变了原有视角，并引发了新的项目工作和团队结构，从而需要采用一系列广泛的方法进行项目和产品交付，并更多地关注成果、价值，而非可交付物。也就是说，项目经理要摒弃"唯交付主义"，即不仅要向项目发起方交付可交付物，还要向价值交付系统交付价值。所以，项目经理的服务对象是需要用项目产生价值的一方，如果项目是为自己的组织产生价值的，那么就要为自己的组织提供管家式管理服务。如果项目是为客户组织产生价值的，那么就要为客户组织提供管家式管理服务。项目经理需要从价值的角度，以管家的角色来看管项目，从价值的角度规划、使用和管理资源，并从社会、环境可持续发展的角度维护价值观和道德。

管家式管理的职责包括组织内部和外部的职责。这个组织不仅指项目经理所在的组织，还包括由客户发起的组织。当项目由客户组织发起时（项目经理属于乙方），管家式管理的内部职责包括以下几项。

（1）运营时要做到与组织及其目标、战略、愿景、使命保持一致并维持其长期价值。

（2）在混合型方法和适应型方法中，项目的范围可能无法预先确定，在每次迭代中确定当前优先级别最高的需求。因此，管家式管理要求每次确定项目范围时，都要评估项目范围与组织及其目标、战略、愿景、使命是否保持一致并维持其长期价值。

（3）承诺并尊重项目团队成员的参与，包括薪酬、机会和公平对待。

（4）除了做好项目团队管理，项目经理还要重视项目团队的共赢。尤其是对于不确定的目标，更多地依靠项目团队的市场测试来验证项目方案，项目经理要以合适的方式激励团队。

（5）勤于监督项目中使用的组织资金、材料和其他资源。

（6）除了做好项目成本管理方面的工作，在资金不确定的环境中运行的项目还可以从适应型方法或迭代型方法中受益。与精心设计的产品相比，发布最小可行产品所需投资较少，这使组织只需以极少的投资就能进行市场测试或占领市场。

（7）了解职权、担责和职责的运用是否适当，特别是当身居领导岗位时，要表现出情境领导力。随着项目团队中个人胜任力和承诺的不断演变，领导风格会经历从指导到教练到支持再到授权的变化过程，以满足个人的需要。

组织外部的管家式管理是从社会整体角度看待项目和项目成果的，不但要考虑财务和技术绩效，更要考虑社会和环境绩效。例如，如果我们看到有项目经理正在从事一些违法活动，可以向 PMI 反映，或者请求相关法律部门的支持。

二、干系人

本节我们要学习的是，如何管理好项目的干系人。识别并管理干系人是项目成功的关键，因为项目管理就是管人，而管人就是管理好干系人的期望。

与干系人有效互动和敏捷方法之间有着无法割舍的关系。请大家看看敏捷宣言中的其中一句话："客户合作高于合同谈判。"说的不正是这一点吗？马丁老师对这句话的解释是："我们需要积极主动地让干系人参与进来，一起为实现项目成功和提升客户满意度做出应有的贡献。另外，我们还需要与客户一起应对变化，达成双方的目标。"

干系人的范围很广，指与项目有任何关系的人，涵盖团队内部和团队外部，团队成员、公司领导、项目关联方、外部供应商、客户等都是干系人。

例如，要推动菜多多项目，需要推动所有项目干系人达成项目目标。在项目运营期间，需要让用户参与进来，作为我们的核心干系人参与项目的反馈，便于我们更好地优化产品。

与干系人的有效互动有以下3个好处。

（1）干系人不仅会对项目产生影响，也会对项目的绩效和最终产出的项目成果产生影响。

例如，菜多多的新功能推出之后，用户的使用频率可以直接说明这次项目绩效或成果的好坏。使用频率不高的功能，对用户来说价值也许并不大；使用频率高的功能，对用户来说可能价值很大。

（2）项目团队通过与干系人的互动（如更频繁的迭代验收、更紧密的需求调研）为干系人提供服务。

例如，一款游戏推出了新玩法，在做出样品之后，我们会邀请用户来体验中心体验，用户会觉得受到了尊重。我们非常尊重用户的意见，用户也更乐于参与我们的项目。

（3）干系人的加入更加有利于主动推进项目的价值交付。说得直白一点，就是会让我们的交付更有价值。把用户拉进项目组，随时倾听用户的想法，并做出改善，是我们实现项目价值的关键。

这里提到的干系人，其实和《PMBOK®指南（第6版）》中所说的干系人不是一个概念，干系人通常指的是个人，但并不仅指个人，也有可能指某个团队或组织，要按照实际场景进行代入思考。

为什么要强调干系人的重要性呢？因为干系人可以对我们产生高达11个方面的影响。

（1）项目范围。干系人经常在项目过程中增加或修改需求，造成项目延期。例如，乙方正在做项目，甲方硬插入了一个新需求，并且新需求的优先级非常高，又要求不能删除原来的需求，这让乙方非常为难。所以，作为乙方，我们需要管理好甲方的期望。

（2）项目时间。当干系人觉得需要加快项目进度的时候，他们会压缩项目时间，或者延长项目时间（这种概率较小）。单纯地压缩项目时间通常会造成项目出现质量问题。这种要求一般由老板提出。例如，项目经理估算完项目工期后，有些老板会在工期上直接打折，有时甚至将项目时间直接砍半（压缩一半的工期）。要应对这种老板，可以将工期估算得长一点，或者降低老板的期望。

（3）项目成本。干系人有时候会缩减或增加项目成本，对项目造成影响，具体取决于这个项目在他们心目中的重要程度。对于重要的项目，干系人通常会增加投入，对于不重要的项目，干系人通常会缩减成本。我们需要对这些干系人进行期望管理，提高他们对团队的期待值，使他们重视并投入更多的资源。

（4）项目团队。干系人会决定是否给项目团队提供技能培训以帮助团队更好地完成价值交付。团队需要不断精进技能以适应更有挑战性的项目。

（5）计划。在遵循原订计划的前提下，干系人可以对项目中的任务进行一些调整。作为自组织团队，团队的每位干系人都可以调整自己的任务，但不可以直接调整别人的任务。

（6）结果。干系人可以在项目中插入一些工作来影响项目的最终结果。例如，插入技术预研工作，让团队更好地完成技术攻坚。

（7）文化。干系人可以建立团队或组织文化。可以说，公司文化是由公司员工展现出来的，公司文化决定组织文化，组织文化决定团队文化。

（8）收益实现。通过制定长期的收益目标，让团队知道是否阶段性地实现了这些目标。价值驱动的交付系统，就是要让所有干系人以实现收益为阶段性目标。

（9）风险。干系人会定义风险出现的阈值，甚至会参与风险管理的过程。让干系人参与，可以有效降低风险。

（10）质量。干系人可以提出质量要求。如果每位干系人都能做到质量内建，尽量主动解决自己的问题，不留给下游解决，那么项目的整体质量会更好。

（11）成功。干系人定义成功的标准，并且参与评估，这一点甚至决定了项目是否成功。成功的标准是由所有干系人一起定义并参与评估的。收益只是成功的标准的一部分。除此之外，成功的标准还包括满足战略需求、让干系人满意。

正是因为干系人参与项目全生命周期，所以分析、识别干系人并主动与干系人进行互动就显得相当重要。我们应该在项目中充分考虑干系人的兴趣、需求和意见，让他们积极参与项目过程。我们可以通过各种视频会议、面对面会议，以及非正式会议和知识分享的方式让他们参与项目过程。在与干系人交流的过程中，我们要遵守正直、诚实、协作、尊重、同理心和自信的原则。这些原则能对项目成功产生积极的影响。

三、系统思考

我们要学习的是如何进行系统思考，而不是单点问题单点处理。这样能避免"头痛医头，脚痛医脚"的现象。

在传统项目中，为使项目获得成功，项目管理者需要擅长识别项目需求，理解项目目标，并在项目中平衡项目的范围、时间、成本，创造更多的价值。而项目是由多个相互依赖且相互作用的活动域组成的一个系统，需要从整体角度了解项目的各个部分如何相互作用，以及如何与外部系统交互，这需要进行系统思考。

系统思考指的是从整体角度识别、评估和响应项目内部及周围的动态环境，从而积极地影响项目绩效。项目开展过程中的人、事、物，关系复杂，项目干系人的利益诉求、观点认知存在差异。随着项目的开展，内部和外部条件会不断变化，随机事件也会不断涌现，需要以系统思考的角度去应对项目的复杂性及系统性问题。

（一）整体观

系统整体所展现的特征不能通过研究系统中的任何部件而获得，必须从整体上看待和研究系统，在整体中理解部分。

以软件研发交付项目为例，项目管理者可能会基于业务需求，将待研发的软件系统简单拆分成几个独立的软件子系统，然后任其发展，最后集成。当各个子系统陆续完成设计研发后，项目管理者却发现各子系统的集成难度远远超过预期，从而严重影响项目的质量和工期。

项目管理者要能够正确识别、评估系统内部与外部之间的关联。关联是系统中的重要因素之一，并且关联一定是动态的、不断变化的，企图通过一种固定的模型表述关联是徒劳的。系统思考要从整体思考，以系统整体的目标驱动系统行为。

（二）一致性

项目可以被视为由若干工作部件组成的系统，项目也可能是其他系统的部件。在项目开展过程中，要时刻保持整体的一致性。例如，当单个项目团队开发某一可交付物的单独组件时，所有组件都应被有效地整合起来。这就要求项目团队定期互动并使子系统的工作保持一致。

例如，我们都知道燃油汽车的核心部件是发动机，给一辆微型轿车装上顶级越野车的发动机，这辆车可能根本发动不起来。车的组成部件不会想着优化自己，但是项目组织，或者项目的每个组成部分或团队，也可能是一个复杂的系统，有优化自己的动机。

如何使项目干系人对项目目标具有同理心并关注大局？如何使用整合的方法、工件和实践，以便对项目工作、可交付物和成果达成共识？这是项目管理者需要利用系统思考来解决的问题。

（三）发展与动态变化

随着时间的推移，项目会持续交付成果或实现项目目标。这一切都是在发展与动态变化中进行的。如果项目可交付物以增量的方式发布，则每个增量都是对以前版本所累积的成果的进一步发展。随着项目的开展，内部和外部条件会不断变化，可能会对项目产生实时的影响。借助系统思考，包括对内部和外部条件的持续关注，项目团队可以驾驭广泛的变更和影响，以使项目与有关干系人的期望保持一致。

在传统的思维模式下，相同的原因会造成相同的结果，但事实并非如此。项目是一个动态复杂的系统，多个实体会持续动态地相互影响、相互作用，产生大量的变量，从而使系统具有多种可能性、不确定性、不可预测性。项目系统通常会组织一个具备多样性特征的项目团队为共同的目标努力。这种多样性给项目团队带来了价值，但项目团队需要考虑如何有效利用这种多样性，以便团队成员能够密切协作。

例如，如果一个政府机构与一家私营公司签订了开发新技术的合同，开发团队可能由两个组织的项目团队成员组成。他们可能具有相同的假设、工作方式和思维模式，而这些内容与项目团队成员在原组织内如何运作有关。在这一新的项目系统（该系统将政府机构和私营公司的文化结合起来）中，项目团队成员可以建立一种综合性团队文化，从而形成共同的愿景、语言和工具集。这可以帮助项目团队成员有效参与并做出贡献，提高项目系统正常运作的概率。

总之，通过系统思考，可以为项目带来以下积极的成果。
（1）更全面、更明智地识别不确定性和风险，及早探索替代方案并考虑意外的后果。
（2）在整个项目生命周期内，提高假设和计划的能力。
（3）持续提供信息和洞察，以说明规划和交付情况。
（4）向有关干系人清晰地沟通计划、进展和预测。
（5）使项目目的、目标、愿景与客户组织的目的、目标、愿景保持一致。
（6）能够适应项目可交付物的最终用户、发起人或客户不断变化的需求。
（7）能够看到协调一致的项目或举措之间的协同作用及由此带来的资源节约。
（8）能够识别未获取的机会，或者看到其他项目/举措面临或构成的威胁。
（9）对最佳项目绩效测量及其对项目参与人员行为的影响做出澄清。
（10）使整个组织的决策受益。

四、裁剪

裁剪指根据项目所处的环境、背景、目标及干系人的期望，结合治理要求，为项目设计"刚好合适"的开发方法。裁剪基于价值最大化、管理成本和交付速率的平衡、管控制约因素与项目绩效的协调一致，使项目过程更有利于实现预期的交付成果。例如，管理层给予项目团队更大的自治权限和管理空间，确保像菜多多这种创新型项目在管理和应对风险方面拥有更大的灵活性。

裁剪可以让项目管理流程更具备适应性。简单来说，就是让标准的项目管理流程更加适合我们的项目。例如，一些企业对产品研发一般采用瀑布模式等预测型研发模式，先开发原型，等中后期有了试用或推广的客户后，再根据不同客户的实际需求，通过迭代模式等适应型研发模式快速实现产品交付。这种前后研发模式的变化，目的是通过裁剪及对裁剪的持续调整确保更好地达成项目目标。

裁剪的目标是对项目使用的管理方法、治理要求和过程规范等进行深入、周全的考虑，并进行适合当前环境和特定目标的调整。通过裁剪，项目可以拥有更大的灵活性来应对不确定性，并能在项目生命周期内持续产生积极的效果。裁剪的意义、裁剪考虑的主要因素、角度、过程及主要内容等如表1-3所示。

表1-3 裁剪

裁剪的内涵	描述
裁剪的意义	1. 每个项目都是独一无二的，具有唯一性 2. 项目的成功取决于项目所依赖的环境，以及有助于最大化交付成果价值的适当的方法 3. 对所采用的方法进行裁剪是迭代的行为，并贯穿整个项目过程
裁剪考虑的主要因素	1. 商业环境 2. 团队规模 3. 不确定性 4. 项目复杂性
裁剪的角度	1. 组织级 2. 项目级 3. 团队级 4. 个人级
裁剪的过程	1. 裁剪准备 2. 选择开发方法 3. 对组织的裁剪 4. 对项目的裁剪 5. 对绩效的裁剪 6. 诊断 7. 总结及持续关注
裁剪的主要内容	1. 项目团队的管理权限 2. 干系人的期望 3. 项目生命周期 4. 开发方式/方法 5. 交付周期和频率 6. 项目过程 7. 项目引用的模型、方法 8. 可交付物模板 9. 治理和质量 10. 度量和指标 11. 环境氛围和团队文化等

之前我们一直强调项目团队一定要有意识地对项目方法进行裁剪，以适应项目及项目所处环境的独特性，这样有助于提高项目的绩效水准，提高项目成功的概率。裁剪为组织产生的直接或间接收益如下所示。

（1）项目团队参与裁剪，可以促进项目团队做出更好的承诺。

（2）合适的裁剪可以减少沟通、实施方法和资源方面的浪费。

（3）考虑了客户和干系人的影响因素，更切实地以客户为本。

（4）对项目过程的裁剪可以提升项目团队对过程权重的认识，提高项目资源的有效利用率。

裁剪也可以给项目带来积极的影响，促进项目团队交付更好的成果，如下所示。

（1）创造性的裁剪可以提高创新能力、效率和生产力。

（2）通过裁剪，可以从组织的过往经历中吸取经验教训，可以分享一些特定交付方法的优缺点，并促进之后的工作改进。

（3）有机会在项目中采用新的实践、方法和工件，促进组织方法论的改进。

（4）通过裁剪及项目实践的验证，能更好地识别改进的成果、过程和方法。

（5）对于跨职能项目团队，可以更有效地整合项目交付的方法和实践结果。

（6）从长远来看，可以提高组织的适应性。

在此需要提醒大家的是，根据裁剪内容的不同，要及时、充分地与干系人进行裁剪决策的沟通，保持裁剪信息的及时共享，确保每个项目团队成员都了解裁剪过程及裁剪结果。

五、变革

什么是组织变革？在组织变革这件事情上，项目经理和项目可以起到什么作用？

其实，组织变革是组织对自身进行修正和革新的过程。

面对变革，项目经理需要具备一项独特的能力，那就是让组织做好变革准备的能力。项目能够创造新的事物，所以项目是变革的推动者，也可以称作变革的驱动者。怎样才能使项目成为变革的推动者呢？为了做到具有相关性，项目经理需要根据干系人的利益不断评估产品/服务，对变革做出快速响应，并担当变革的推动者。

在变革时，需要使用结构化变革方法，帮助我们从当前的状态过渡到未来期望的状态。

例如，我们可以通过客户需求契合度和自身的相对优势两个维度来划分企业变革的类型，图1-9是一个名为MADStrat的矩阵，展示了这种划分方法。

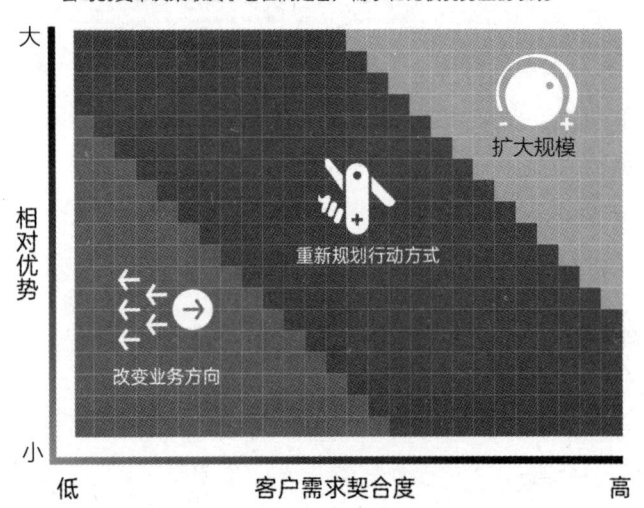

图 1-9 MADStrat 矩阵

MADStrat矩阵的内涵如下。

- 规模（Magnitude）：道路不变，但我们需要加大战略执行的力度。
- 行动（Activity）：道路不变，但我们需要采用一些新的方法。
- 方向（Direction）：我们需要走一条不同的道路。

（一）项目变更与项目变革之间的不同

项目变更与项目变革有很大的不同。变更是一个过程，通过该过程，项目团队可以识别和记录项目的文件、可交付物或对基准的修改，然后批准或拒绝这些修改。而变革是更高层级的变化，涉及组织结构变化、人员调整、流程优化等。

（二）变革的来源是什么

组织中的变革来源于理想与现实之间的差距，来源于对组织现状的不满意。变革可能来源于组织内部，组织需要新的能力或新的弥补绩效差距的方式。例如，传统的硬件开发制造公司需要增设一个软件产品开发部来实现某些新的软件功能；亚马逊（Amazon）通过实体零售业来弥补其线上销售的不足，并启用新的商业模式。

变革也可能来源于组织外部，如技术进步、人口结构变化或社会经济压力。例如，电动汽车和其他出行工具对福特（Ford）和通用汽车（GM）这些传统车企造成了威胁；5G的到来，要求传统的手机厂商迅速从4G向5G转变；辉瑞制药（Pfizer）通过与其他药品开发公司合作发挥其营销和分销能力。

任何类型的变革都涉及经历变革的群体及与其互动的行业。

（三）由谁发起变革，由谁实施变革

变革可能由干系人实施并对其产生影响。项目承担的是推动干系人变革的职责，方式之一是推动干系人提供所需的可交付物和预期成果。例如，战略变革项目比较关键的成果是市场洞察的结果和数据，战略变革项目会推动干系人提供市场洞察的结果和数据。

（四）如何面对变革中的困难和挑战

变革面临的第一个困难和挑战是有些干系人会抵制变革。即使干系人认同变革的价值，但如果我们试图在短时间内进行过多的变革，也可能会因变革饱和而受到干系人的抵制。

保守的环境也是变革面临的困难和挑战之一。

面对以上困难和挑战，我们该采取哪些措施呢？

首先，有效的变革管理应该采用激励型策略，而不是强制型策略。

其次，参与和双向沟通可以营造更容易被干系人接受的环境，即变革会得到采用和接受，或者从抵制变革的用户那里识别出一些需要解决的问题，如在项目早期沟通与变革相关的愿景和目的，以争取各方对变革的认同。在整个项目开展期间，应向组织内所有层级的人员说明变革的收益和工作过程。

再次，控制变革的节奏，以最合适的变革节奏来适应干系人和环境接受变革的意愿、成本与能力。识别并满足干系人在整个项目生命周期内因接受变革而提出的需求，有助于将由此产生的变革整合到项目工作中，从而提高变革成功的概率。

最后，为了促进收益的实现，项目团队可能会开展一些活动，以便在变革实施后使其得到强化，从而避免人们回到初始状态。例如，在取得一些实质性进展的时候，项目团队聚餐庆祝，将好的变革经验沉淀在行动中。

就像传统瀑布团队做敏捷转型的过程一样，强制推进只会让变革流于形式，草草收场。只有在不断的激励下，让团队慢慢看到变革带来的一系列变化，以及带给团队的收益，逐步变革，持续改进，改革才能真正落实下来。

就像手机游戏"欢乐斗地主"的敏捷导入，当团队遇到问题时，用敏捷方法逐步解决问题，让团队感觉敏捷方法是有用的。这个过程持续了两年，团队才真正接受了敏捷方法。

第三节　第三天：产品负责人学习手册

一、价值

（一）为什么要聚焦价值
（1）价值是项目的最终成功指标和驱动因素。

（2）价值可以体现为从客户或最终用户的角度看到的成果，我们会优先考虑客户看到的价值。

（二）项目的价值是如何体现的
（1）项目的价值可以表示为对发起组织或接收组织的财务贡献，如一定的财务收入、年营业额100亿元、年利润30亿元等。

（2）价值也可以是所取得的公共利益，如团队一起享受下午茶。

（3）价值聚焦交付成果，但项目的交付成果并不等于项目价值。

（4）当项目是项目集的组件时，项目对项目集成果的贡献可以表示为价值。

许多项目（尽管不是所有项目）都是基于商业论证而启动的。

（三）什么是商业论证
商业论证可以包含有关战略一致性、风险敞口评估、经济可行性研究、投资回报率、预期关键绩效测量、评估和替代方法的信息。商业论证可以从定性或定量的方面，或者同时从这两个方面来说明项目成果的预期价值。商业论证至少包含以下支持性和相互关联的要素。

（1）商业需要。商业需要为项目提供理由，并解释为什么开展项目。它源于初步的业务需求，这些业务需求反映在项目章程或其他授权文件中。明确说明商业需要有助于项目团队了解未来状态的商业驱动因素，并使项目团队识别机会或问题，从而提高项目成果的潜在价值。

（2）项目理由。项目理由与商业需要相关。它解释了为什么商业需要值得投资，以及为什么在此时应该满足商业需要。项目理由附有成本效益分析和假设条件。

（3）商业战略。商业战略是开展项目的原因，战略是方向，会告诉项目团队要做什么和不要做什么，所有商业需要都与实现价值的商业战略相关。

总之，项目的目的就是提供预期成果，有价值的解决方案可以达成预期成果，从而满足商业需要。

在项目开展过程中，项目交付的价值是会变化的。在整个项目开展期间，应清晰地描述、以迭代的方式评估并更新期望的成果。在项目生命周期内，项目可能会发生变更，项目团队会做出相应的调整。有以下3种调整情况。

（1）项目团队会根据期望的输出、基准和商业论证不断评估项目进展与方向，以确定该项目仍与商业需要保持一致，并将交付预期成果。

（2）干系人可以更新商业论证以获取机会，或者将项目团队和其他干系人确定的问题最小化。

（3）如果项目或其干系人不再与商业需要保持一致，或者项目似乎不可能提供预期价值，则组织可以选择终止此项目。

有些项目是由于任何确定的交付需要，或者修改流程、产品或服务（如合同、工作说明书或其他文件）的需要启动的。

(四) 什么是价值工程

在某些项目中，可能存在不同形式的价值工程，这些价值工程可以将客户、执行组织或其他干系人的价值最大化。例如，在可接受的风险下交付所需的功能和质量，同时尽可能少地使用资源，并避免浪费。

有时，特别是在没有预先确定范围的适应型项目中，项目团队可以与客户共同努力，确定哪些功能值得投资，哪些功能可能缺乏足够的价值，无须添加到输出中，从而优化价值。迭代开发的项目就是一个例子，如手机中的连线解锁功能被指纹解锁功能取代。

大家要注意，在真实的项目开展过程中，并不是把项目的可交付物交付了，项目的价值就实现了，目标就达成了。项目团队需要将重点从可交付物转移到预期成果上。这样做可以让项目团队实现项目的愿景或目标，而不是简单地创建特定的可交付物。虽然可交付物可能会支持预期成果的达成，但它可能无法完全实现项目的愿景或目标。例如，客户可能需要某一特定的软件解决方案，因为他们认为该解决方案可以满足其提高生产力这一商业需要。软件是项目的输出，但软件本身并不能实现预期的生产力成果。在这种情况下，增加一项新的可交付物，即提供使用软件的培训和教练，就可以实现更好的生产力成果。

如果项目的输出未能提高生产力，干系人可能会认为项目失败。因此，项目团队和其他干系人都应该了解可交付物与预期成果之间的关系。

(五) 如何评估项目的价值

一个项目的价值有一定的时间属性，需要经过短期或长期的测量才会显现出来。由于价值与运营的贡献可能混在一起，因此很难将两者区分开。当项目是项目集的一个组件时，可能需要在项目集层级对价值做出评估，以便以适当的方式对项目进行指导。因此，可靠的价值评估应考虑项目输出的全部背景和整个生命周期。

虽然价值会随着时间的推移而实现，但有效的过程有助于早日实现收益。通过有效率且有效果地实施项目，项目团队可以展示或实现诸如优先交付、更好的客户服务或改善工作环境等成果。通过与负责将项目可交付物投入使用的组织领导者合作，项目领导者可以确保可交付物实现预期成果。

二、领导力

本节要学习的是，如何在团队中展现自己的领导力。

先给出一个论断：并不是只有领导者才拥有领导力，领导力也并不是任何特定角色所独有的。为了帮助项目团队执行和交付所要求的结果，任何项目成员都可以展现出领导力，从而为个人和团队的需要提供支持。有效的领导力可以促进项目取得积极成果，帮助项目成功。为什么"产品负责人学习手册"包含领导力知识呢？因为产品负责人比其他角色更依赖领导力技能，从而为产品指明前进的方向，为客户交付价值。

在高绩效项目中，展现出有效领导力的人更多。也就是说，如果项目团队成员更多地积极参与其中，更多的成员心系项目愿景，愿意承担更多的责任，努力实现共享的成果，则项目会实现更高的绩效。

（一）职权是什么

职权不是领导力。职权和领导力有相同之处，都是指对别人施加影响的能力。但实际上职权和影响力有着本质区别。

- 职权是一种有形的组织授权，而领导力是无形的，是在任何情况下都能影响、激励、指导和教练他人的能力。
- 职权是组织赋予个人的外在力量，领导力是领导者通过自我修炼而形成的内在品质。
- 职权只是领导力量的暂时行为，领导力则是领导力量的长远保证。

任何人在有绝对权力的情况下，都会比较顺利地做成事情。如果一个人在没有权力或被授予极小的权力，也就是微权力或非权力影响的情况下，还能产生影响力，去组织别人做事，并且做得出色，那么说明他拥有真正的领导力。

（二）领导力风格有哪些

领导力风格各种各样，如专制型、民主型、放任型、领跑型、权威型、教练型等，如表1-4所示。

表 1-4　领导力风格

类型	特 点
专制型	专制型领导者不喜欢听取别人的反馈，而是自己做决定。这种领导力风格在有严格的指导方针和规则限制的组织中可以派上用场。优点在于有明确的指挥系统，能够快速做决策。缺点在于缺乏其他利益相关者的投入，容易导致团队士气低落
民主型	民主型领导者会听取所有利益相关者的意见，在做出任何决策之前会分析他们的反馈。民主型风格在专制型风格和放任型风格之间取得了平衡。它没有走向两个极端，而是找到了一个中间地带，能够提高员工的满意度和敬业度。这种领导力风格适合需要创造力和创新的科技行业
放任型	当所有团队成员都拥有高技能和丰富的经验，不需要被监督时，可以采用这种领导力风格。如果团队成员能力不足，这种领导力风格会降低工作效率，造成组织混乱，阻碍组织的发展
领跑型	领跑型领导者通常会自我驱动，善于设置高标准及宏观管理，并要求团队成员和他一样，严格要求自己，设置高标准并为达成目标而努力。作为领跑型风格领导者的直接下属，通常必须"自我激励、高度能干并且几乎不需要指导或协调"，否则很可能跟不上领导者的脚步
权威型	权威型领导者能够通过与他人沟通清晰的愿景推动成功，他们规划方向并设定期望，同时在此过程中吸引和激励追随者。在不确定的气氛中，这些领导者为人们拨开迷雾，帮助员工了解组织的发展方向，并了解到达那里后会发生什么 权威型领导者虽然也发布命令，但不是简单地发布命令，而是在发布命令时会花时间解释自己的想法，这一点与专制型领导者不同
教练型	教练型领导者注重员工的成长，他们会花时间和员工相处，并善于通过沟通和反馈引导员工反思，帮助员工成长。管理者拥有教练型领导力风格的前提是学习并掌握教练的能力，同时和被教练的员工之间有着良好的信任关系

在所有这些领导力风格中，没有一种领导力风格被公认为最好的或得到普遍推荐。相反，有效的领导力只有在最适合的特定情况下才会表现出来。例如，在混乱无序的时刻，指令型行动比协作型行动更清晰，更有推动力；对于拥有高度胜任力且敬业的员工，授权比集中式协调更有效。

（三）情境领导力

情境领导力是行为学家保罗·赫塞（Paul Hersey）于20世纪60年代早期创立的，将胜任力和承诺作为两大主要变量来测量项目团队成员的发展情况。

情境领导力摒弃了非黑即白式思维方式。如果在评价一名员工时，只有胜任和不胜任两种情况，就是典型的非黑即白式思维方式。情境领导力理论突破了这种局限。情境领导力从关注领导者本身转向关注领导者环境。当把领导行为从强调领导者自身因素转移到关注环境时，我们就能更好地体会到领导力的有效性是领导者、员工、环境相互作用的结果。领导力可以发生在领导者身上，也可以发生在员工身上，还可以发生在环境因素上。

胜任力（员工能力）是能力、知识和技能的组合。

承诺（员工意愿）涉及个人的信心和动机。

随着个人的胜任力和承诺的不断演变，领导力风格会经历从指导型到教练型到支持型再到授权型的变化，以满足需要。情境领导力模型如图1-10所示。

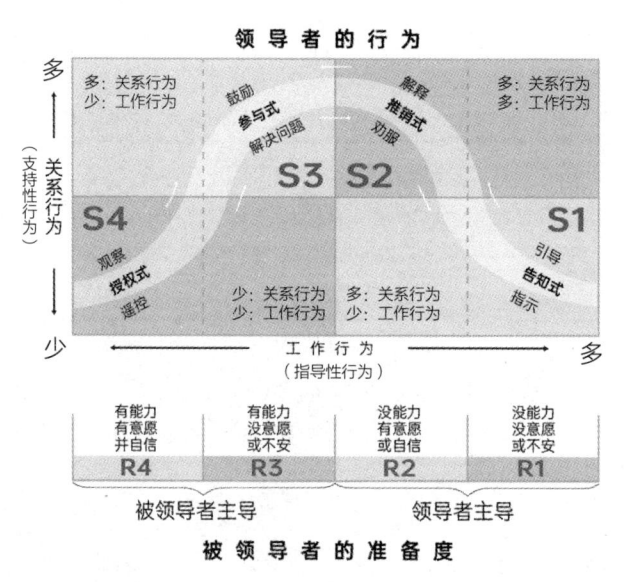

图 1-10 情境领导力模型

情境领导力模型的主要内容如下。

1. 员工的 4 种类型

（1）R1：员工的胜任力不足，且没有行为动机（不会做，也不想做）。

（2）R2：员工的胜任力不足，但具有极强的动机和信心（不会做，但想做）。

（3）R3：员工具有胜任力，但没有行为动机（会做，但不想做）。

（4）R4：员工具有胜任力，且具有行为动机和信心（会做，也想做）。

领导者要根据员工的不同类型，施加不同的领导行为。

- 指导性行为：说清楚工作的做法，如做什么、怎么做、什么时候做、在哪里做、谁来做等。
- 支持性行为：类似倾听、鼓励、协助、提供工作说明及社交支持等。

2. 领导方式的 4 种类型

（1）S1：指令型（针对R1型员工），即指导性行为多，支持性行为少。

（2）S2：教练型（针对R2型员工），即指导性行为多，支持性行为多。

（3）S3：支持型（针对R3型员工），即指导性行为少，支持性行为多。

（4）S4：授权型（针对R4型员工），即指导性行为少，支持性行为少。

例如，当员工经验技能不足，为R1型时，领导者应该采取告知型领导方式，帮助员工安排好工作计划，提供明确的工作指示。有时，员工表现出较高的自信和工作意愿，但实际处于工作经验能力不足的阶段，此时领导者如果采取较少指导或直接授权的方式，如采用了S4与R2的错配，将无助于员工取得较高的工作绩效，更无助于员工的成长进步。

员工不但可能从R1型成长为R4型，也有可能从R4型滑落到R1型。例如，针对一名绩优的员工，领导者一贯以S4对R4的方式对其进行有效领导。但这名员工即将离职，在离职前的最后几天，他可能事实上没有办法拿出与工作绩效要求对等的工作意愿和能力，因此他实际可能从R4型滑落到了R1型，此时领导者也应该改变领导方式，从S4调整为S2或S1，增加对工作内容的指导和对结果的确认。

通过对情境领导力模型的学习，我们可以明白，领导者的领导方式会随着环境和员工的变化而改变。这就是一种领导行为的重塑，塑造了一种更务实、更高效的领导方式。

有效的领导力技能是可以培养的，也是可以学习和发展的，从而成为个人的专业资产，为项目及其干系人带来收益。高绩效项目显示出一种持续改进的普遍模式，该模式直达个人层面。在项目管理和推动过程中，如果实践以下方法，增加相应的技能，则能够帮助团队蓬勃发展，提高项目团队绩效。

（1）聚焦愿景：阐明项目成果的激励性愿景，使项目团队聚焦愿景、目标。

（2）教练团队：教练和辅导项目团队成员，为他们的技能提升和发展提供机会。

（3）有效对话：积极倾听，对项目团队和干系人的观点表现出同理心。

（4）授予职责：向项目团队授予职责，引导大家协同决策。

（5）奖励积极：欣赏并奖励积极行为和贡献，建立勇于担责、有凝聚力的项目团队。

（6）适应变革：在项目生命周期内管理和适应变革，培养快速失败/快速学习的思维方式。

（7）角色示范：对自己的偏见和行为有自我意识，就期望的行为进行角色示范。

当领导者了解激励他人的因素时，项目会达到最佳运作状态。通过融合各种风格、持续提升技能和利用激励因素，任何项目团队成员或干系人，不论其角色或职位如何，都可以激励、影响、教练和培养项目团队。

三、质量

本节要学习的是，如何将质量融入项目开展过程和可交付物中，保证一开始就把质量做好。

"质量"是一个量词，用来衡量产品、服务或交付成果（以下统称"可交付物"）的某些特征满足需求的程度，包含客户描述的显性能力，以及一些隐含的要求。可以通过对可交付物的测量验证符合验收标准并适合使用的质量。

质量融入的目标如下。

（1）项目质量要求符合项目或产品的需求，并达成干系人的期望。

（2）质量管理聚焦可交付物达成验收标准。

（3）确保对项目开展过程的质量管理更适合、有效。

这里提到的质量融入，更多的是从可交付物质量的角度提出的。这个可交付物的形式包括文档、应用系统、特定机制（隐私保护机制、数据备份机制等），其应符合项目的裁剪目标，能达成项目目标，同时满足各干系人提出的要求、应用场景，并满足验收标准。

（一）了解质量的维度

可以通过以下几个维度了解质量。

（1）绩效：交付的功能符合项目团队和干系人的预期。

（2）一致性：可交付物符合需求，适合应用。

（3）可靠性：一般指应用系统类可交付物在一定时间内重复执行或运行，达到一致的效果或度量指标。

（4）韧性：更多地体现为容错能力或易于恢复，能更好地应对意外故障并快速恢复。

（5）统一性：按照类型划分的可交付物，同一类型的交付标准要保持统一。

（6）可持续性：这是针对可交付物的收益来说的，要能产生持续的、积极的效果，对社会、经济和项目所处的环境产生正向价值。

（7）满意度：可交付物需要及时获取相应的客户或最终用户的积极反馈，包括用户应用的场景、习惯和体验。

（8）效率：也可以理解为投入产出的效率。保持良好的、稳定的交付速率，以最少的输入和投入产生最大的交付成果。

一个项目的质量标准首先来自提出的需求，以需求的验收标准为基础来建立度量指标。需求包含可交付物要满足的能力或要达到的交付目标，这些内容可能来自合同、行业政策、业界标准、监管规定或干系人的期望。所以，可交付物的质量首先要达到需求描述的验收标准，并且随着实际的项目开展会有调整或优先级的变化。建议在项目实施过程中频繁地与干系人沟通成果，并得到有效的反馈，确保验收标准和交付质量保持一致。

在项目实施过程中的各项活动中，可交付物的质量大多数情况下是通过审查和审计的方式持续评估的。但当涉及应用系统类可交付物时，则需要向干系人演示并获得反馈，在项目实施过程中进行评估。这些活动都是为了尽早发现问题，尽早评估质量风险，预防较大的错误偏差和缺陷。

进行质量管理及相关活动的目标是在资源投入较少的情况下，确保以明确、快速的方式实现符合期望的质量的交付成果。总体来说，质量管理的结果就是在项目初期明确交付质量的要求，确保"做正确的事"，进而较快地达到验收标准，同时尽早识别缺陷或风险，并有针对性地制定预防或改进措施，避免和减少返工与浪费。

质量要求不会随着项目生命周期、开发方式和交付速率等的变化而不同，即质量活动和质量目标应该对标项目目标和需求标准，不会因为项目形式的变化而降低质量要求。

（二）质量管理过程的作用

质量管理过程及实践有利于实现可交付物和成果，更有利于最大化地达成组织和干系人的期望，符合需求中描述的用途和验收标准。

（1）符合验收标准所定义的目标。例如，满足客户隐私保护规定的菜多多App，虽然目标是交付App，但验收标准中规定，必须保护使用该App的客户的隐私信息或数据。

（2）达到干系人的期望和项目的商业目标。例如，"禅道"App一开始是为了满足一些干系人期望的项目全周期管理而开发的，之后扩展了多种研发模式、多维度的度量数据，从而更好地实现提高客户使用率这一商业目标。

（3）通过过程质量管控，尽可能减少缺陷或无缺陷。例如，在开发编码结束后，通过应用自动化单元测试、自动化构建、自动代码扫描等质量管控技术，确保在较早阶段就能发现编码问题，及时补救和完善，从而直接提高交付质量，做到减少缺陷或无缺陷。

（4）确保尽快交付，并提高交付效率和生产力。例如，菜多多App使用混合模式的目的，就是让大家尽快从靠后交付的瀑布模式转变为敏捷模式，通过频繁地迭代交付提高交付效率，保证生产力。

（5）加强成本管控，尽可能规避或减少浪费，即减少返工和报废。例如，一些ToC产品可能会由于人为因素而将风险（如严重缺陷等）带入下一环节，导致迭代的版本带着质量问题投产，这样既影响客户对产品的满意度，导致客户流失，又导致团队返工解决问题，从而造成浪费。通过设立质量门禁，可以有效避免这一问题。

（6）最大限度地提高交付质量。例如，通过建立质量内建体系，强化全体项目团队的质量管控意识，在减少返工和浪费的同时，促进过程交付质量的提高，进而在项目范围内最大限度地提高交付质量。

（7）减少客户投诉。简单来说，质量的提高可以减少客户使用中的错误和问题，提升客户使用的流畅度和体验，从而减少客户使用中的困扰和投诉。

（8）提高团队的士气和满意度。例如，菜多多App在第一次迭代时，因为大家对交付节奏不熟悉，相互之间交付的结果总是出错，导致团队内部产生误会，大家相互之间抵触配合，进而导致相互指责。为了避免这种情况的发生，要时刻确保团队成员在工作中具有质量意识，以交付效率和质量标准为共同目标。

（9）促进供应链的良好协作及整合。例如，有些大企业客户需要的系统较多，属于系统集群的情况，需要多个不同的供应商相互协作才能完成整个系统集群的交付。这样一来，质量管控就非常重要了，否则一个质量问题可能会导致多个供应商产品的系统集群问题，而且供应商之间相互推诿会导致问题解决周期更长，浪费更多资源。像这样的大规模项目，非常依赖质量管控来提高供应链之间的协作效率，促进资源的整合。

（10）提供决策的参考依据。过程的质量能在一定意义上反映结果的质量，在过程中监控质量，可以在关键里程碑进行更加有效和准确的决策。例如，有些企业在App的基础功能得到市场认可之后，会提高产品更新的频率，以进一步提升客户的好感度。

（11）可靠的服务交付质量。例如，业界有些非常知名的App，对大家来说就是质量的保证。它们的产品团队通过质量内建和提高质量管控能力，使交付的成果具备可靠的品质，让客户、用户非常信赖App的使用和更新，并深度信赖这样的App或其背后的产品团队。

（12）促进过程的持续改进。在项目过程中体现质量管理，能时时从质量的视角促使项目团队改进产品。例如，有些ToB产品在开发初期因为选择了优先开发应用功能而放弃了性能质量，导致中期试用时应用卡顿问题突出，从而被迫停止开发，转而进行性能优化。所以，将质量管理融入项目实施过程，能促进项目的持续改进。

第四节　第四天：团队学习手册

一、团队

本节要学习的是，如何营造协作的项目团队环境，从而为打造高绩效团队打下坚实的基础。

项目是由项目团队交付的。为了使项目团队交付更有价值的成果，需要从多个方面提供保障措施，从而更好地激发项目团队的能力，让团队项目自我管理，减少过程中的阻碍，让项目团队总是做优先级别较高的事情，提升项目团队的协同性。项目团队成员之间更高的协同工作能力可以帮助他们更有成效地实现共同目标。

营造协作的项目团队环境，需要尽量降低协作的复杂度，提升团队的灵活性。要想降低协作的复杂度和提升团队的灵活性，需要考虑以下几个方面。

（一）建立团队共识

团队共识就是团队能够共同理解和遵循的准则、行为限制、工作规范，可以是显性的规定，也可以是隐性的团队认知。

建立团队共识，有利于人们在共同的上下文语境中理解问题，降低团队协作的复杂度，使项目团队聚焦在项目内容本身上。

项目共识由项目团队制定，并通过个人和项目团队共同遵守来发挥作用。随着项目的推进，团队共识会不断演变，所以要不断检视。

例如，在项目实施过程中，明确DOD的定义。DOD的英文全拼是Definition of Done，即"完成"，或者叫作"完成标准"。在互联网软件开发项目中，针对一项开发任务，怎样才算完成了任务？每个人的理解可能都不同，有人认为编码完成，就表示任务完成了；有人认为还需要简单自测一下，确保功能可以正常使用；还有人认为需要把自动化用例写完并测试通过才算完成。

DOD可以分很多种，如每日DOD，典型内容有以下几项。

（1）下班前必须检入当天编写的代码，检入的待办事项列表要填写清楚。

（2）当天的代码必须在当天或第二天邀请同伴进行代码评审。

（3）检入的功能代码必须有对应的单元测试。

（4）每天晚上触发静态代码检查、自动化回归测试。

（5）当天持续集成、构建环境中产生的问题，应当天解决。

DOD需要团队成员共同理解，共同遵守。有了DOD这一共识，会有效提升大家的协同能力。但团队不是一成不变的，随着时间的推移、经验的积累、成员的变更、项目的变更，团队共识也会有很大的不同，所以需要定期检查和改进。

（二）优化组织结构

要设定能够提升协作水平的组织结构，需要注意以下几点。

1. 确定角色和职责

团队职能应该包含不同的角色，承担不同的职责，这一点很明确。需要强调的是，团队成员可以同时承担不同的角色，但当承担不同的角色时，一定要分清不同职能的区别。

无论谁为特定的项目工作承担责任，无论谁负有开展特定项目工作的职责，协作的项目团队都会对项目成果共同负责。

2. 将员工和供应商分配到项目团队

无论是员工还是供应商，在项目实施期间，都要培养团队归属感，并且共同理解团队共识，这样才能降低协同复杂度。

3. 设置有特定目标任务的正式委员会

针对项目中的各种任务，设置明确的委员会以帮助决策和解决问题，有助于营造协同的项目团队环境，降低协同复杂度。

4. 设置定期评审特定主题的站会

站会意味着简单有效的沟通。为干系人安排定期评审特定主题的站会，能有效提升团队的协同能力，促进团队达成一致，降低协同复杂度。

（三）让团队自己定义过程

项目团队应能够自行定义可以完成的任务，自行掌握合理分配工作的过程。如果能够明确项目团队的职权范围，使项目团队能够明确自己的自主决策范围，将有助于营造协作的项目团队氛围，提升团队的灵活性。

例如，如果团队迭代的安排按照Scrum方法来推动，则需要建立稳定的迭代周期、迭代计划事件、迭代站会、迭代回顾会、迭代评审会、按照迭代节奏明确优先级别的产品待办事项列表和迭代待办事项列表，这些过程有助于项目团队建立自己的团队文化，有效实现项目目标。

总之，协作的项目团队环境可以促进信息和个人知识的自由交流，在交付成果的同时进一步促进共同学习和个人发展。协作的项目团队环境使每个人都能尽最大的努力为组织交付期望的成果。组织则将从可交付物及成果中受益。

二、复杂性

本节要学习的是，如何驾驭项目的复杂性，让复杂的项目变得可控。

项目是由相互作用的要素组成的系统。复杂性是项目环境的特征，项目环境受人类行为、系统行为和模糊性的影响而难以管理。交互的性质和数量决定了项目的复杂程度。复杂性源于项目要素内部及项目要素之间的交互，也源于项目要素与其他系统和项目环境的交互。虽然复杂性无法控制，但项目团队可以对自己的活动做出调整，以应对复杂性造成的影响。

世界正处于VUCA时代，具备VUCA环境的特点。

- 易变性（Volatility）：快速且不可预测的变化。
- 不确定性（Uncertainty）：缺乏对问题、事件、要遵循的路径或要追求的解决方案的理解和认识。
- 复杂性（Complexity）：由于受人类行为、系统行为和模糊性影响而难以管理的项目集、项目或其环境的特征。
- 模糊性（Ambiguity）：不清晰的状态，难以识别事件的起因，或者有多个选项。

项目团队通常无法预见复杂性的出现，因为它是风险、依赖性、事件或相互关系等许多因素交互的结果。另外，一些原因可能交汇在一起，产生单一的复杂影响，导致很难分离出造成复杂性的特定原因。

复杂性不是由单一的风险组成的，单一的风险管理已经无法应对如此复杂的场景了，所以需要用更灵活的方式来应对复杂的场景（见图1-11）。

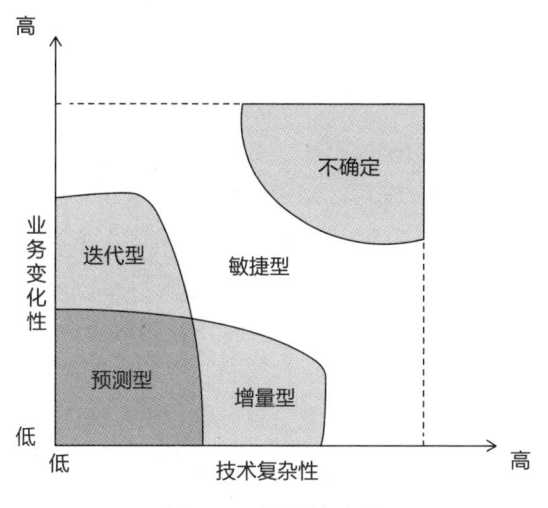

图 1-11 项目的复杂性

项目的复杂性是由项目和整个项目系统中的单个要素造成的。例如，项目的复杂性可能会随着更多、更多样的干系人（如监管机构、国际金融机构、多个供应商、多个专业分包商或当地社区）的加入而提高。干系人越多，项目越复杂。

一些常见的复杂性来源包括以下几个。

（一）人类行为

人类行为是人的行为、举止、态度和经验的相互作用。主观因素（如与项目目的和目标相冲突的个人议程）的引入也可能会提高人类行为的复杂性。位于偏远地区的干系人可能处在不同的时区，讲不同的语言，遵守不同的文化规范。简而言之，人是一种复杂的动物，由人产生的行为也是非常复杂的，不同的人有不同的性格、不同的信仰、不同的文化，这些不同构成了复杂的世界。例如，项目的甲方负责人脾气不好，架子大，难以沟通，乙方就得顺着他的脾气，给他面子，帮他把事情做好，让他没有话说。这样后续甲方和乙方的合作就会越来越顺畅。

（二）系统行为

系统行为是项目要素内部和项目要素之间相互动态依赖的结果。例如，不同技术系统的集成可能会形成威胁，从而影响项目的成果和成功。项目系统各组件之间的交互可能会导致相互关联的风险，造成新的或不可预见的问题，并产生不清晰和不相称的因果关系。系统是用来解决人的问题的，由于人类行为的复杂性，系统也会呈现出复杂性，这种复杂性有时体现为改了一个模块的代码，会不小心影响其他模块的功能。为了应对这种复杂性，建议对系统做解耦合。例如，当某个渠道增加了页面信息时，如果后台没有相应的调整来适应这个变化，可能导致与其他三个渠道之间的不一致性问题。

（三）模糊性（不确定性）

模糊性是一种不清晰、不知道会发生什么情况或不知道如何理解某种情况的状态。选项众多或不清楚哪个是最佳选项可能会导致模糊性。不清晰的或误导性事件、新出现的问题或主观情况也可能会导致模糊性。不确定性涉及对替代行动、反应和结果的概率缺乏理解。其中包括未知的未知因素和所谓的"黑天鹅"事件，它们是完全超出了现有知识或经验的新兴因素。这种不确定性使得问题、事件、可采取的路径或追求的解决方案变得模糊不清，难以精确定义。在复杂的环境中，不确定性和模糊性可能相互交织，导致因果关系难以理解，概率和影响难以明确定义。很难将不确定性和模糊性降低到使因果关系可以被很好地定义，并加以有效处理的程度。例如，天气预报说近期可能有大风和暴雨会影响施工，在制订项目计划的时候就应该考虑这些风险，根据往年季度的正常施工天数估算项目完成时间。

（四）技术创新

技术创新可能会导致产品、服务、工作方式、流程、工具、技术、程序等的颠覆。台式计算机和社交媒体是技术创新的范例，它们从根本上改变了项目工作的执行方式。新技术及其使用方式的不确定性会增加项目的复杂性。创新可能有助于项目产生解决方案，但若与其有关的不确定性未得到确定，则可能会导致项目混乱，从而使复杂性增加。例如，引入游戏引擎会带给玩家更好的游戏体验，但是也会出现一些新的漏洞，这些新的漏洞是人们从来没有遇到过的，也没有什么现成的文献可以借鉴。这些漏洞一旦出现，将使人们花费大量的时间和精力去处理。所以，在核心游戏上较少使用新技术。新技术一般先在非核心游戏上使用。

复杂性可能会出现在任何领域和项目生命周期的任何节点，并使项目受到影响。通过持续关注项目组件和整个项目，项目团队可以留意出现复杂性的迹象，从而识别贯穿整个项目的复杂性要素。如果能系统思考自适应系统，总结过往项目工作的经验，项目团队就能提高驾驭复杂性的能力。如果能对复杂性的迹象保持警惕，项目团队就能够调整方法和计划，驾驭潜在的混乱，有效地交付项目。

三、风险

本节要学习的是，如何更有效地优化风险应对措施，让风险管理变得游刃有余。

（一）风险会对项目产生什么影响

风险是尚未发生的问题，但一旦发生，就会对项目产生积极或消极的影响。积极的影响称作"机会"，消极的影响称作"威胁"。机会可以带来诸多收益，如时间缩短、成本下降、绩效提升、市场份额增加等。威胁可能会导致诸多问题，如进度延迟、成本超支、技术故障、绩效下降或声誉受损等。

可以通过风险分解结构来构建项目的风险类别，如表1-5所示。风险分解结构（Risk Breakdown Structure，RBS）是潜在风险来源的层级展现。

表1-5　项目的风险类别

RBS 0 级	RBS1 级	RBS 2 级
0 项目风险所有来源	1 技术风险	1.1 范围定义
		1.2 需求定义
		1.3 估算、假设和制约因素
		1.4 技术过程
		1.5 技术
		1.6 技术联系
		……
	2 管理风险	2.1 项目管理
		2.2 项目集/项目组合管理
		2.3 运营管理
		2.4 组织
		2.5 提供资源
		2.6 沟通
		……
	3 商业风险	3.1 合同条款和条件
		3.2 内部采购
		3.3 供应商与卖方
		3.4 分包合同
		3.5 客户稳定性
		3.6 合伙企业与合资企业
		……

续表

RBS 0 级	RBS1 级	RBS 2 级
0 项目风险所有来源	4 外部风险	4.1 法律
		4.2 汇率
		4.3 地点 / 设施
		4.4 环境 / 天气
		4.5 竞争
		4.6 监督
		……

（二）项目团队如何应对风险

已经被识别的风险可能会对项目产生影响，也可能不会，具体取决于风险的应对措施是否产生了效果。在整个项目生命周期内，项目团队应努力识别与评估项目内外部已知的和新出现的风险。

持续不断地进行风险识别并制定风险应对措施，能够降低风险对项目的威胁，并增加项目成功的概率。这些应对措施应具有以下特征。

（1）适当性和及时性与风险的重要性相匹配。

（2）具有成本效益。

（3）在项目环境中切合实际。

（4）与干系人达成共识。

（5）由一名责任人承担。

如果从成本的角度看待风险管理，可以得出什么结论？

（1）风险可能存在于企业、项目组合、项目集、项目和产品中。风险一旦发生，就会增加或减少收益，从而影响价值和商业目标的实现。

（2）因风险管理而产生的成本比风险发生时因解决问题而产生的成本要小很多。

什么是项目整体风险？如何管理？

（1）项目团队应监督整体项目风险。整体项目风险指不确定性对项目整体的影响。

（2）整体项目风险管理旨在将项目风险保持在可接受的范围内。管理策略包括减少威胁的驱动因素，增加机会的驱动因素，以及最大限度地提高实现总体项目目标的可能性。

如何让项目团队更好地驾驭项目风险？如表1-6所示。

（1）项目团队应该争取干系人参与，了解他们的风险偏好和风险临界值。风险偏好和风险临界值可让项目团队更好地驾驭项目中的风险。

（2）风险偏好指为了得到预期的回报，组织或个人愿意承担不确定性的程度。

风险临界值是围绕目标可接受的偏差范围设置的测量指标，它反映了组织和干系人的风险偏好。

（3）风险临界值能够反映风险偏好。例如，围绕成本目标±5%与±10%这两个风险临界值相比，±5%的风险偏好程度更低。

表1-6　驾驭项目风险

名称	定义
风险临界值	某种特定的风险敞口级别，高于该级别的风险需要处理，低于该级别的风险则可接受
风险偏好	为了预期的回报，组织或个人愿意承担不确定性的程度，即可接受的偏差范围，是定性的表述
风险承受力	组织或个人能够承担的风险限度，即最大风险承受能力，泛指各方面的风险承受能力和水平，是定量的表述

注：为了有效管理特定项目的风险，项目团队需要知道，相对于要追求的项目目标，可接受的风险敞口究竟有多大。这通常用可测量的风险临界值来定义。风险临界值反映了组织与项目干系人的风险偏好程度，是可接受的项目目标的变异程度。应该明确规定风险临界值，并传达给项目团队，同时反映在项目的风险影响级别定义中

四、适应性和韧性

本节要学习的是，如何让团队主动拥抱适应性和韧性，拥有反脆弱的特性。

将适应性和韧性融入组织和项目团队的工作方法中，以帮助项目适应变革，从挫折中恢复过来。《PMBOK®指南（第6版）》在"风险管理"部分介绍了变异性风险和模糊性风险，为了应对这两种风险，需要增强项目团队的韧性。

接下来解释一下适应性和韧性。

（1）适应性指应对不断变化的情形的能力。例如，比亚迪为了适应电动汽车的发展趋势，决定停止生产燃油汽车，全力以赴生产电动汽车。

（2）韧性指吸收冲击的能力和从挫折或失败中快速恢复的能力。例如，有些企业会经常做火灾演习，从而在火灾真正发生时，最大限度地减少损失。

（一）聚焦成果而非输出，有助于增强适应性

大多数项目在某个阶段都会遇到挑战或障碍。如果项目团队开展项目的方法同时具备适应性和韧性，则有助于项目适应各种影响并蓬勃发展。适应性和韧性是任何开展项目的人员都应具备的有益特征。这就好比人们的身体一样，在一次次与病毒对抗的过程中，身体的免疫能力不断提高，这样人们在下次对抗同样的病毒时，就容易战胜病毒，从而使抵抗力越来越好，身体也会恢复得越来越快。

项目很少会按最初的计划执行，而会受到内部和外部因素（新需求、问题、干

系人）的影响，这些因素处在一个系统中并相互作用。项目中的某些要素可能会失败或达不到预期，这就要求项目团队重新组合、重新思考和重新规划。

例如，修改一些模块的代码时，会影响其他模块的运行；在当下的测试环境中运行正常的业务，放到其他环境中却发生了故障。在这两种情况下，项目团队都需要做好应对之策，以便推进项目。

还有一种观点认为，项目应严格遵守早期阶段的计划和承诺，即使在之后出现新的或不可预见的因素，也应如此。这种观点对包括客户和最终用户在内的干系人是没有益处的，与价值交付的观点背道而驰。应该从整体的角度调整适应性，如采用适当的变更控制过程。把握这个度很重要，不要过度拥抱变化，也不能故步自封，不做任何应对变化的动作。

（二）如何在项目环境中支持适应性和韧性

（1）建立较短的反馈循环，以便快速适应，如两周一次迭代。

（2）持续学习和改进，不断地聆听用户的心声。

（3）拥有具备宽泛的技能组合的项目团队，以及在每个所需技能领域具有广博的知识的个人；欢迎T型人才，即在某一方面很专长，在其他方面又有跨学科应用的人。

（4）定期检查和调整项目工作，以识别改进机会，经常审计项目实施过程。

（5）组建多样化的项目团队，以获得广泛的经验。跨职能的自组织团队是项目成功的保障之一。

（6）制定开放和透明的规划，让内部和外部干系人参与，开放的环境能让团队士气更高。

（7）做小规模实验，以测试想法和尝试新方法；对样品（Demo）的灵活应用能进一步降低成本，在游戏开发领域，Demo玩法是让用户了解一款新游戏的第一步。用户感兴趣之后，再开发完整版本。

（8）充分运用新的思考方式和工作方式，如团队集体做决策，而不是由项目经理一个人做决策。

（9）平衡工作速度和需求稳定性。不能拒绝需求变更，也不无底线地接受需求变更。

（10）开展开放式对话。对事不对人是新组织的做法。

（11）拥有具备宽泛的技能组合、文化和经验的多样性项目团队，同时拥有各个所需技能领域的主题专家。多样性项目团队可以集合多方视角，有助于提升项目团队的创造力。

（12）对从过去相同或类似的工作中获得的学习成果具备理解力。通过回顾会议，可以在每次迭代过后进行经验教训总结。

（13）预测多种潜在情景，并具备为多种可能的情况做好准备的能力和意愿。这一点可以通过回顾会议反思。

（14）将决策推迟到最后责任时刻。在拿到更多的信息之后做决策，这样能进一步保证决策的有效性。

（15）获得管理层的支持。管理层的有效支持不管在哪个项目团队都有用。

预期的成果而非可交付物能够促成解决方案，进而可利用比原始计划更好的结果。例如，项目团队可以找到替代解决方案，以提供比原始定义的可交付物更优的成果。虽然探寻替代解决方案通常属于商业论证的范畴，但技术和其他能力的演变非常快，以至于在商业论证完成和项目收尾之间的任何时候都可能会出现替代解决方案。项目开展期间可能会出现适合项目的机会，届时项目团队应向项目发起人、产品负责人或客户说明为何要抓住这一机会。根据合同类型，因适应项目而进行的某些变更可能需要得到客户的批准。在项目发起人、产品负责人或客户的支持下，项目团队应准备好调整计划和活动以利用这一机会。所以，项目团队应该动态地识别和更新项目风险，以便在瞬息万变的市场环境中获得新的机会。

项目系统中的意外变更和突发情况也可能会带来机会。为了优化价值交付，项目团队应该针对变更和计划外的事件，使用问题解决和整体思维方法。发生计划外的事件时，项目团队应寻找可能获得的潜在积极成果。例如，将项目后期发生的变更包含进来，这样就可以在市场上第一个提供具备相关功能的产品，从而提升竞争优势。

在项目中保持适应性和韧性，可使项目团队在内部和外部因素发生变化时聚焦于期望的成果，这有助于项目团队从挫折中恢复过来，有助于项目团队学习和改进，并继续在交付价值方面取得进展。

第二章
项目启动阶段

在共同学习了项目管理十二原则之后,团队成员之间互相熟悉了,万事俱备,只欠东风。接下来,项目团队要做好项目启动工作。

项目团队进入实践阶段,按照学习的项目流程开展工作。在敏捷教练的指导下,团队成员知道了,是之前学习的东西引导着大家去做这些实践。

由于项目绩效域是在整个项目开展过程中不断穿插的,所以此处列了一张矩阵图和一张表来表示项目绩效与项目阶段的关系,如图2-1和表2-1所示。

项目管理原则			
成为勤勉、尊重和关心他人的管家	营造协作的团队环境	与干系人有效互动	聚焦于价值
识别、评估和响应系统交互	展现领导力行为	根据环境进行裁剪	将质量融入项目开展过程和可交付物中
驾驭复杂性	优化风险应对	拥抱适应性和韧性	为实现预期的未来状态而驱动变革

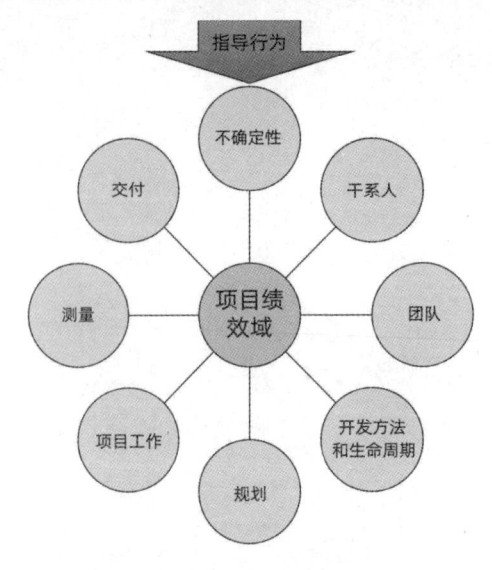

图2-1 项目绩效域

表 2-1 项目绩效域与项目阶段的关系

八大绩效域	项目管理过程组				
	启动过程组	规划过程组	执行过程组	监控过程组	收尾过程组
1. 不确定性绩效域	识别不确定性 管理不确定性			控制不确定性	
2. 干系人绩效域	识别干系人 干系人理解和分析 干系人优先级排序		干系人参与	监督干系人	
3. 团队绩效域	团队管理与领导力	项目团队文化	高绩效项目团队 领导力技能		裁剪领导风格
4. 开发方法和生命周期绩效域	交付节奏 开发方法 选择开发方法时需要考虑的因素 生命周期和阶段的定义		协调交付节奏、开发方法和生命周期		
5. 规划绩效域		规划的变量 项目团队的组成和结构 规划沟通 规划实物资源 规划采购 规划变更 规划度量指标 规划一致性			
6. 项目工作绩效域			平衡竞争性制约因素 使项目团队保持专注 项目沟通与参与 管理实物资源 处理采购事宜	监督新工作和变更	整个项目开展期间的学习
7. 测量绩效域		制定有效的测量指标		测量内容 展示信息 认识测量陷阱 对绩效问题进行故障诊断	成长和改进
8. 交付绩效域			价值的交付		可交付物 质量 次优的成果

可以把项目分成以下几个阶段。

- 项目启动阶段。
- 项目规划阶段。

- 项目执行阶段。
- 项目监控阶段。
- 项目收尾阶段。

下面从项目启动阶段开始，一步步展开项目。

第一节　从不确定性中找到确定的成功

我们团队意识到本次项目和以往的项目不一样，以往的项目更多的是交付型项目，只需要按照质量交付、控制项目风险就行，但是本次项目需要适应市场的需求，所以我们决定学习精益方法中的延迟决策方法：尽量收集更多的信息，以帮助我们决策到底该如何启动本次项目。

万事开头难。我们如何开始？这个团队中最有新项目启动经验的只有顾问马丁老师。我们一致看向了他，他扶了扶眼镜，说："我们在做的事情处于VUCA环境。"

然后，他让我们思考这些不确定性，我们团队目前最需要想清楚的问题有以下几个。

（1）菜多多App能被用户持续接受多久？会不会只是一款"应急"产品？

（2）以前我们的项目是B2B的，团队中并没有B2C的经验，通过什么渠道接触我们的终端用户？如何收集用户反馈？

（3）这个项目要以什么样的项目管理方式进行？是预测型、迭代型、增量型还是敏捷型？

这3个问题决定了项目的成败，所以搞清楚这3个问题至关重要。

一、如何减少不确定性

（一）识别不确定性

第一个问题，我们要弄清楚所处的大环境，市场对买菜App的需求量挺大。产品经理大鹏做了大量的市场调研，发现生鲜电商市场规模在过去3年内稳步增长，在疫情防控期间，生鲜到家服务一度成为人们的刚需，进一步加速了市场的发展。中国作为一个拥有14亿人口的大国，对日常蔬菜等生鲜产品的需求量很大。随着"95后"步入社会，人们的生活节奏加快，方便快捷的移动端买菜App必将成为人们日常生活的一部分。

中商产业研究院发布的《2022年中国生鲜电商行业市场前景及投资研究预测报告》表明，受疫情的影响，人们的生活方式发生了改变，生鲜电商市场快速发展。近年来，中国生鲜电商市场交易规模整体保持稳定增长。2021年生鲜电商市场交易规模达4 658.1亿元，同比增长27.92%。随着生鲜电商市场的逐渐成熟，以及人们网购生鲜产品的习惯逐渐养成，预计未来生鲜电商市场交易规模将继续增长。2016—2021年中国生鲜电商市场交易规模统计情况如图2-2所示。

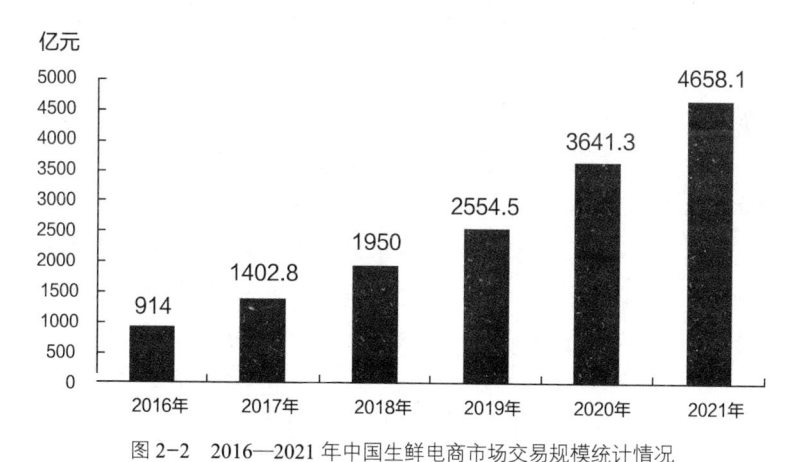

图2-2　2016—2021年中国生鲜电商市场交易规模统计情况

从渗透率来分析，目前中国生鲜电商市场渗透率较低，但近年来一直保持增长趋势。2021年渗透率达7.91%。随着人们网上购物习惯的逐渐养成，未来中国生鲜电商市场渗透率将持续增长。2016—2021年中国生鲜电商市场渗透率统计情况如图2-3所示。

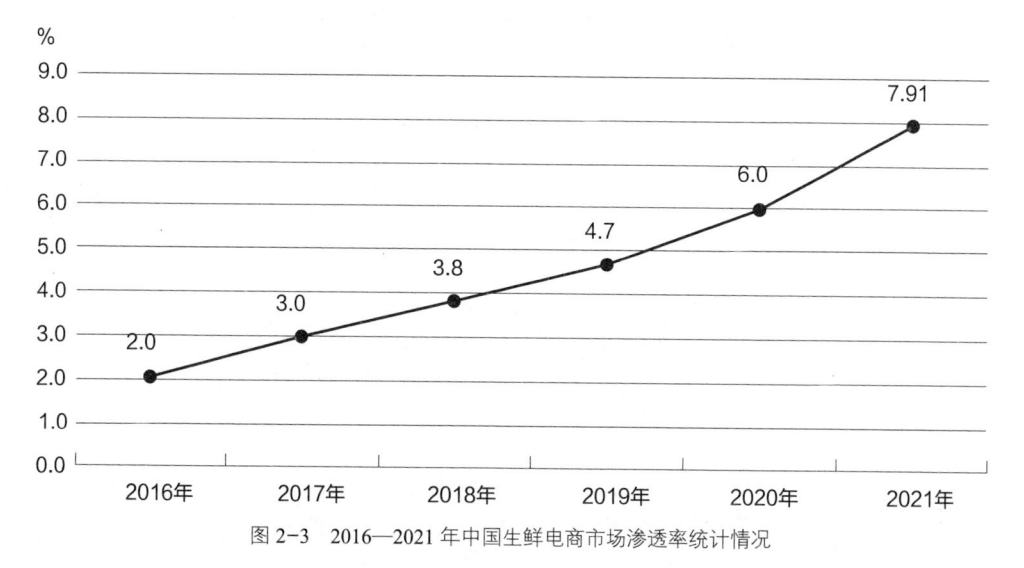

图2-3　2016—2021年中国生鲜电商市场渗透率统计情况

不仅如此，随着互联网的发展和现代冷链物流技术的不断提高，生鲜电商市场有了更好的技术支撑。同时，随着年轻一代对网购消费的偏好，预计中国生鲜电商市场规模将进一步加速扩大。生鲜电商发展前景向好，未来将有更多的企业入局，行业竞争激烈。

疫情防控也成了生鲜配送行业迅猛发展的助推剂。疫情防控期间，消费者逐步养成了"线上下单，快速配送到家"的消费习惯，积极建设线上线下全场景的新零售龙头有望持续抢占市场份额。生鲜电商市场规模逐年增长，活跃用户数和行业渗透率也在逐年提升。用户分布从一线城市向外扩展，可见大众逐渐接受了线上购买生鲜产品的观念。随着生鲜电商模式的成熟，生鲜电商将满足人们对日常高频刚需产品的需求，线上购买生鲜产品将更加频繁地出现在人们的生活中。

这些对我们团队来说都是外部环境的利好，但是我们面临的竞争对手也不少。

从买菜相关App的公司注册数量中可以看到，中国生鲜电商企业数量不断增加。2020年新注册生鲜电商企业4 776家，同比增长34.8%。2021年新注册生鲜电商企业5 214家。2017—2021年中国生鲜电商企业注册数量统计情况如图2-4所示。

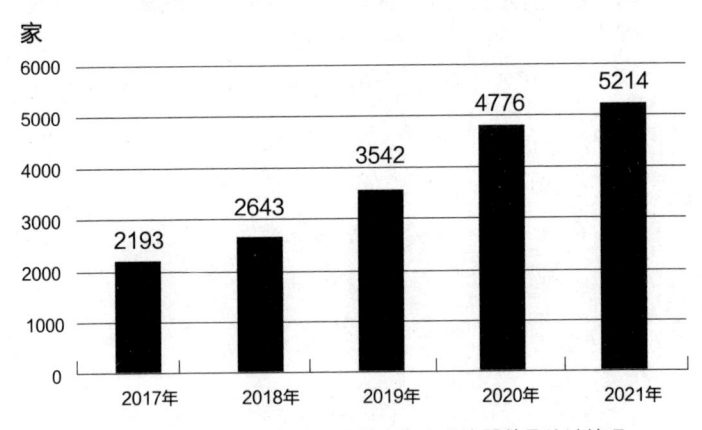

图2-4　2017—2021年中国生鲜电商企业注册数量统计情况

不仅如此，巨头布局抢占市场，初创公司加速涌入，中国生鲜电商企业大量涌现，创新模式多样。目前生鲜电商行业企业可分为4类，分别是电商超市、垂直电商、O2O电商及产业电商，如表2-2所示。

表2-2　中国生鲜电商行业企业

类型	代表企业
电商超市	天猫、苏宁易购、1号店、永辉超市、家乐福、e万家、京东超市、大润发优鲜、京东、拼多多、麦德龙、i百联等
垂直电商	易果生鲜、本来生活、我买网、每日优鲜、天天果园、中粮我买网、鲜动生活、鲜直达、鲜食演义、饭心等

续表

类型	代表企业
O2O 电商	叮咚买菜、ChildLife、七鲜、美团买菜、多点 Dmall、苏鲜生、小象生鲜乐生活、乐纯、优果仓、一品一家、盒马鲜生、鲜码头、人人菜场、一米鲜、水果1号等
产业电商	有菜、链农、一亩田、海上鲜、花样菜场、锦绣生鲜、微农、优配良品、比菜价、小农女、分分钟、优冻品、宋小菜、美菜、食务链、菜嘟美等

资料来源：中商情报网。

可以看到，巨头没有放过任何一块市场。

这就对我们提出了更高的要求，作为新的团队，我们的优势有以下几个。

（1）之前给甲方做商城App的时候积累了大量的用户数据，我们比一般的公司更有优势，因为我们更清楚用户想要什么，而且我们公司有专门的用户体验部门和专业的用户体验设备，可以邀请用户参与试用体验。

（2）经过了这么多年的积累，我们掌握了生鲜行业上下游的资源，比起新的竞争对手，能更快地整合资源。

（3）比起巨头，我们是单独运营的公司，没有其他传统巨头的约束，没有那么多历史包袱。

通过对第一个问题的分析，我们觉得，在VUCA时代的大环境下，我们也是有一定的竞争力的。但是摆在我们面前的第二个问题是，用什么渠道触达用户？用户是否需要我们的买菜App？我们只能找到咨询顾问马丁老师，让他给我们出谋划策。

（二）管理不确定性

马丁老师扶了扶眼镜，给我们介绍了一个方法——商业模式画布，如图2-5所示。

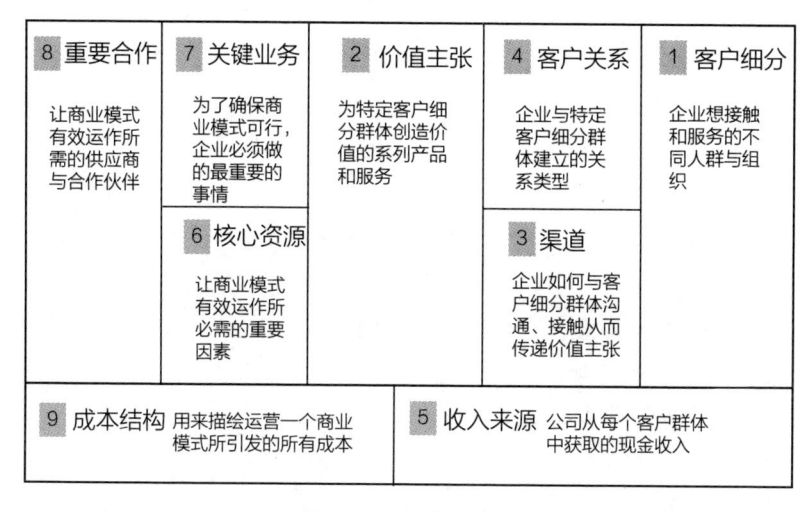

8 重要合作	7 关键业务	2 价值主张	4 客户关系	1 客户细分
让商业模式有效运作所需的供应商与合作伙伴	为了确保商业模式可行，企业必须做的最重要的事情	为特定客户细分群体创造价值的系列产品和服务	企业与特定客户细分群体建立的关系类型	企业想接触和服务的不同人群与组织
	6 核心资源		3 渠道	
	让商业模式有效运作所必需的重要因素		企业如何与客户细分群体沟通、接触从而传递价值主张	
9 成本结构 用来描绘运营一个商业模式所引发的所有成本			5 收入来源 公司从每个客户群体中获取的现金收入	

图2-5　商业模式画布

马丁老师给我们讲解完之后，团队就实际操练起来。

结合市场调查与研读研究报告——《Mob研究院：2022年中国生鲜电商行业洞察报告》，我们发现，我们的主要用户是35~45岁的已婚人士，其中男女比例为1∶1，主要分布于一线城市（如北京、上海、广州、深圳）与新一线城市（如成都、杭州等），月收入为3000~10 000元。大部分用户是都市白领，学历以本科生居多，占比50%。

我们生成了用户画像：35~45岁的宝爸宝妈，本科学历，居住于一、二线城市，收入水平中等偏上。

就这样，我们确认了用户。我们先将用户画像填入客户细分中，如图2-6所示。

8 重要合作	7 关键业务	2 价值主张	4 客户关系	1 客户细分
				35~45岁的宝爸宝妈，本科学历，居住于一、二线城市，收入水平中等偏上
	6 核心资源		3 渠道	
9 成本结构				5 收入来源	

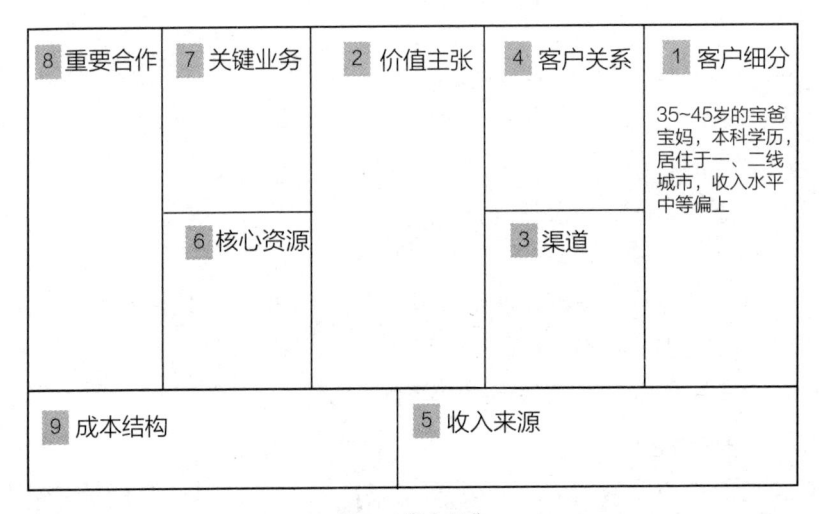

图2-6 客户细分

然后我们讨论和确定价值主张。为了将理念更好地传达给用户，我们有了这样的价值主张：只为成为你的菜。这样的表达一语双关，既表达了我们想为用户提供他们心中想要的菜品，又表达了我们想做出用户心中最好的买菜App。

价值主张如图2-7所示。

渠道是产品的核心，我们通过什么渠道触达用户呢？

团队分析得出，我们可以利用多年做商城的资源优势，发短信邀请第一批用户。短信中表明我们可以给用户发优惠券和免邮券，让用户试用，如果他们感觉使用体验不错，第一步就成功了。

于是，我们得到了渠道，如图2-8所示。

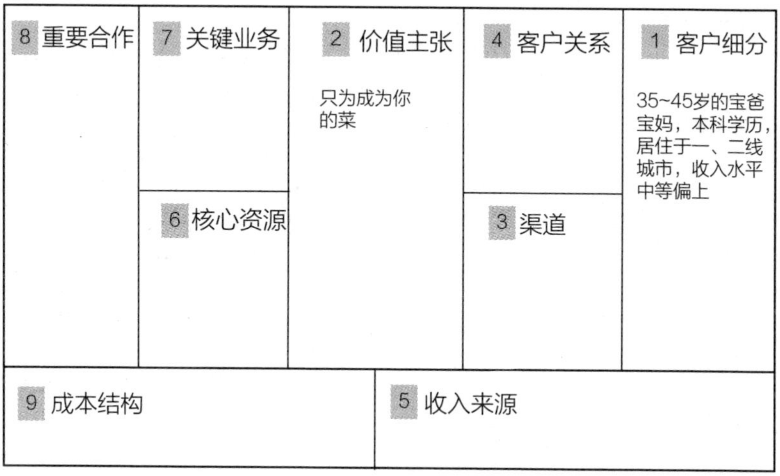

8 重要合作	7 关键业务	2 价值主张	4 客户关系	1 客户细分
		只为成为你的菜		35~45岁的宝爸宝妈，本科学历，居住于一、二线城市，收入水平中等偏上
	6 核心资源		3 渠道	
9 成本结构			5 收入来源	

图 2-7 价值主张

8 重要合作	7 关键业务	2 价值主张	4 客户关系	1 客户细分
		只为成为你的菜		35~45岁的宝爸宝妈，本科学历，居住于一、二线城市，收入水平中等偏上
	6 核心资源		3 渠道 短信邀约	
9 成本结构			5 收入来源	

图 2-8 渠道

通过这种方法，我们不断思考和填空，终于把商业模式想清楚了，如图2-9所示。

（1）客户细分：我们的用户是35~45岁的宝爸宝妈，本科学历，居住于一、二线城市，收入水平中等偏上。

（2）价值主张：我们的价值主张是"只为成为你的菜"。

（3）渠道：我们通过短信接触用户，使用优惠券和免邮券吸引他们下单。

（4）客户关系：我们与用户是供求关系，用户需要采买，我们通过供应商为他们提供优质新鲜的菜品。

8 重要合作	7 关键业务	2 价值主张	4 客户关系	1 客户细分
供应商 外送团队	打通买菜环节，各供应链提供快速送达服务	只为成为你的菜	供求关系服务	35~45岁的宝爸宝妈，本科学历，居住于一、二线城市，收入水平中等偏上
	6 核心资源 供应商 外送团队 用户		3 渠道 短信邀约	
9 成本结构 人员场地成本+服务器成本+外送团队成本				5 收入来源 商品的差价=最终成交价-成本	

图 2-9　商业模式

（5）收入来源：主要靠商品的差价获取收入，差价=最终成交价－成本。

（6）核心资源：我们公司之前就积累了上下游供应商资源、外送团队和用户，这是我们能做成这件事的核心资源。

（7）关键业务：我们在这一阶段的关键业务始终围绕打通买菜环节，把优质的菜品快速送到百姓家，所以我们的核心业务要围绕供应链和外送展开。

（8）重要合作：因为关键业务是供应链和外送，所以供应商和外送团队就是我们做好这件事的重要合作伙伴。

（9）成本结构：团队的工资、房租、水电费、网络服务器成本、外送团队成本，还有一个比较隐蔽的成本是生鲜产品的折损成本。

当我们把这些商业模式都想清楚之后，我们觉得这件事是可以干成的。我们带着这个结论向公司老板张大牛做了汇报。

老板觉得我们已经识别了普遍的不确定性，接下来应当把识别出来的不确定性控制好。

（三）控制不确定性

要想控制不确定性，我们需要看到这张商业模式画布中隐藏了哪些风险。

1. 不确定性商业的风险

从商业模式画布中的关键业务出发，这两个关键业务是我们控制风险的关键。

一是打通买菜的各个环节。不是说只要能够送菜就行，菜品的质量是生鲜的生命线，我们如何保证菜品的质量呢？如果菜品的质量不好，如虾等鲜活菜品送到用户手里时已经死了，会带来口碑崩坏，甚至用户会投诉退款，这时候怎么办？

二是保证外送的及时性。如果送达不及时，到了预定时间，用户需要做饭，菜还没送到，怎么办？

针对这两个关键问题，我们团队开始了讨论。大家各抒己见，最终认为这两个问题的源头是供应商和外送团队的问题。

（1）我们应该在同类菜品上多找一些供应商，方便选择优质的供应商，而不是一味地选择低价的供应商。同时加入供应商淘汰制度，淘汰低质量的供应商。

（2）我们在外送团队上应该有一些人员储备，并对外送员进行考核，淘汰那些不合格的外送员。

2. 每隔一段时间重新审视商业模式

市场环境会发生变化，希望我们的商业模式也能随着市场的变化而变化，积极应对不确定的商业环境。

3. 关注竞争对手的成长

要关注竞争对手使用的商业模式，思考自己是使用和对方一样的商业模式，还是使用更先进的商业模式。

4. 应急成本

在我们的成本中加入10%的应急成本，以应对未知的问题，即我们现在还看不到的问题。

马丁老师希望我们能够快速迭代，快速交付项目成果，以便更快地响应变化。他希望我们能尽快立项。

于是，我们带着马丁老师和领导的期望，开始了接下来的工作。

二、如何减少项目的模糊性

对于菜多多App上线后会出现什么问题，其实我们并不是很清楚，为什么呢？因为我们没有做过类似的项目，所以对于项目会出现什么风险的认知是模糊的。

模糊性有两种：概念模糊性和情景模糊性。

概念模糊性主要指对新的概念表达得或描述得不清晰，容易让大家产生歧义。例如，对于AI在菜多多App中的应用，我们的认知是模糊的，怎么让AI判断用户喜欢什么口味？用户会不会只满足于一种口味？会不会尝试新的口味？所以，AI要不要用？怎么用？我们现在不得而知。只能等到App上线之后，再慢慢了解用户的喜好，把这个模型慢慢测算出来。

情景模糊性指解决一个问题时可以用多种方法。用什么方法来解决用户的痛点呢？这个问题的答案也是未知的。就拿对用户口味的判断这件事来说，我们既可以通过其浏览的商品来判断，也可以通过其购买的商品来判断。到底哪个更加准确呢？这就带来了模糊性。以下是我们团队针对这两种情况想出来的应对方法。

（1）渐进明细。整个产品是由多个版本构成的，因为接下来我们要做1.0版本，所以我们需要把1.0版本的计划想清楚，先把产品的基本功能做出来，但是对2.0及以后版本的计划，有个大致的方向即可。当1.0版本的产品生命周期到达尾声的时候，我们掌握的信息越来越多，越来越清晰，对于2.0版本要做什么也越来越清晰，这样更利于我们输出后续版本的详细计划。

（2）实验。我们可以用AB测试方法来解决情景模糊性的问题。例如，对一部分用户，通过其浏览的商品来判断其喜好，向其推荐所浏览商品的优惠信息；对另一部分用户，通过其已购买的商品来判断其喜好，向其推荐所浏览商品的优惠信息。最后看哪种方法的转化率更高，就使用哪种方法。

（3）原型法。当菜多多App做出一个内部Demo版本之后，我们要求员工用这个系统进行下单操作，以便尽快收集该App的用户反馈，了解大家对这个产品的使用体验。这样即使产品还没有正式推向市场，我们也能有优化的思路。

三、如何让复杂的项目变得简单

菜多多App不是一个简单的买菜App，它由一个复杂的供应链系统组成，涉及人、货、场，是一个复杂的系统问题，那么我们如何解决这个问题呢？

可以把问题分为3个：基于系统的复杂问题、需要重新构建的复杂问题，以及基于过程的复杂问题。

（一）基于系统的复杂问题

菜多多的系统相当复杂，马丁老师提供了两种办法供我们选择。

1. 解耦

解耦就是断开系统的各个部分，以简化系统并减少相互之间有关联的变量的数量。例如，我们对菜多多App的菜谱和商品详情进行了解耦设置，商品详情页的变化并不会影响菜谱功能的应用，我们能很方便地更改菜品的价格、折扣和详情说明。

2. 模拟

可能有类似但不相关的情景可用于模拟某一系统的各个组件。例如，买菜的场景其实和一般电子商城的购物流程相似，我们可以用之前做电子商城时的一些用户使用轨迹信息来了解菜多多App用户的购买习惯。

（二）需要重新构建的复杂问题

如果将来菜多多App需要重构，有两种办法。

1. 多样性

需要从不同的角度看待复杂的系统。例如，与项目团队进行头脑风暴，以开启看待系统的不同方式；使用像德尔菲法这样的思考过程，即从发散思维转变为收敛思维。我们在梳理菜多多的待办事项时，用的就是头脑风暴法，用此方法发散地找到用户场景的痛点是非常管用的，如图2-10所示。

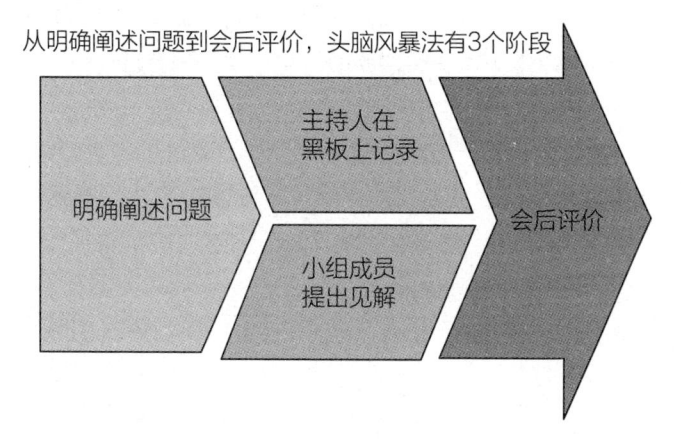

从明确阐述问题到会后评价，头脑风暴法有3个阶段

- 明确阐述问题
- 主持人在黑板上记录
- 小组成员提出见解
- 会后评价

- 介绍问题
- 如果组员对问题感到困惑，则主持人使用案例形式对问题进行分析

- 指定一人在黑板上记录所有见解
- 鼓励组员自由提出见解

- 会后以鉴别的态度讨论所有列出的见解
- 也可以让另一组人来评价

图2-10 头脑风暴法

2. 平衡

平衡所使用的数据类型，而不是仅使用预测数据、过去报告的数据或滞后指标。从而提供更广阔的视角，如使用其不同点可能抵消彼此潜在负面影响的要素。

（三）基于过程的复杂问题

我们之所以使用新的过程方法来做这个项目，就是想缩短从项目启动到交付给用户的时间，这样用户能尽早看到成品，有利于减少不确定性。这里提供了3种方法供我们选择。

1. 迭代

迭代就是一次增加一个特性。每次迭代后，确定哪些特性有效、哪些特性无效、客户反应及项目团队学到了什么。例如，菜多多App两周迭代一次，每两周我们会完成多个特性，团队也能体验到新特性，便于及时调整，降低复杂性。

2. 争取用户参与

这个方法可以让我们避免提前做出很多没有必要的假设，并将学习和参与融入项目过程中。例如，菜多多App1.0版本发布之后，我们会邀请用户参与并体验在App上进行下单操作，这样便于我们更好地了解用户是如何使用App的，根据用户反馈来改善产品，从而降低复杂性。

3. 故障保护（或称为服务降级）

对系统中的关键要素，要增加冗余，或者增加在关键组件出现故障时能提供功能正常降级的要素。例如，通过功能降级，当菜多多App服务器的访问请求过多时，系统会中断视频服务，以满足用户阅读商品图文详情的需要。

四、如何应对变化不定的项目环境

项目还需要预留一些成本来应对快速且不可预测的变化，即项目的易变性。成本包括两个方面。

1. 备选方案

例如，在配送方面，使用多家配送商可以让我们在业务繁忙的时候保证供给量。

2. 储备

我们还可以使用其他快递公司来送货，但是这会明显增加我们的配送成本，所以需要预留一些储备金来应对未知的风险。

五、风险既是危又是机，如何转危为机

风险是不确定性的一个方面，但风险并不全是不好的。任何事物都有两面性，风险也分消极风险和积极风险，消极风险称为威胁，积极风险称为机会。我们是这样处理这两种风险的。

（一）消极风险：威胁

《PMBOK®指南（第6版）》介绍了对5种常见的威胁处理方法，分别如下。

1. 规避

例如，我们开发一个新版本之后，用户反馈不能下单，所以我们需要对系统进行"回滚"，完成之后需要做复盘，找出问题出现的根本原因及规避方案，避免下次再出现同样的问题，造成严重的经济损失。

2. 上报

例如，供应商提供的菜品质量不好，达不到我们要求的标准，和供应商沟通后未见改善，此时我们需要运用上报机制，报告老板，让老板出面和供应商进行谈判来解决问题。

3. 转移

后期如果我们自建配送机制，需要给配送员买保险。如果配送员在配送过程中出现意外，我们可以通过保险进行理赔，从而转移风险。

4. 减轻

减轻有两种办法：一是降低威胁发生的概率，二是降低影响。例如，我们的

系统每次在全量发布之前，都会采用灰度发布的方法：先发布给一部分用户，让这部分用户使用一段时间，反馈问题，等解决完这部分用户反馈的问题后，再全量发布，这样能进一步减少每次发布出现的问题。

5. 接受

是福不是祸，是祸躲不过。如果前几种方法都没有解决威胁，那我们只能接受。我们在项目开始之前留了一些储备资金，在项目出现问题的时候，用钱来解决一些问题。例如，我们的菜品让用户吃坏了肚子进了医院，我们需要承担用户的医疗费用，并按照法律规定给用户一定的赔偿。

有了这5种方法加持，在威胁来临之时我们能很好地应对。我们只需要判断风险所处的场景，选择相应的应对方法即可。

（二）积极风险：机会

面对机会，也有5种处理办法。

1. 开拓

我们使用的是云服务器，如果用户量增多，我们可以随时增加服务器资源，应对变化。

2. 上报

如果有新的合作商主动与我们团队沟通，我们可以上报至老板，让他决定是否选择新的合作商，从而进一步降低我们的成本，或者给我们带来更多的用户。

3. 分享

等将来我们的系统有了海量的用户，我们就不只做买菜业务了，还可以引进更多的供应商，提供饮料、酒水供用户选择。我们把用户资源分享给更多供应商，达成合作共赢的目的。

4. 提高

我们可以采用地推的方法，走进小区开展宣传活动，提高我们的影响力。

5. 接受

在其他买菜App面临倒闭时，也会有一些用户主动使用我们的菜多多App采买商品。我们虽然没有提前规划，但是欣然接受了这样的市场机会。

同样，在机会来临时，这些场景也能帮助我们很好地抓住机会。

（三）应对未知风险的管理储备和应急储备

因为我们已经为未知的风险准备了一些资金，在项目未知风险发生时，这些资金能有效减缓风险。例如，因为疫情防控，导致承诺给甲方的部分工作无法交付，我们需要赔付一定的违约金。有了这些管理储备和应急储备，我们就能有备无患。

(四)使用风险审查的场景

风险审查对项目是非常有利的,在以下4种场合可以开展风险审查。

1. 每日站会

可以在每日站会上做风险审查,原因是每日站会可以高频地识别威胁或机会。我们可以通过每日站会抛出一些风险,帮助团队快速跟进。

2. 评审会

在评审会上,通过演示菜多多App,我们可以非常快地收到来自团队或用户的反馈,从这些反馈中可以知道我们的产品有什么新的机会或威胁需要去应对,帮助我们快速制订针对性的产品解决方案。

3. 周会

可以在周会上识别新的风险,并对现有风险进行盘点,看风险出现的概率是否提高,或者影响是否变得更大。这样就可以把风险的等级提到相应的级别,有利于我们更好地应对风险。

4. 回顾会议

可以在回顾会议上进行风险审查,风险审查越频繁,越能得到及时的反馈,团队的过程改进也越快。

因为处于项目初期,对风险的审查只需要做到例行审查即可,所以我们决定把风险审查放到回顾会议上定期进行。

第二节 项目成功的关键是管好干系人

在了解了不确定性之后,我们还有一件很重要的事情要做,那就是管理干系人。我们在项目开始时会接触各种各样的干系人,管理好这些干系人是项目成功的关键。

马丁老师清了清嗓子:"要管理好干系人,需要分六步走。"如图2-11所示。

图2-11 管理好干系人

（1）识别：把我们项目的所有相关人员都识别出来，列在干系人登记册中。

（2）理解和分析：分析干系人的利益和影响，有助于我们抓住重点，管理好关键干系人。

（3）优先级排序：识别出重要干系人，并有效管理他们。

（4）参与：通过积极倾听和高效沟通，让干系人积极地参与到项目中来，促进项目成功。

（5）监督：在整个项目开展期间，新旧干系人进进出出，不断变化，如有人加入、有人离职或退出项目。不仅如此，一些干系人的升职或降职，也会造成他们的权力或对项目的态度发生变化。我们需要定期监督这些变化，重新执行以上几个步骤，并更新干系人登记册，这对我们的项目成功非常关键。

我们现在可以根据这些步骤来管理干系人。

听完马丁老师的话，我们决定从识别干系人开始。

一、对我们有用的人：干系人

干系人是能影响项目、项目集或项目组合的决策、活动或成果的个人、群体或组织，以及受到或自认为受到他们的决策、活动或成果影响的个人、群体或组织。

首先要对项目干系人进行分组，按照PMI的做法，可以把干系人分成内部干系人、公司治理干系人和外部干系人，如图2-12所示。

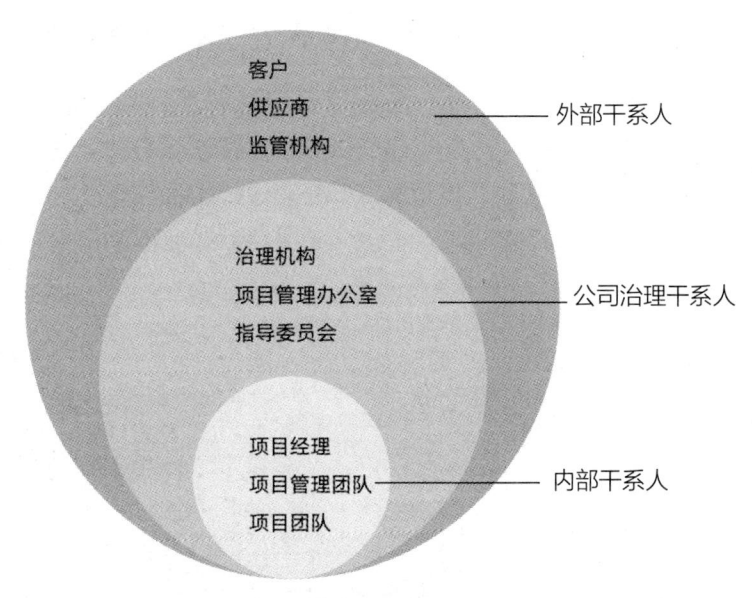

图 2-12　干系人分类

我们把能想到的当前有联系的干系人都列出来，由此得到干系人清单，如图2-13所示。

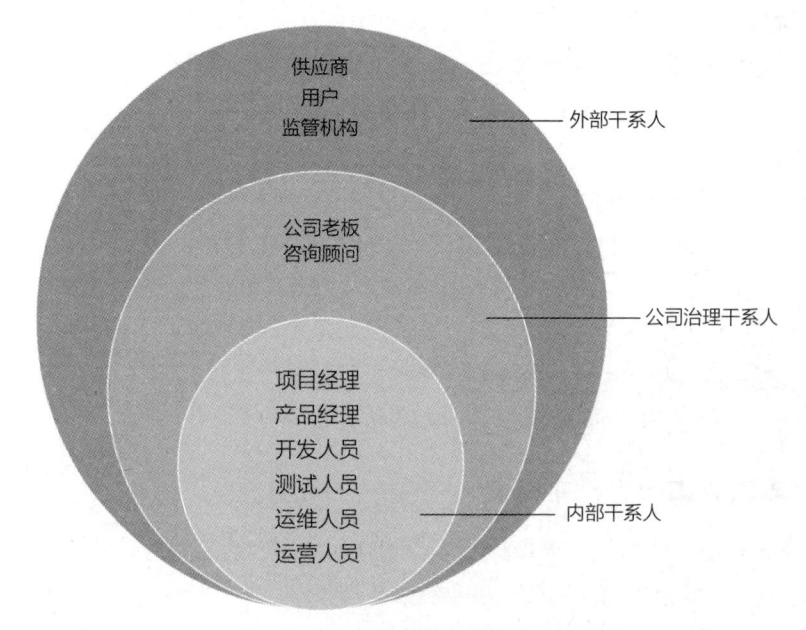

图 2-13　干系人清单

这样一来，我们就知道了具体的干系人。

（1）内部干系人：项目经理、产品经理、开发人员、测试人员、运维人员、运营人员等每天在项目中充当执行者角色的人。

（2）公司治理干系人：公司老板张大牛、咨询顾问马丁等给予我们团队帮助与支持的人。

（3）外部干系人：供应商，与我们一起合作，提供给我们商品的人；用户，在我们的平台购买商品的人；监管机构，包括工商局、卫生监管部门等。

为了让项目成功，我们需要与各位干系人建立良好的工作关系，并争取他们的参与，以培养积极的关系，提高他们的满意度。

当然，干系人识别并不是在本阶段完成就行了。在整个项目生命周期内，随着项目的进行，我们还会遇到新的干系人，需要将他们一一识别出来。

二、干系人对我们有何用

一旦识别了干系人，就应该对项目中的所有干系人进行理解和分析，分析他们的存在对项目的正面或负面影响，因为这些影响可能会导致项目成果面临更多威胁，有时也会带来新的机会。除此之外，因为干系人的影响也会产生变化，如关键干系人升职或降职会带来新的变化，所以理解和分析干系人是一项持续的行动。

对干系人进行分析会考虑干系人的几个方面，包括权力、作用、态度、信念、期望、影响程度、与项目的邻近性、在项目中的利益、与干系人和项目互动相关的其他方面。

我们列了一个表格，把本项目涉及的干系人列了出来，如表2-3所示。

表2-3 本项目涉及的干系人

主要干系人	在项目中的角色	干系人分组
陈恭	项目经理	内部干系人
大鹏	产品经理	内部干系人
于倩	开发骨干	内部干系人
木宇	测试骨干	内部干系人
春哥	运营骨干	内部干系人
张大牛	项目发起人	公司治理干系人
马丁	咨询顾问	公司治理干系人
王二萌	商品供应商	外部干系人
刘大虎	用户	外部干系人
关二爷	监管机构对接人	外部干系人

在这一步，我们只要列出干系人，确保不会遗漏项目所有的干系人就好了。接下来对干系人进行优先级排序。

三、众口难调怎么办：优先级排序

理解和分析了项目干系人之后，需要对干系人进行优先级排序，因为项目有很多干系人，所以我们需要花更多的精力管理重点干系人。

干系人排序有很多工具，我们使用了被大家广泛使用的四象限方法，如图2-14所示。

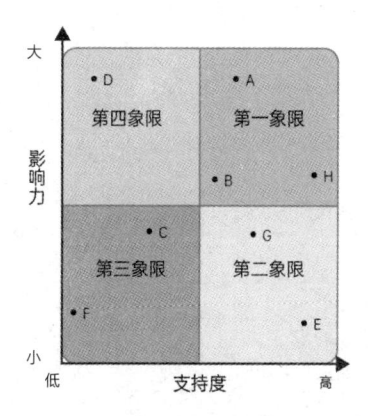

- 第一象限：要重点关注，继续获得支持；
- 第二象限：要加强沟通，争取更多支持，但无须过多努力；
- 第三象限：要加强沟通，减少反对的声音，同样无须过多努力；
- 第四象限：要采取特殊的努力，促使其转变为第一象限，或者设法降低其影响力至第三象限。

图2-14 干系人排序四象限方法

根据干系人的影响力与对项目的支持度，可将其划分为4个象限。

（1）第一象限：影响力大且支持度高；要重点关注，继续获得支持。

（2）第二象限：影响力小而支持度高；要加强沟通，争取更多支持，但无须过多努力。

（3）第三象限：影响力小且反对度高；要加强沟通，减少反对的声音，同样无须过多努力。

（4）第四象限：影响力大而反对度高；要采取特殊的努力，促使其转变为第一象限，或者设法降低其影响力至第三象限。

这个方法看起来很容易，所以我们将识别的干系人依次放到4个象限中，得到图2-15。

图 2-15　将识别的干系人依次放到 4 个象限中

我们根据图2-15进行细分，生成了表2-4，这就是我们最初的干系人登记册。

表 2-4　干系人登记册

序号	主要项目干系人	在项目中的角色	支持/影响程度	管理建议
1	张大牛	项目发起人	影响力大且支持度高	持续保持其对项目的支持
2	马丁	咨询顾问	影响力大且支持度高	持续保持其对项目的支持
3	陈恭	项目经理	影响力大且支持度高	持续保持其对项目的支持
4	大鹏	产品经理	影响力大且支持度高	持续保持其对项目的支持
5	刘大虎	用户	影响力大而反对度高	加强沟通，积极沟通，减少反对的声音
6	关二爷	监管机构对接人	影响力大而反对度高	加强沟通，积极沟通，减少反对的声音
7	于倩	开发骨干	影响力小而支持度高	加强团队之间的沟通
8	木宇	测试骨干	影响力小而支持度高	加强团队之间的沟通
9	春哥	运营骨干	影响力小而支持度高	加强团队之间的沟通
10	王二萌	商品供应商	影响力小而支持度高	加强团队之间的沟通

我们把干系人登记册打印出来，贴在项目的看板上，每天都可以看到，这样在项目报告过程中就不怕遗漏某些干系人。

四、让干系人积极参与项目过程，提高项目成功率

在对干系人进行排序之后，需要让干系人积极参与项目，我们需要积极倾听每位干系人对项目的期望和需求。把我们项目的价值主张传递给每位干系人，让他们知道项目的意义。除此之外，在干系人参与整个项目的过程中，我们需要与干系人沟通，沟通类型和沟通方法很重要。

与干系人的沟通可以通过书面或口头方式进行，可以是正式的，也可以是非正式的。我们依据项目的特点，找到了几个典型的沟通场景，列在沟通类型表中，如表2-5所示。

表2-5 沟通类型表

类型	正式	非正式
口头	演示 项目审查会议 情况介绍 产品演示 头脑风暴	对话 特别讨论
书面	进展报告 项目文件 商业论证	便条 电子邮件 即时消息/短信 社交媒体

我们把这个表格作为团队的基本沟通准则。

沟通方法包括推式沟通、拉式沟通和交互式沟通，究竟用哪种沟通方式比较好呢？我们决定先了解这3种沟通方式的差别，再做判断。

（1）推式沟通。这是一种单向同步的沟通，常用于同步信息，如启动会议就属于推式沟通，在启动会议之前，所有事情都已经定好，启动会上不做讨论，只做知会。另外，会议纪要通常也属于推式沟通，不需要再讨论，发邮件的目的只是通知大家。

（2）拉式沟通。拉式沟通就是主动寻求一些与解决方案相关的信息。例如，我们把项目立项文件、流程文档都放在公司内网的网盘中，然后把这些网盘的链接放在项目的群公告里，方便大家在需要的时候查找。

（3）交互式沟通。我们的每日站会就是一个很好的交互式沟通案例，大家彼此沟通项目进展。另外，针对需求的沟通和针对一些方案的讨论也是交互式沟通。这种沟通最充分，我们团队使用最多的就是这种沟通方式。但是这种沟通方式也是有

缺点的,如讨论时间过长导致沟通效率不高,所以陈恭对交互式沟通的控场就变得很重要。

针对不同的沟通对象,可以采用不同的沟通方式。我们把针对不同干系人的沟通方式列了出来,方便使用不同的沟通方式触达不同的干系人,如表2-6所示。

表2-6 针对不同的沟通对象使用的沟通方式

序号	主要项目干系人	在项目中的角色	支持/影响程度	管理建议	沟通方式
1	张大牛	项目发起人	影响力大且支持度高	需要持续保持其对项目的支持	参与项目启动会 定期发送项目状态报告 参与项目成果演示会
2	马丁	咨询顾问	影响力大且支持度高	需要持续保持其对项目的支持	参与项目内部会议 面对面沟通和指导
3	陈恭	项目经理	影响力大且支持度高	需要持续保持其对项目的支持	参与项目内部会议 参与每日站会 面对面沟通
4	大鹏	产品经理	影响力大且支持度高	需要持续保持其对项目的支持	参与项目内部会议 参与每日站会 面对面沟通
5	刘大虎	用户	影响力大而反对度高	要加强沟通,积极沟通,减少反对的声音	邀请参加项目成果演示会 邀请用户体验产品
6	关二爷	监管机构对接人	影响力大而反对度高	要加强沟通,积极沟通,减少反对的声音	定期发送项目情况 积极关注与配合监控政策
7	于倩	开发骨干	影响力小而支持度高	加强团队之间的沟通	参与项目内部会议 参与每日站会 面对面沟通
8	木宇	测试骨干	影响力小而支持度高	加强团队之间的沟通	参与项目内部会议 参与每日站会 面对面沟通
9	春哥	运营骨干	影响力小而支持度高	加强团队之间的沟通	参与项目内部会议 参与每日站会 面对面沟通
10	王二萌	商品供应商	影响力小而支持度高	加强团队之间的沟通	参与项目内部会议 参与每日站会 面对面沟通

这样,我们的干系人登记册内容就丰富了起来,对于每位干系人应该怎么沟通,想必大家也心中有数了。

五、干系人管理不是一锤子买卖，要持续沟通

最后，干系人登记册不是一块牌匾，做好放在那里就行了，要想发挥干系人登记册的作用，还需要经常监督和管理干系人，原因如下。

（1）在整个项目开展期间，随着新的干系人被识别和其他干系人的退出，干系人将发生变化。随着项目的推进，一些干系人的态度或权力可能会发生变化，如引进新的供应商，需要对新的干系人进行管理。

（2）除了识别和分析新的干系人，还要评估当前的参与策略是否有效或是否需要调整。因为参与的人多了，所以我们的沟通方式也要变化。

例如，我们的团队从十几人增加到上百人，一个办公室都坐不下，那么以前的所有人面对面开站立会议就需要改变成多个小组开站立会议，然后在小组之间同步信息。因此，我们需要在整个项目开展期间对干系人参与的数量和有效性进行监督。

这样就需要对干系人列表进行不定期的更新。那么，平时我们应该如何监督与维护干系人呢？马丁老师给我们出了一个主意。

（1）需要在迭代结束时询问关键干系人对项目目标的满意度，并衡量项目各干系人的满意度，干系人满意度通常可以通过与干系人的对话确定。例如，项目组内部人员对项目的看法可以通过正式或非正式的沟通了解；外部干系人对项目的看法可以通过项目和迭代审查会、产品审查会、阶段关口这些方法获得。特别是外部干系人的积极反馈对项目的成败起到至关重要的作用。

（2）项目发布后，等有了大量的用户，我们可以使用问卷调查来评估用户的满意度。必要时，还可以邀请用户来公司做沉浸式体验，或者在用户小区现场教用户如何下单买菜等，以提高用户的满意度。

这些工作都需要项目经理带着大家完成，所以项目经理陈恭的作用就很关键了。

第三节　如何打造高绩效团队

项目经理陈恭正在考虑如何打造一个高绩效团队，他去找马丁老师咨询。

马丁老师与陈恭共同讨论了如何组建项目团队。

陈恭是一名资深项目经理，在IT行业项目管理岗位已经从业十年，为大大小小的客户交付了很多IT研发和集成项目。听到马丁老师问他如何组建项目团队，他不假思索地说："这还不简单？咱们首先把需求收集汇总完毕，然后进行分析设计，搞清楚之后，就可以估算工作量了，最后根据工作量来组建团队，我领着大家去做就

是了。"

马丁老师问："这样就可以把所有的目标都实现吗？"

陈恭说："那肯定不行。我们需要把它分成几期来实现，我知道现在有一个词很流行，叫作'迭代'。每一期就是一个大的迭代。"

马丁老师笑了一下，接着问："你觉得需要召集哪些类型的人来参与我们的项目呢？"

陈恭看着马丁老师微笑但很认真的表情，开始认真思考这个问题。他回答："我们要把不同专业、不同职能的个体整合在一起，共同服务我们这个项目目标。我作为项目经理，领导把这项重任交给我，我就要组建项目团队、带领团队，然后基于团队完成既定的目标。"

陈恭略微沉思了一会儿，继续说："在整个过程中，我需要制定有效的程序、规划、协调、测量和监督工作等，以便聚焦项目目标的实现，这些手段和内容称为项目的管理活动。"

马丁老师赞许地点了点头。

陈恭继续说："项目经理要领导团队实现项目目标和干系人的期望，对项目成果的成功交付负责，就像交响乐队的指挥。"

他拿出白板笔，开始一边写写画画，一边滔滔不绝地陈述观点，如表2-7所示。

表 2-7 参与项目的成员及目标

	乐队指挥	项目经理
成员与角色	指挥演奏团队中演奏多种乐器的众多成员	领导众多承担多种职能角色的项目团队成员
在团队中的职责	对交响乐的成功演奏负责	对项目成果的成功交付负责
知识与技能	无须掌握每种乐器的弹奏方法，但应具备音乐知识并能进行有效沟通	无须承担项目中的每个角色，但应具备项目管理知识并能进行有效沟通

陈恭说："项目经理要作为纽带，通过时间规划、成本控制和资源协调，制定项目的落地规划。推动项目从未完成到完成的过程，核心在于执行。而一个团队从建立到成熟，要经历一个过程，布鲁斯·塔克曼的团队发展阶段模型是业界公认的理论。这个模型提出了团队发展的5个阶段，分别是形成阶段（Forming）、震荡阶段（Storming）、规范阶段（Norming）、成熟阶段（Performing）和解散阶段（Adjourning）。"如图2-16所示。

马丁老师说："你说得很对。现在我们团队正处在形成阶段，需要在你的带领下，经过震荡阶段，走向规范阶段和成熟阶段。我们这个项目充满了不确定性，需要依靠项目团队集体的智慧，逐步走向确定。我的建议是，采取分布式管理方式。"

陈恭很认真地听着。

马丁老师继续说："管理活动分为集中式管理和分布式管理。在管理活动集中实施的环境中，担责（对成果负责）通常被分配给个人，如项目经理或类似角色。在这种情况下，项目章程或其他授权文件可以批准项目经理组建项目团队，以实现项目成果。"

趁着马丁老师停顿的间隙，陈恭接过话头："这个项目需要项目团队所有成员共同贡献智慧，需要项目团队通过自组织来完成项目。这时候，就需要以服务型领导者的方式去管理团队了。"

马丁老师点点头，说："你说得很对，就是这个思路。"

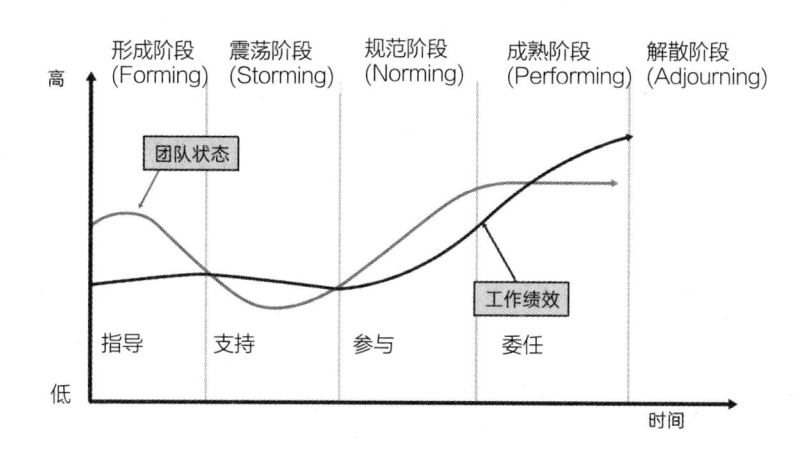

图 2-16 团队发展阶段

一、用服务型领导力激发团队能力

马丁老师继续问道："你知道管理与领导的区别吗？"

陈恭有点迟疑。

马丁老师说："管理指在特定环境下，管理者通过实施计划、组织、领导、协调、控制等职能来协调他人的活动，使他人与自己一起实现既定目标的活动过程。

"而领导指为实现组织预定的目标，领导者运用其法定权利和自身影响力影响下属的行为，并将其导向组织目标的过程。

"简单来说，管理是负责某项工作的顺利进行，而领导是率领并引导大家朝着一定的方向前进。由此可见，领导是对人的行为施加影响，主要以人为导向；管理是对事情加以控制，主要以事为导向，在项目推动过程中，也要有意识地对团队施加领导行为，也可以说是提供服务型领导，更好地激发和协助团队完成项目目标。

对这两个概念要好好思考。"

　　陈恭听从了马丁老师的建议，并进行了认真的学习和思考。他了解到，服务型领导力更多地关注做人，关注人的价值、人的尊严、人的潜能，通过激励、鼓舞、调动下属的积极性与创造性，以更富有情感的方式与人交往。服务型领导力鼓励合作，能够激发团队内部的积极变化。

　　服务型领导者需要表现出服务型领导力行为，这些行为包括以下几种。

　　（1）消除障碍：解决问题和消除可能妨碍项目团队工作的障碍。通过解决或消除这些障碍因素，使项目团队更快地交付价值。

　　（2）避免分心：分心之事会使项目团队偏离目标，时间碎片化会降低生产率，因此要使项目团队免受非关键外部需求的影响，使团队保持专注。

　　（3）鼓励和发展机会：服务型领导者要激励项目团队成员，并想方设法奖励他们的出色工作，这有助于项目团队成员保持满意。

　　服务型领导力隐含着一个"主人"的概念。这个"主人"其实是项目的使命，领导者要带领团队成员完成使命。服务型领导者积极为员工提供多样化的服务，主动关注员工利益和发展，获得员工的信任与支持，从而展现领导力，实现团队和员工利益的共同提高。

　　陈恭把这些学习心得向马丁老师分享，他问道："服务型领导力要激发团队成员的能力，使其得到最大限度的发挥，并在这个过程中得到成长。那么针对不同的人，也要有不同的对策吧？"

　　马丁老师回答："你说得太对了，针对不同的项目团队成员，要施加不同的领导方法，这叫作情境领导力。领导者应随组织环境和个体的变化而改变领导风格和管理方式。领导者要同时扮演领导者与管理者两种角色，首先是领导者，其次才是管理者。领导者的行为要与被领导者的准备度相适应，才能取得好的成果。我们讨论一下相关方针吧。"

　　于是，陈恭在马丁老师的帮助下，制定了以下项目管理方针。

　　（1）使项目团队中的每个人都充分了解项目的愿景和目标，而并非仅知道分配给自己的任务。

　　（2）确保项目团队成员了解并履行其角色和职责，并通过培训、辅导或教练，解决团队成员与角色和职责之间的差距。

　　（3）与项目团队共同努力制定项目团队章程，作为项目团队沟通、解决问题和达成共识的行动指南或项目团队规范。

　　（4）在项目开展期间向整个项目团队提供指导，让每个人都朝着正确的方向前进。

　　（5）帮助项目团队成长，为希望提高自己的技能和经验的个人提供帮助。

陈恭决定先召集项目团队开会，他把大鹏、于倩、木宇、春哥召集在一起，表达了他的想法，并承诺按照服务型领导力的行为要求，努力做到消除障碍、避免团队分心，鼓励和发展机会，为团队做好服务，使团队最大限度地创造价值。

大家理解并充分认可了陈恭的思路，表示要共同打造良好的项目氛围。

二、团队文化很重要，那么如何建立团队文化

陈恭认识到，为了提升团队的绩效，需要帮助团队尽快从形成阶段过渡到规范阶段，尽量缩短震荡阶段的时间，这不仅需要项目经理的指导和支持，更需要团队的自我成长，要形成好的团队文化。只有共同建立和维护一个安全、尊重、无偏见的环境，大家在这样的环境中朝着共同目标一起努力，才能实现好的团队绩效。

陈恭向大家介绍了塔克曼模型并表达了他的想法。他说，团队文化是通过共同的规范、信仰、价值观，将团队成员联系在一起，对事物产生共同理解的系统。团队文化反映了团队的个性。与人的个性一样，团队文化能使人们预测一个团队的态度和行为，使其与其他团队区别开来。人们从事项目工作，团队文化就是他们工作的意义，也是他们在工作和生活中履行各自项目责任时所应遵循的原则与标准，我们应该建立自己的团队文化。

大家对陈恭的思路表示认同，并积极展开了讨论，最终达成了统一的认识。

（1）建立透明的文化。透明的文化可以帮助大家更方便地表达自己和识别他人，容易澄清偏见。

（2）建立诚信文化。诚信的文化可以帮助大家坦诚地面对项目中的任何问题并做出承诺。

（3）建立尊重文化。要尊重每个人的思维方式、技能、观点和专业知识，尊重每个人的努力。

（4）建立对话文化。在项目开展期间，对于各种意见、应对情况的不同方式及误解，要积极对话而非辩论。对话旨在达成一项各方都能接受的决议。

（5）建立支持文化。本项目具有挑战性，大家只有互相支持才能解决问题和消除障碍，要通过互相支持形成一个信任和协作的环境。

（6）建立勇气文化。本项目是一个创新型项目，可能会遇到新问题和新思路，大家要勇于提出建议、表达异议或尝试新事物，并形成一种实验文化。

（7）建立共同成功文化。我们不但聚焦项目目标、挑战和问题，而且关注共同成长。

大家产生了这样的共识：在项目启动阶段创建能够促进沟通协作的和透明的环境，可以马上产生效果，并有助于发展团队文化。

三、自组织团队从建立团队章程开始

为了进一步帮助大家做好协同，共同提升团队绩效，马丁老师继续帮助大家提升认知，为大家讲解了打造高绩效项目团队所需要考虑的因素，帮助大家建立了很多正确的认知。

（1）开诚布公的沟通：要有能够促进人们开诚布公且安全沟通的环境。

（2）对目标的共识：对项目目标要达成一致的认识。

（3）团队责任共享：项目团队成员对交付结果承担共同的责任，主人翁意识越强烈，表现会越好。

（4）互相信任、积极协作：相互信任的项目团队愿意付出额外的努力来取得成功。只有协作而非单打独斗或彼此竞争，才会产生更加多样化的想法，最终获得更好的成果。

（5）团队拥有适应性和韧性：只有这样大家才能根据环境和情况有效调整工作方式，出现问题时也能快速解决。

（6）自主管理：项目团队有权选择工作方式，而不是受到事无巨细的管理。

（7）认可：项目团队需要在完成目标绩效之后获得他人的认可，只有这样的项目团队才能更积极有效地工作。

为了形成正向的引导和推动力，马丁老师给陈恭的建议是从建立团队章程开始，原因是：现代组织中存在不同程度的人际信任、相互依存和共同责任问题，团队在动态发展中会发生不同程度的内在摩擦。团队章程可以最大限度地减少歧义和误解，从而减少摩擦。团队章程能够确立规则，促进共同理解，达成共识。团队章程首先是一个交流工具，它的价值在于把抽象的理念变成具体的、有价值的行动，从而帮助项目团队形成自己的团队文化，帮助团队成员达成心理契约，促成共识和协作。

更重要的是，团队章程应由团队成员共同制定，并为所有成员服务，这是团队自己的事情。大家共同制定团队的做事规则，并协商一致、共同承诺。有了团队章程，团队才能统一思想，统一价值观，统一做事的方式，为协同合作打下一个良好的基础，从而成为一个高绩效团队。

团队章程中通常包括共同的价值观、工作理念与文化、包含行动的指导方针、工作的开展规则。团队章程不是需求，不是计划，不涉及具体任务，由团队自行制定和更新，通过明确的规则，把所期望的行为树为典范，适用于正式或非正式团队的组织或人员。团队目标：团队能做出什么贡献？我们怎样达成效果？

（1）团队类型和职责：我们负责整个项目的哪些方面？我们的责任是什么？

（2）工作协议：我们要如何一起工作，创造一个积极和富有成效的环境？

（3）成功措施：我们如何知道自己做得很好？

（4）完成的定义：我们要做哪些事情？成果必须满足哪些标准才能被接受？

（5）关键互动：我们需要与哪些团队紧密合作？

（6）关键干系人：谁是我们的关键干系人？我们将如何让他们了解情况？

（7）人员：产品负责人/项目经理/团队成员及其角色与责任。

（8）独特的能力：我们在什么方面有独特的优势？我们能帮助别人做什么？

（9）团队活动：我们将在何时、何地、多长时间内举行团队活动？

陈恭听取了马丁老师的建议，开始和团队一起制定团队章程，并细致地请教了马丁老师。

四、自组织团队建立和维护共同的愿景

通过一段时间的接触，陈恭已经认可了马丁老师传达给他的理念，他向马丁老师提出要学习更多领导力技能的诉求。

马丁老师描述了他的思路，项目团队要在项目上投入时间和精力，如果项目目标没有任何吸引力，是没有办法激励项目团队投入激情的。所以，在项目初期，要帮助团队树立一个现实且有吸引力的项目愿景，要简明扼要地总结项目的目标，描述理想的未来状态，即愿景，以此激励项目团队为这个愿景而努力。共同的愿景有助于让人们朝着相同的方向前行。

例如，在团队章程中，需要制定大家共同认同的团队愿景，要形成驱动力，激励项目团队投入自己的激情。

陈恭觉得他的思路和马丁老师传达的思想非常一致，他感到很欣慰。

他继续问："怎样才能制定项目愿景呢？"

马丁老师告诉他，可以召集项目团队成员和关键干系人一起，共同考虑以下问题。

（1）项目的目的是什么？

（2）项目成功的定义是什么？

（3）项目成果交付后，未来将如何变得更好？

（4）项目团队如何知道自己偏离了愿景？

那么，什么是好的愿景呢？

马丁老师说，良好的愿景应该清晰、简明和可行，具备以下特点。

（1）用强有力的词语或简短的描述对项目做出概括。

（2）描述可实现的最佳成果。

（3）在项目团队成员脑海中形成一幅共同的、有凝聚力的画面。

（4）激发人们对实现成果的热情。

经过大家的头脑风暴，项目团队有了这样的愿景：做出用户心中最好的买菜App，为用户提供他们心中想要的菜品。总结成一句口号就是："只为成为你的菜。"

五、对项目经理的考验：团队应该采用何种管理方法

陈恭说："我理解团队需要被激励才能点燃激情，从而释放出巨大的潜力，但针对不同的成员是否要施加不同的领导方法？"

马丁老师回答："你说得太对了，针对不同的项目团队成员，要施加不同的领导方法。"

针对不同的团队成员，可采取4种不同的领导方式。

（1）指令型领导方式：指导性行为多，支持性行为少。

（2）教练型领导方式：指导性行为多，支持性行为多。

（3）支持型领导方式：指导性行为少，支持性行为多。

（4）授权型领导方式：指导性行为少，支持性行为少。

根据菜多多这种扁平化的、需要创新的团队，陈恭认为采用支持型领导方式是最合适的。一方面让团队自组织、自管理；另一方面当团队遇到问题时，作为专业的项目经理，陈恭也可以挺身而出，协调各方资源，解决团队遇到的问题。

六、团队在成长中创造高绩效

最后，马丁老师指出，一个项目的完成，作为团队成员除了需要实现项目目标，还应该得到技能和领导力的提升。在项目过程中，需要不断评估和检查是否能够达成这些成果，如表2-8所示。

表2-8 检查成果

成果	检查
共享责任	所有项目团队成员都了解愿景和目标。项目团队对项目的可交付物和项目成果承担责任
高绩效团队	项目团队彼此信任，相互协作。项目团队适应不断变化的情况并在面对挑战时表现出韧性。项目团队感到被赋能，同时项目团队赋能并认可成员
所有项目团队成员都展现出相关领导力和其他人际关系技能	项目团队成员运用批判性思维和人际关系技能。项目团队成员的领导风格适合项目的背景和环境

在马丁老师的建议下，陈恭把团队成员的工位集中在一个区域，方便大家集中办公。在这个区域，大家既拥有可以集中精力工作的独立空间，又能与其他成员沟通和共同工作。

陈恭找到几块白板，把它们放在显眼的位置，准备建立项目看板。按照马丁

老师的话说，要建立低技术含量、高接触性的信息发射源。大家对这项安排非常满意。

马丁老师提醒陈恭，打造项目团队文化是一个持续的过程。要打造高绩效项目团队，必须建立明确的团队规则，这个规则一定要实现良性循环，能够帮助大家提升绩效。于是，大家在共同讨论之后，建立了团队章程，如下所示。

菜多多团队章程

（一）团队目标

高效完成菜多多App的开发，并快速响应市场的反馈，从而让用户获得更快捷、更方便的买菜体验，为社会创造独特的价值。

（二）团队类型和职责

团队为敏捷型产品研发团队，建立双周交付机制。根据市场变化和价值确定功能优先级，以迭代的形式交付产品功能。

（三）工作协议

团队成员在同一个场所工作，集中办公，共同创建透明高效的沟通和协作环境。

（四）成功措施

（1）做正确的事情。所有需要投入技术资源来实现的功能需求，都是经过市场调研和分析评估的。确保所有的投入都能够获得价值，对于功能的尝试，要带着共同的认知去进行低成本的尝试。

（2）正确地做事。在功能的研发交付过程中，要进行良好的协作，按照迭代要求，按时交付合乎质量要求的功能，保障性能，保障业务的连续性。

（五）完成标准的定义

1. 每日完成的工作

（1）下班前按要求检入代码。

（2）当天的代码必须经过结对回顾，检入的代码通过自动化单元用例。

（3）每天晚上触发静态代码检查、自动化回归测试。

（4）解决当天持续集成、构建的环境中的问题，确保环境可用。

2. 需求的完成（需求就绪的标准）

（1）优先级别已经确定。

（2）符合INVEST原则。

（3）研发团队认可，需求颗粒度达到可排期的水平。

（4）规模估算完成。

（5）验收内容已经完成。

3.迭代的完成

（1）所有代码都通过静态检测，严重的问题都已解决。

（2）所有新增代码都得到了人工评审。

（3）所有完成的需求都有对应的测试用例。

（4）测试用例都已执行。

（5）所有完成的用户故事都得到了产品负责人的验证。

（六）关键互动

（1）为确保每次迭代的需求都是优先级别最高的，产品经理要做好需求列表中的优先级管理，因此需要与项目发起人、用户做好沟通互动。

（2）将每次迭代的结果都向项目发起人汇报。

（3）定期与监管机构对接人沟通，确认监管合规政策。

（七）关键干系人：略

（八）团队成员：略

（九）独特的能力：略

（十）团队活动

（1）计划会：在迭代的第一天，产品经理与项目经理、技术团队举行计划会，时长4小时。

（2）站会：每天上午，技术团队与项目经理举行站会，产品经理可以参加。

（3）迭代结果评审会：迭代结束的前一天，项目发起人、产品经理、项目经理、技术团队共同举行迭代结果评审会，可以邀请用户参加。

（4）迭代回顾会：迭代结束当天，技术团队与项目经理举行迭代回顾会，产品经理可以参加。

通过这些措施，陈恭信心满满：这个项目团队不但能够顺利完成项目交付，还能收获技能的提升和领导力的成长。

第三章
项目计划阶段

第一节　开发方法的选择

对于采用何种开发方法，团队展开了激烈的讨论，并分成了两派。

一派认为先采用熟悉的打法，通过预测型项目管理方式，将菜多多App的技术架构、功能模块、对应的用户等讨论清楚，再结合掌握的所有信息，制订一个发布计划，然后开始进行预算评估、资源部署。等到大家都认同了这个计划，并部署好资源时，再开始干。

另一派认为对于菜多多App的开发，之前没有可参考的经验。在这种项目范围不确定的情况下，应先充分讨论目标，再根据公司的期望给出预算的上限，然后根据调研市场和用户情况逐渐开展规划。至少先完成用户需要的最小功能集，推向市场看看用户的接受程度，再根据实际情况慢慢完善功能。

在争论不下的时候，大伙提议找咨询顾问马丁老师来帮助分析，先听听专家的解读。马丁老师听完团队的叙述后，觉得这个争议非常有意义，也非常关键，这说明大家对项目管理模式已经有了大概的意识。

在讨论项目生命周期模式前，先从项目管理的角度了解为什么要选择不同的生命周期模式，下面从基础概念开始。

一、了解基础概念

马丁老师不慌不忙地走到白板前，先领着大家了解开发方法和生命周期绩效域的一些概念、它们之间的关系，以及它们与其他绩效域的关系。

（一）基础概念及各概念之间的关系

1. 基础概念

可交付物是为了完成某一阶段的活动或项目过程而必须产出的具有独特性并可核实的结果，包括产品、交付结果或服务能力，如菜多多交付的App产品或客户隐私保护的服务能力等。

开发方法是在项目生命周期内用于实现或改进产品、服务能力或交付结果的方法，如团队使用的预测型、迭代型、增量型、敏捷型或混合型方法。

节奏是在项目生命周期内项目团队所开展活动的规律。例如，每周召开周例会，就是一种沟通节奏。

交付节奏是根据项目规划做出的可交付物的时间安排和产出频率。例如，菜多多项目选择两周一迭代的交付节奏。

项目阶段是一组具有前后顺序或递延逻辑关系的一系列项目活动的集合，通常以一个或多个可交付物的完成为结束，如项目启动阶段、项目规划阶段、项目收尾阶段等。

项目生命周期是项目从最初设想开始到收尾结束所经历的一系列阶段，如菜多多项目从市场调研开始直至项目投产上线运营的这个过程。

2. 交付节奏的分类

从大的层面说，交付分为一次性交付、多次交付、定期交付和持续交付。

（1）一次性交付就是项目在结束时交付结果。例如，典型的瀑布模式，在最终一次性交付项目结果。

（2）多次交付需要考虑可交付物的特点，是否可以将其拆分，分批交付。一般是重复一系列活动，多次产生结果。这个结果是可以叠加的，多个过程结果最终组合成为一个结果；也可以是递进的，在多次产生的结果中，上一个结果是下一个结果的基础或前提，不断地递进到最后一次，就是最终结果。

（3）定期交付与多次交付比较类似，只是固定了周期。例如，每两周或每个月交付一次可运行的结果等。

（4）持续交付是偏向信息化或数字化产品的一种交付方式，基于自动化技术，采用小批量的增量工作产出。持续交付有其独特的收益和价值优势，不过需要的技术能力更强，还需要具备很好的技术基础条件，如建构部署自动化、自动化测试等。

3. 各概念之间的关系

项目的目标是由项目的一系列可交付物来实现的，由此决定了选择什么样的开发方法。可交付物的不同类型在所选择的开发方法下，需要明确项目交付的次数和节奏，进而在开发方法和期望的交付节奏下决定需要使用的项目生命周期及其阶段的划分。

总体来说，根据现有可交付物和交付节奏选择开发方法，然后确定项目生命周期和项目阶段。

（二）是什么限制了开发方法的选择

"前面可能讲了太多概念，大家容易犯困。接下来还要讲一些'干货'性质的概念，大家要忍耐一下。"马丁老师提醒我们。接下来，他带领我们了解了是什么限制了开发方法的选择。总体来说，限制因素有组织、项目和可交付物。

1. 组织的限制

（1）组织结构。扁平、开放的组织一般会给予项目自组织的空间，更多地采用适应型方法；多层级官僚型组织拥有严格的汇报结构，更多地采取预测型方法。

（2）组织的文化。对于具有管理和指导文化的组织，需要制订周密的工作计划和严格的质量管控措施，更适合预测型方法；对于给予项目团队更多授权或激励的组织文化，则更适合适应型方法。

（3）组织能力。这是考验组织的自我调整和自我净化能力的。当从预测型方法转变为适应型方法或过渡到敏捷型方法时，组织的方针和政策、工作方式、沟通汇报的结构等都需要转变，唯有如此才能成功运用不同的方法。

2. 项目的限制

（1）干系人。干系人的参与意愿、程度和频率，对开发方法的选择至关重要。适应型方法需要干系人的深度参与，才能确保在工作及其优先级方面发挥干系人的作用。

（2）进度期望。如果要尽早交付一些成果，则需要考虑适应型或混合型方法。

（3）资金预算。很多项目都有一个限制因素，那就是资金预算。在资金不确定的情况下，更适合适应型方法。先用最少的资金来发布最小功能集的产品，将其提前投放到市场上来测试或抢占客户，根据客户的反应来进一步规划资金。

（4）团队规模及地理位置。对于适应型方法，需要一个7±2规模的团队成员开展工作，但要想保持高效，需要地理位置集中。对大型团队和主要通过虚拟沟通方式工作的团队来说，采用预测型方法效果更好。这一点是可以考虑的因素，但不是绝对要考虑的。

3. 可交付物的限制

一些产品、服务和结果等可交付物，其特征或性质存在变化的可能性，会影响开发方法的选择。对于这些可交付的变量因素，大家在选择开发方法的时候，可以考虑表3-1中的各种影响因素。

表3-1 可交付的变量因素

影响因素	描述
创新程度	创新程度低的、之前有经验可参考的、有一定确定性的，可以采用预测型方法；创新程度高的、需要具有一定风险承担能力的、可提前规划的内容有限的、没有历史经验可参考的，更适合采用适应型方法

续表

影响因素	描　述
需求确定性	对于需求目标和大致内容已经较为明确，并且存在可参考的成功案例的，适合采用预测型方法；当需求处于设想阶段，没有实例考证，存在较大的不确定性或复杂性时，则适合采用适应型方法
范围确定性	当范围比较清晰且变化不大时，预测型方法更好；如果能明确初步的范围框架，预期变化较大，则适应型方法更有用
变更难易程度	如果可交付物及需求和范围等影响综合下来相对稳定，预测型是最佳的方法；如果相对来说管理和控制变化较难，则建议采用适应型方法
交付选项方案（交付性质）	取决于可交付物的性质，如果可交付物可以组件化或模块化等，则可拆分增量或拆分为不同的部分，选择适应型方法；如果必须一次性交付，则更适合预测型方法；有些大型项目可以采用混合型方法，整体规划采用预测型方法，一些组件可以采用适应型方法开发
风险	如果风险较高，没有可参考的行业实践，前期需要大量的试错机会，则可以采用适应型方法，或者需要采用新的方法，则也建议选择适应型方法来降低不确性的风险。风险低则可以考虑预测型方法
安全需求	具有严格安全需求的产品，因为需要进行大量的前期规划，通常采用预测型方法，确保所有安全需求都能被识别、规划、实施及验证等
法规	在法规严格的行业或监管环境下，相关流程、文档和交付结果等可能要求采用预测型方法，这样项目才能得到更合理有效的控制，满足法规的要求

马丁老师扶了扶眼镜，跟大家说：“在总结了上面的限制因素之后，我们再补充一些说明，方便有些同学深入地理解。下面我们要展开讨论的是，项目约束三角模型。"

因为项目是在有限的时间或资金等限制条件下完成的，所以先从项目限制因素说起。传统项目约束三角模型中的因素有范围、时间、成本和质量。一般比较注重前3个，质量往往被忽视。自从引入敏捷元素后，新的敏捷项目约束三角模型中的因素转变为价值、质量、速度和约束（范围、时间、成本），将质量提升到了关键的位置，如图3-1所示。

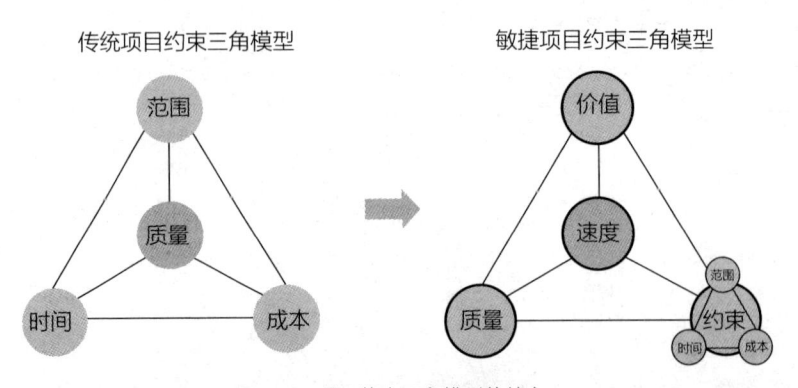

图3-1　项目约束三角模型的转变

两个模型相比，在传统项目约束三角模型中常被忽略的质量，在敏捷项目约束三角模型中转变为决定目标成败的因素，需要引起干系人及项目团队等相关各方的广泛重视。

接下来，马丁老师向大家深入地讲解了4种比较常见的项目生命周期。

二、预测型项目生命周期

（一）什么是预测型项目生命周期

马丁老师略带严肃地说："下面我来介绍业界广泛使用的预测型项目生命周期。"

预测型项目生命周期是一种传统的方法，也是一种应用较广泛的方法。预测型项目生命周期通过对项目周期中的各种不确定因素进行可行性分析、风险评估、资源整合和过程监控等活动，按照计划，通过既定的执行模式来实现商业目标，比较典型的有瀑布模型。

预测型将软件生命周期划分为分析、设计、构建、测试和交付等阶段。各阶段自上而下，按照固定的顺序逐项进行，前后衔接的若干阶段形如瀑布，最终得到软件产品。

预测型项目生命周期如图3-2所示。

分析 ▶ 设计 ▶ 构建 ▶ 测试 ▶ 交付

图3-2　预测型项目生命周期

马丁老师嘱咐大家要记住预测型项目生命周期的特点：强调事前规划，通过调研和可行性分析等手段确保目标的正确性；再通过提前制订大量的计划来保障后续工作的有效实施；最后进行一次性交付，关键是要严格按照顺序执行，并强调前后阶段之间的高质量衔接。

木宇接过话题："我想起之前我们团队给一个品牌服装做的商城 App，就是一个很好的瀑布模型。客户明确地知道他们需要什么及相应的操作流程和权限控制，给我们的预算是120万元，让6人在2个月时间内做出来。因为项目开展期间变更很少，技术风险也不高，所以我们如期交付了产品，并顺利通过了验收，客户非常满意。"

马丁老师开心地笑着说："你说的这个场景非常好，抓住了预测型项目生命周期的典型特点。"

(二）预测型项目生命周期的适用范围

我们大概总结了一下，能让预测型项目生命周期发挥更大价值、变得更高效的条件是：需求清晰，最终交付的结果明确，资源较稳定，需要的创新或引入的新技术较少，风险低，并且可以一次性交付。

（1）确定性：目标、时间、成本、范围基本确定，后续变动不大。

（2）稳定性：对应市场的用户需求已经形成规模，且较为稳定。

（3）成熟度：所需的技术领域已经较为成熟，有很多成功案例。

在IT行业中，预测型方法通常适用于那些能够实现"短平快"目标的项目，也就是说，目标、范围、时间和成本都可以提前明确确定。估计大家会很诧异，这和我们之前实施的瀑布模式不太一样。马丁老师接着说："这种'短平快'的说法，是基于发挥预测型项目生命周期的最大价值，尽可能规避痛点。'短'是指资源占用时间短（成本低），'平'是指项目过程平稳，不会发生大的变动（目标明确，范围变动小），'快'是指项目交付快（时间短）。这是针对影响项目各方面的因素来说的，如范围、时间、成本和质量等因素。"

大家对预测型项目生命周期确实很熟悉，陈恭顺着马丁老师的话继续说："预测型项目生命周期确实提供了简单易行的模板，使需求分析、架构设计、开发编码、测试、发布等活动有序地进行，同时也比较聚焦。除了变更，每次都专注当前阶段的活动，即上一个阶段完成后，只需要关注后续阶段。"

（三）预测型项目生命周期的痛点

马丁老师接着说："对IT行业的现状来说，随着近几年敏捷思想的兴起，已经有了新的变化，但目前IT行业仍然普遍采用预测型方法来交付项目，而且很多大规模的项目都采用预测型项目生命周期，这在一些传统行业还是可行的。但在创新型企业中，很难通过预测型项目生命周期来应对变化莫测的市场，达到创新目标。"

预测型项目生命周期作为IT行业传统、广泛采用的项目生命周期，迄今为止已有几十年的历史，出现了较多的弊端。经常见到的是，一旦时间拉长、目标和范围发生变更等，就会引起预测型项目生命周期的不稳定，影响计划的实施，进而影响交付结果。这时就得"加人""加班""加钱"，以弥补变更导致的不确定性。

如果项目周期较长，资源的占用时间也较长，资源的不稳定性就会增强，从而影响质量的稳定性，需要投入的成本就会增加，否则就需要延长项目周期来确保相应的质量；如果范围变动较频繁，则会导致计划的频繁调整，影响整体的交付效率，最终造成成本增加，甚至交付延迟。

现在我们来总结预测型项目生命周期的痛点。

（1）对于参与交付的人员的能力，要求与项目高度符合，一旦人员能力不足或未达到预期，就可能造成无法按计划实现交付目标。

（2）由于各阶段的划分完全固定，各阶段之间通过大量的文档传递信息，限制了灵活性，增加了工作量，同时还需要针对大量文档制定严格的规范和标准，并安排人员进行检查。

（3）测试阶段比较靠后，质量反馈延迟，导致发现缺陷及修复的成本较高，变更的可能性增加，同时交付质量的不确定性也增加了。

（4）应对变更的成本较高，尤其是在后期阶段中出现重大技术变更，对整个项目的交付来说就是灾难，也突出了预测型项目生命周期应对变更的弊端。

"以上这些大家是不是都或多或少遇到过？"马丁老师环视一圈，沉沉地说。大鹏一副痛苦的表情，若有所思。大家瞬间陷入了不堪回首的往事中……

陈恭打破了沉静："我们得尝试改变了，再沿着预测型项目生命周期继续下去，确实不能适应这次的菜多多项目。"大家纷纷表示赞同。

三、迭代型项目生命周期

（一）什么是迭代型项目生命周期

接下来介绍迭代型项目生命周期。为了让大家能更好、更透彻地掌握迭代型项目生命周期，需要先了解一下迭代的含义。

迭代是重复反馈过程的活动，其目的通常是逼近目标或结果。相应的活动每重复一次称为一次迭代，每次迭代得到的结果会作为下次迭代的初始值。

在统一软件开发过程（Rational Unified Process，RUP）中，迭代的定义为：包括产品发布（稳定、可执行的产品版本）的全部开发活动和使用该发布所必需的所有其他外围元素。在某种意义上，一个完整的迭代开发需要经过所有的过程活动，即至少包含需求、设计、开发、测试等。所以，一个完整的迭代开发类似一个小型瀑布模型。

RUP认为，所有开发过程中的活动都可以细分为迭代，每次迭代都会交付一个可以发布的产品，这个产品是最终产品的子集。

在迭代型项目生命周期中，首先要设定固定的迭代周期，即时间盒，一般都是几周。第一次迭代（第一个组件）往往是软件基本需求的核心部分。第一个组件完成之后，经过用户审核评价，形成下一个组件的开发基础，包括对产品核心部分的修改和新功能的开发，这样重复迭代直到实现最终完善的产品时，进行一次性的最终交付和发布。

迭代型项目生命周期如图3-3所示。

图 3-3　迭代型项目生命周期

迭代型项目生命周期可以很好地适应用户需求的不确定性，它按组件交付产品，用户可以经常看到产品，如果某个组件没有满足用户需求，则只需要更改这个组件，降低了软件变更的成本与风险。但是，迭代模型需要将开发完成的组件集成到软件产品结构中，这样会有集成失败的风险，因此要求软件必须有开放式的产品结构。此外，迭代模型逐个组件开发和修改的形式，很容易退化为"边做边改"的开发形式，从而失去对软件开发过程的整体控制。

大鹏举着手抢先说道："我知道了，就像之前我们为一家商品服务商做供应链App，会和他们的第三方开发外包团队一起完成项目。当时我们之间需要相互协作，频繁地对齐计划。为了保持节奏一致，我们决定将需求拆分成两周左右可以完成的规模，大家一起固定这个开发节奏。每个需求先将最基础的主要功能完成，形成内部的交付验证，然后大家想办法一起优化和完善。就这样持续了4个月，等到整体发布的时候，已经形成了一个非常好用的App。"

马丁老师点点头说："你这个经历非常符合迭代型项目生命周期的特点。虽然当时你们没有明确使用迭代型项目生命周期，但确实准确地应用了它的特点，借着大鹏的举例，我们接下来总结一下迭代型项目生命周期的适用范围。"

（二）迭代型项目生命周期的适用范围

迭代型项目生命周期的主要思想是在最短的时间内，以最小的成本先把主要功能搭建起来，对于不足的地方，在后续的迭代中逐步完善。每次迭代都不以"创造完美"为目标，而是以"不断完善"为宗旨，从而创造最终的"完美"。

前文在介绍迭代型项目生命周期时讲得比较多，主要是为了让大家能充分掌握迭代型项目生命周期的特点。避免与后面的增量型和敏捷型项目生命周期混淆。接下来看看迭代型项目生命周期是如何应用的。

迭代型项目生命周期的应用，是想通过"多次产出，一次交付"来解决交付的不确定性问题，提高对变更的响应速度，降低变更的成本。

所以，迭代型项目生命周期的适用范围如下：

（1）目标和预算已经明确，但范围不确定。

（2）在项目初期，需求不明确。

（3）交付实施的风险较高。

（4）用户可持续地、积极地参与整个交付过程。

（5）需要通过获得用户接受程度的反馈来确定交付结果。

（三）迭代型项目生命周期的痛点

迭代型项目生命周期的痛点基本上来自它对需求变更的适应性。因为需要适应需求的不断变化，迭代型项目生命周期对产能和节奏的把控能力要求特别高，否则就会陷入每个迭代周期都无法完成迭代目标的窘境。

迭代型项目生命周期不适用于较小规模的项目，因为迭代价值和效果需要几个迭代周期才能真正体现。为了保证在迭代周期内完成相应的目标，可能需要随时加入更多的资源，否则就会打乱整体的迭代节奏，进而导致后续迭代不得不进行调整。如果产品结构复杂，或者应用了新技术，则可能会打破迭代周期的时间盒，不能按照预期交付产品。

另外，不断完善的需求可能会导致频繁修改设计。一是需要较高的沟通成本来支持；二是设计的修改造成的重构成本较高，进而导致整体预算的超支风险。

总体来说，迭代型项目生命周期的局限性也是很明显的。所以，大家要记住迭代型项目生命周期的概念、适用范围和痛点，在应用的过程中也要"因事制宜"。

大家若有所悟地思考着，于倩说："根据马丁老师的介绍，我感觉迭代型项目生命周期比较适合我们这个最新的项目。例如，我们的目标已经明确，那就是做一个买菜App，但范围未知，需求也不明确，市场上有一些竞品可以分析。当下我们也可以找一些用户来提前体验。"

乔乔思考再三后提出："现在的关键是快速抢占市场，而且我们之前没有做过，目前资源有限，需要在短期内交付一个可投入市场的产品。"陈恭带着一丝犹豫地补充道："公司能提供给我们的预算有限，所以感觉迭代型项目生命周期并不是很适合我们。要不然让马丁老师继续往下介绍之后再讨论。"大家都表示赞同。马丁老师觉得大家都非常聪明，已经掌握了迭代型项目生命周期的特点，于是继续往下介绍。

四、增量型项目生命周期

（一）什么是增量型项目生命周期

增量型项目生命周期最早被提及是在1971年。任职于IBM的哈兰·米尔斯（Harlan Mills）提出了一种新的软件开发模型：增量模型。其将一个软件项目分成有序的开发周期，每个周期都重复一系列相同的开发活动，按照增量的思想完成一些特定功能，向用户交付部分可工作的产品。

增量型项目生命周期如图3-4所示。

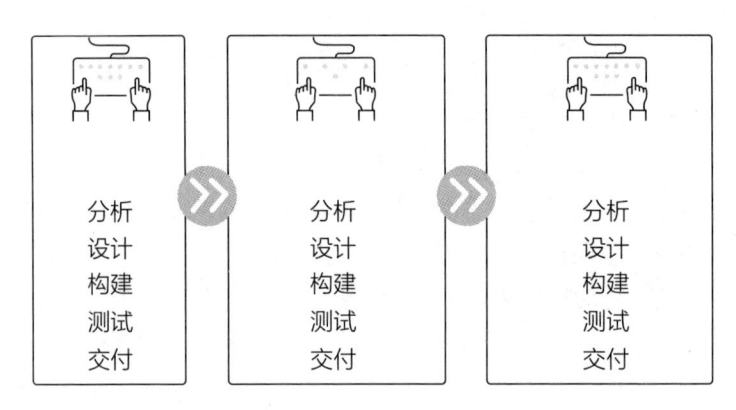

图 3-4　增量型项目生命周期

自20世纪80年代中期开始，随着瀑布方法的局限性越来越凸显，增量模型的应用越来越多。早期在《软件工程中基于知识的沟通过程》一书中有一篇文章就倡导使用增量模型，具体原因是"不存在确定的、完整的、稳定的需求规格"。

下面来了解下增量型的特点：其架构必须能支撑这种增量组件化的开发模式，组件之间尽量解耦，相互之间的依赖较少，也可以并行开发，每次增量的结果都可以运行和发布；通过频繁发布来修正已完成的交付结果，再开发新的组件；最后一次发布完整的产品。

这时陈恭说道："我们之前也有过使用增量模型的经历。当时我们在为一家零食供应商开发云上商场App，他们之前有线下的运营实体店，也有自己的进货渠道，所以他们很清楚自己应该先满足什么需求，但并不清楚整体需要什么功能。面对这种情况，我们调整架构模式，先保证将他们已有的线下运营模式搬到线上，先让他们试运行。等到线上运营一段时间后，他们发现需要会员积分兑换、售后记录评分、进货质量评价等功能。我们再持续增加，一块一块地堆集，最终在试运行结束后，日常运营所需的功能模块都完善了，形成了最终的完整云上商场App。"

"这个例子非常正确，是典型的增量型开发模式。"马丁老师说道。

（二）增量型项目生命周期的适用范围

春哥打断马丁老师："我感觉增量型项目生命周期和迭代型项目生命周期很像。"马丁老师眼前一亮："这个问题很好，我们就通过增量型项目生命周期的适用范围来了解一下它的特点。"

马丁老师继续说："增量型项目生命周期能够比较好地适应需求的变化，用户可以持续不断地看到交付结果，并给予反馈，从而降低交付风险。

（1）在项目初期，能确定一个大概的需求框架，可能会有较多细节上的调整。
（2）架构比较稳定，交付的产品可以按照组件化进行解耦。
（3）小规模产品，但产品生命周期较长（需要持续运营）。
（4）开发团队资源有限，需要在短时间内交付成果。

从适用范围来说，增量型项目生命周期和迭代型项目生命周期有明确的不同，前者按照模块叠加新的功能，后者有个雏形，需要逐步完善。迭代型开发和增量型开发如图3-5所示。

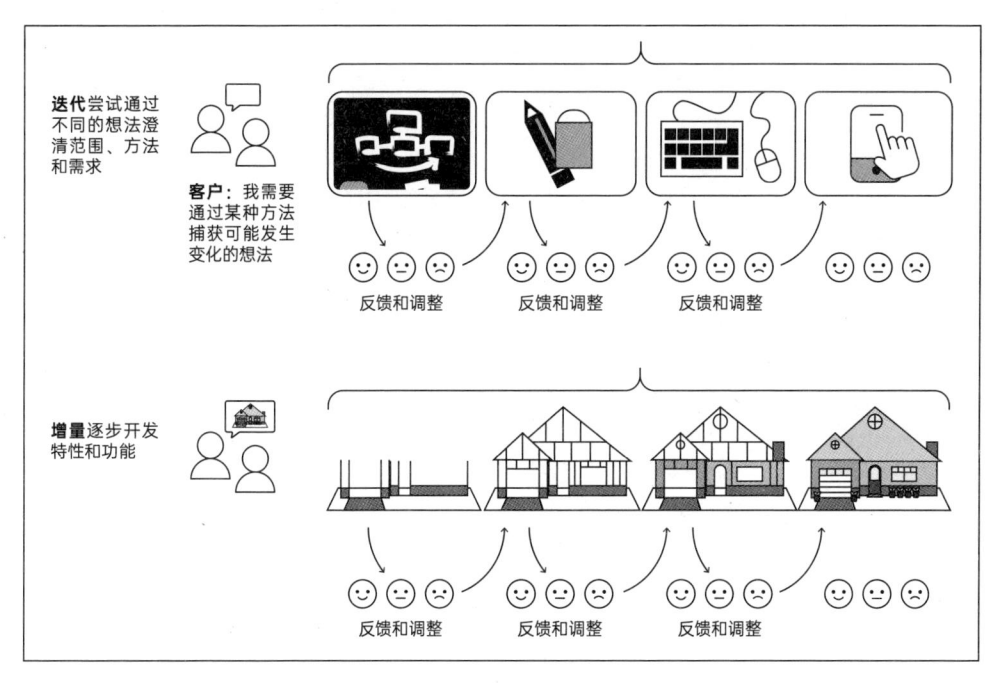

图 3-5　迭代型开发和增量型开发

（三）增量型项目生命周期的痛点

增量型项目生命周期的痛点也比较明显。例如，当每个新的增量组件集成到已有的产品结构中时，很难做到既不破坏原来成型的产品，又能较好地将组件和已有的产品融合，这就对架构和开发团队提出了很高的设计要求。

增量型项目生命周期的思想有自相矛盾的地方：产品的本质是要求保证完整性，需要从整体视角来做设计开发，才能为用户提供完整而良好的服务和体验。但增量型项目生命周期又指导开发团队把产品解耦成单个组件，每个组件都可以独立于另一个组件。这要求开发团队有足够的技术设计能力来协调这一矛盾，否则增量开发出来的产品可能并不能令人满意。

同时，增量型项目生命周期的灵活性是一把"双刃剑"，其在适应需求变化的同时，也很容易因为设计的不周全而导致边做边改，过程容易失控，从而使最后交付的产品失去整体性。越往后变更越困难，存在成本逐渐上升的风险。

大家感觉增量型项目生命周期并不完全适用于当前的菜多多项目，因为目前还没有比较成熟的架构体系，也没有梳理出比较清晰的产品功能模块，对功能之间的关联和耦合都是未知的。春哥补充道："对于每个增量都能发布，我们还没有做好准备。"

马丁老师思考一会儿后，说："那咱们继续说说下一个。"

五、敏捷型项目生命周期

（一）什么是敏捷型项目生命周期

"敏捷"这个词确实是当下一个流量热词，尤其符合数字化转型趋势的期望，所以火得"一塌糊涂"。下面先聊聊什么是敏捷。敏捷是一种通过适应变化和响应变化，在不确定或混乱的环境中取得成功的能力。

敏捷型项目生命周期如图3-6所示。

图 3-6　敏捷型项目生命周期

马丁老师稳了一下情绪说："从以上描述来看，敏捷的本质是一种能力，可以是个人的能力，也可以是组织的能力。"

先来了解一下敏捷思想的演化过程。20世纪50年代美国国防部和美国航空航天局就开始采用一种迭代式增量开发方法（Iterative and Incremental Development，IID）。1986年Tankeuchi和Nonaka发表白皮书 *The New Product Development Game*，描述了Scrum方法。1991年，James Martin在其著作《快速应用开发》中描述了快速应用开发方法，把时间盒和快速开发过程结合在一起，书中详细介绍了时间盒。1999年，Martin Fowler在其著作《重构：改善既有代码的设计》中，首次对敏捷开发中的"重构"实践进行了系统化阐述。而《敏捷宣言》和十二原则的故事，从2001年2月流传至今，已经非常普及了。

2018年3月，CMMI 2.0推出，其明确提出了对敏捷的支持。

2021年7月，《PMBOK®指南》（第七版）发布，新版本中主要增加了价值交付和敏捷相关内容。相对之前的版本，新版完全是一场革新与颠覆，打破了唯项目管理讲项目管理，纳入了许多通用管理学、管理心理学、产品设计理论的知识和理念。

相对传统的预测型瀑布模式来说，"敏捷"的思想是应对VUCA时代不确定性的一个选择。

敏捷型项目生命周期往往具有"迭代+增量"的项目特点，通过滚动规划的方式应对复杂的项目，以及项目目标和范围不断变化的情况，同时需要调动干系人的充分参与，经过与团队的深度互动，满足市场和用户的需求。

总体来说，敏捷型项目生命周期的优点是能保证更快地交付价值，在追求更好的质量的同时保持了可控的、更低的风险，并强调拥抱变化，通过持续改进来达到更高的客户满意度，在保持更大的灵活性的同时让团队有充分的自治环境。

（二）敏捷型项目生命周期的适用范围

敏捷型项目生命周期是适应型项目生命周期的典型代表，其特点是：应对大量变更，以持续交付的方式来快速调整和响应，并获取干系人的持续参与。

与迭代型项目生命周期和增量型项目生命周期的不同是，敏捷型项目生命周期迭代很快，所需的时间和资源相对固定。采用适应型项目生命周期的项目的特点是，项目需求和范围难以确定，项目过程中会有大量来自干系人的变更请求，最终的产品、服务或成果将经历多次较小增量改进最终满足要求。例如，看重客户体验和感受的产品开发项目就适合采用适应型项目生命周期。

说到这儿，马丁老师站了起来："其实敏捷型项目生命周期比较典型的适用场景，就是我们耳熟能详的'大厂'。它们的产品大都使用敏捷型项目生命周期，一边研究市场变化，一边了解用户需求，一边持续规划。看着产品一点点得到更多人的喜爱，通过每次迭代发布一些新增的功能，结合一些发布技术，可以做到迅速而敏捷地验证效果，得到市场的正向反馈，进而决定是继续满足需求还是进行快速的改变。这些都是敏捷型项目生命周期的典型特点。"

（三）敏捷型项目生命周期的痛点

敏捷型项目生命周期的痛点有以下几个。

（1）因为需要响应变化且具有极大的灵活性，所以很难准确规划资源。

（2）强调干系人、团队充分沟通的同时，很容易忽视使用必要的文档，造成项目结束后只能通过运行的产品来了解全部的需求。

（3）在应对不确定性的同时，很难预测最终的结果，尤其在遇到大型复杂的产品时，重构的压力很大，极易造成"技术债"堆积如山的窘境。

（4）对于敏捷型项目生命周期的效能度量，是个难题。因为"边走边看"的特性和迭代增量的交付模式，需要跨几个周期的持续跟踪，才能计算出基本的效能，再经历几个周期的回顾后，才能形成有效的效能度量。

听完马丁老师的讲解，大家都一致认同：敏捷型项目生命周期就是我们想要的。马丁老师略带神秘地微笑了一下，看来大家已经了解了这4种项目生命周期。为了明确到底哪种才是适合我们的，接下来就揭开谜底，看看如何选择项目生命周期。

六、4种项目生命周期的选择

通过马丁老师深入浅出的讲解，团队对4种项目生命周期有了更深刻的了解。不过看大家的表情也知道，一下子讲这么多知识和概念，确实很难完全理解和掌握。现在我们还得请马丁老师帮忙梳理一下，到底该如何选择合适的项目生命周期，这4种项目生命周期又有何异同。

（一）4种开发方法的比较

（1）预测型：传统方法，关键在于提前进行大量的计划工作，然后一次性交付，严格按照顺序执行，尽量控制和减少变更。

（2）迭代型：多次迭代，一次验证，整体交付。

（3）增量型：将整体划分成多个小块，多次交付，多次验证。向客户提供各个已完成的交付成果，从而让客户可以立即使用。

（4）敏捷型：引入敏捷方法论，既有迭代又有增量，通过"频繁交付+回顾"的方式持续提升质量，积极响应变更。

4种开发方法的比较如表3-2所示。

表3-2　4种开发方法的比较

开发方法	需求	活动	交付	目标	应对场景
预测型	固定	整个项目仅执行一次	一次交付	管理成本	与客户不在一起办公，签订了固定总价合同
迭代型	动态	反复执行直至修正结束	一次交付	解决方案的正确性	虽然签订了固定总价合同，但是与客户一起开发，需要让客户在项目早期看到工作成果
增量型	动态	对给定增量执行一次	更小规模交付	速度	团队知道市场需要什么，先做整体规划，输出核心功能，再快速增加非核心功能
敏捷型	动态	反复执行直至修正结束	频繁小规模交付	通过频繁小规模交付和反馈实现客户价值	团队不知道市场需要什么，先做出最小化可行产品，等待市场反馈后再快速调整

（二）4种开发方法的区别

马丁老师扶了扶眼镜，语重心长地总结着，终于说到了大家翘首以盼的结论：

"以上说了那么多的概念、知识点，又是比较又是融合，目的就是让大家能更深入地了解4种开发方法的区别。简单来说，只考虑价值交付理念和IT技术专业化两个维度，即只考虑市场和客户带来的业务变化性及IT技术自身存在的技术复杂性，我们创建一个一目了然的选择方法。"

马丁老师总结了一个选择象限法，虽然不是很精准，但可以给我们提供一个引导和思考的起点，如图3-7所示。

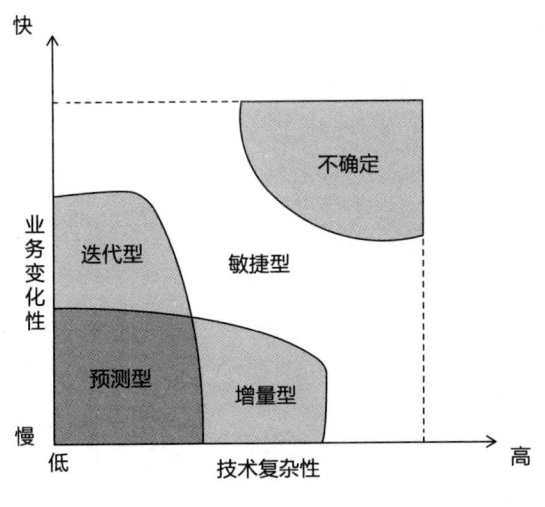

图 3-7　选择象限法

如果业务变化较快、较频繁，并且需要通过市场和用户来挖掘真正的需求，对于技术上比较成熟的模式，则可以选择迭代型。

如果市场已经比较成熟，且有典型的网红产品，需要以新技术为驱动力去改进市场，则可以选择增量型。

如果市场成熟，业务变化较缓慢，则选择预测型，既方便控制成本，又方便规划预期。

如果业务变化快，技术复杂性也未知，则可以尝试通过敏捷型来解决这些棘手的问题。通过渐进明细的规划，先建立框架，快速形成最简化可运行产品，探索如何为客户创造价值。

（三）菜多多的选择

马丁老师继续带着大家进行深入的推演和分析："我们新成立的这个团队，对预测型最熟悉，可以说已经是炉火纯青了。但有时候因为不能一次性交付，或者规模太大，就会将项目拆分成多个阶段进行分步交付。对于每次分步交付的内容，如果是可以独立运行但并不完善、无法交付给客户的情况，就比较像迭代型；如果分步交付的内容相对较为独立、完整，可以运行，只是不能满足客户的全部期望，则比较像增量型。

以上这些情况大家或多或少遇到过，所以就不难理解迭代型和增量型。但是对于敏捷型，咱们团队还确实没有人完整实践过。如果直接应用敏捷型，对我们的要求就不仅是各自专业技能的提高了，最不确定的就是思想上能否完整地理解，行动上是否可以和敏捷实践保持一致。每个项目在实施过程中都会遇到各种各样的风险和问题，一旦在关键时刻大家因为无法熟练配合而产生种种协作问题，进而怀疑敏捷方法，导致质疑目标和方向是否能实现，团队就极有可能面临失败。"

听完马丁老师的详细推演和分析，刚才说敏捷型适合我们的成员有点儿不知所措。马丁老师看出了大家的疑惑，继续说道："我们非常明确地了解了4种项目生命周期的应用，好像纯敏捷型也不太适合我们的菜多多。"马丁老师整了整衣领，提到了一种融合型方法，如图3-8所示。

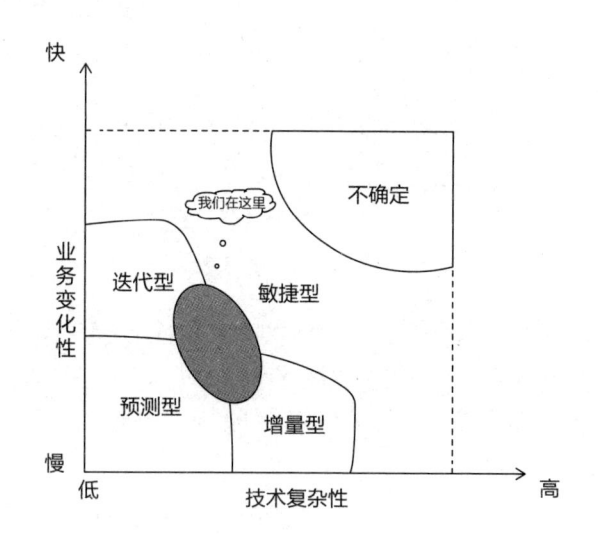

图 3-8　菜多多 App 项目所处的位置

为了保证菜多多App项目的顺利开展，我们主要采用敏捷型项目生命周期，开发方法先以预测型切入一个周期，然后开始对菜多多进行深入了解，针对不同交付目标的功能进行拆分，然后引入迭代型和增量型开发方法，选择符合客户价值的交付模式。

最终团队决定选择从预测型向敏捷型演进，保证融合模式的逐渐落地，如图3-9所示。

从预测型向敏捷型的演进过程

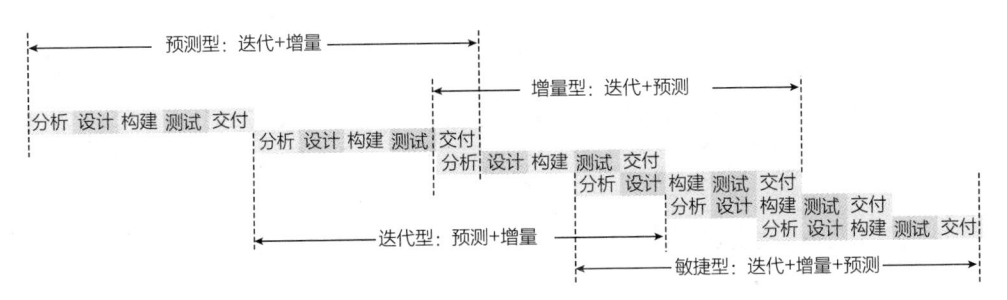

图 3-9　从预测型向敏捷型演进

七、与其他绩效域的关系

开发方法和项目生命周期是项目周期规划环节的一个重要事项，承载着项目的整个开发节奏，是项目管理绩效域中最重要的"引导者"。关于它们之间的相互作用，可以理解如下。

（1）选择的生命周期和开发方法会直接影响项目规划绩效域活动的方式。例如，预测型项目生命周期会提前进行大量规划工作，然后通过滚动式的渐进明细来调整规划，随着风险和项目的进展，计划也会相应地更新。

（2）开发方法和交付节奏是减少不确定性绩效域活动的一种有效方式。如果需要进行严格的管控，则可以选择预测型开发方法来确保满足监管要求，增加额外的测试、文档及严格的流程或程序。如果想减少用户验收时所面临的大量变更风险，则可以选择迭代型开发方法，通过向市场发布最小可行产品来获得认可或反馈。

（3）对交付绩效域活动来说，开发方法和交付节奏之间有天然的连接。交付节奏是驱动价值有效交付与商业论证和收益实现计划保持一致的主要因素之一。应挖掘产品需求来满足交付绩效域的质量要求。

（4）如果需要干系人绩效域活动的深度参与来确保项目交付方向的正确和验收合格，则需要选择合适的开发方法和交付节奏，以便干系人能按期望的周期得到结果，从而激发他们参与项目的意愿。

（5）好的开发方法和项目生命周期能让团队绩效域中的团队能力、团队领导力技能发挥得更好。项目团队的工作方式、项目文化和氛围也会因不同的开发方法而有差异。预测型开发方法通常更加重视规划、测量和控制，适应型开发方法需要项目团队形成自管理、自组织的文化。

八、检查成果

对于开发方法和生命周期绩效域的成果及结果检查方法,可以先参考《PMBOK® 指南》(第七版),如表3-3所示。

表3-3 开发方法和生命周期绩效域的成果及结果检查方法

	成果	检查
开发方法	与项目输出的可交付物性质相符	开发方法(预测型、适应型或混合型)反映了可交付物的产品变化,并且对组织和项目既定的变量也是适合的
项目生命周期	由促进可交付物所需的交付节奏和过程阶段组成	生命周期阶段由可交付物的设计、开发、测试和部署的节奏组成。如果项目存在多个可交付物,且交付节奏和开发方法不同,则可以通过阶段重叠或重复来解决这一问题
交互过程	项目过程的各阶段将业务交付和干系人价值串联起来	项目从启动到收尾的工作以生命周期各阶段表示,并包括适当的完成标准

第二节 规划绩效域

一、做好计划等于成功了一半

确定了项目的模型之后,我们开始开展项目的规划了。菜多多大体分为3个版本,第一个版本在2022年12月完成,第二个版本在2023年4月完成,第三个版本在2023年10月完成。菜多多App的里程碑计划如图3-10所示。

> V1.0:2022年3—12月　V2.0:2023年1—4月　V3.0:2023年5—10月

图3-10 菜多多 App 的里程碑计划

基于里程碑计划,绘制产品的实现路线图,如图3-11所示。

2022年3—6月,是项目需求洞察阶段。2022年6月中旬,项目经理陈恭召开了一次项目开发启动会,把项目目标、背景、里程碑计划、团队成员、项目风险等向大家做了介绍。6月下旬,陈恭在为项目V1.0的详细计划感到焦虑,他的疑问是选择什么样的模型去制订计划,以及对于这样一个软件App项目,计划需要做得多细才好落地。

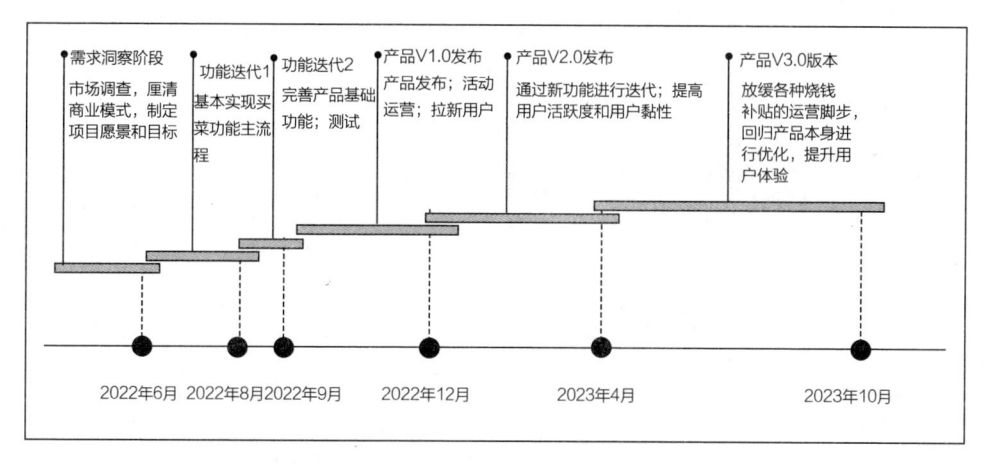

图 3-11 产品的实现路线图

他去找马丁老师寻求帮助。马丁老师听了他的担忧，很淡然地说："第一个问题，我们这个项目是混合型的，既不是传统的预测型，也不是纯增量型，所以要两者结合规划。各版本的里程碑节点属于传统的预测型，而在版本内部，第一个版本应选择预测型来规划，毕竟它属于从0到1；第二个版本因为是在1.0版本上优化的，增加了功能，所以建议做增量型迭代计划；第三个版本，要看跟其他系统的耦合关系，优化的功能点具体是什么，再来选择它的规划模型。"

"至于第二个问题，项目计划要做多细，我们要结合团队成员的意见。建议你组织召开一个计划沟通会，但是大的原则是颗粒度不能太粗，太粗既不利于管理执行，也不利于团队成员分解落地。"

凡事预则立，不预则废。对一个项目做详细的规划是非常重要的。为什么这么讲呢？

（1）项目进度是实现项目目标的关键之一。例如，菜多多App第一版预计在2022年12月上市。这个上市的节点目标很重要。

（2）项目计划是对项目工作的细化，只有被分解的工作才能够被执行和完成。例如，菜多多App的详细计划如表3-4所示。

表 3-4 菜多多项目计划进度表

序号	任务名称	负责人	交付输出	开始时间	结束时间
1	市场调研	大鹏	市场调研报告	2022/4/20	2022/4/22
2	绘制用户画像	大鹏	用户画像	2022/5/3	2022/6/3
3	绘制商业画布	大鹏	商业画布	2022/6/8	2022/6/8
4	项目启动	陈恭	项目启动任务书	2022/6/9	2022/6/19
5	App 功能需求策划	大鹏	需求功能清单	2022/6/19	2022/7/1
6	第一个内部版本规划	大鹏	版本规划	2022/6/2	2022/6/2

续表

序号	任务名称	负责人	交付输出	开始时间	结束时间
7	需求评审	陈恭	评审记录和结论	2022/6/5	2022/6/5
8	UI 设计	东进	UI 设计图	2022/6/6	2022/6/26
9	UI 设计评审	陈恭	评审记录和结论	2022/6/28	2022/6/28
10	手机端 App 开发	于倩	V1.0 软件	2022/6/20	2022/7/20
11	版本提测	于倩	提测单	2022/7/20	2022/7/22
12	版本测试	木宇	测试报告	2022/8/3	2022/9/3
13	漏洞修改	于倩	V1.0 软件	2022/9/8	2022/9/8
14	ShowCase	陈恭	ShowCase 结果	2022/9/9	2022/9/19
15	灰度发布	于倩	软件发布单	2022/9/19	2022/10/1
16	项目回顾会议召开	陈恭	回顾会议纪要	2022/10/10	2022/10/10
17	第二个内部版本需求评审	陈恭	评审记录和结论	2022/10/11	2022/10/11
18	UI 设计	东进	UI 设计图	2022/10/15	2022/10/25
19	UI 设计评审	陈恭	评审记录和结论	2022/11/15	2022/11/15
20	手机端 App 开发	于倩	V1.0 软件	2022/11/16	2022/12/6
21	版本提测	于倩	提测单	2022/12/7	2022/12/7
22	版本测试	木宇	测试报告	2022/12/8	2022/12/14
23	漏洞修改	于倩	V1.0 软件	2022/9/19	2022/10/1
24	ShowCase	陈恭	ShowCase 结果	2022/10/10	2022/10/10
25	灰度发布	于倩	软件发布单	2022/10/11	2022/10/11
26	漏洞修改	于倩	V1.0.1 软件	2022/10/15	2022/10/25
27	全量发布	于倩	软件发布单	2022/11/15	2022/11/15
28	项目总结	陈恭	总结报告	2022/12/24	2022/12/25
29	产品运营	春哥	运营方案	2022/12/25	2023/3/22

（3）事务之间有一定的逻辑关系，需要识别、澄清和排序（因果、先后、并行），项目的工作是团队协作完成的，团队的工作需要有一定的共识，这个共识就是逻辑，能把事务之间的逻辑关系展现在大家面前，并且达成共识，这样未来团队的工作就更加容易推进。

陈恭是一个行动力极强的项目经理，第二天，他就拉着项目团队成员一起召开了项目计划沟通会，他让团队成员分别把自己所在领域的关键事项列出来。他先划分了产品功能、UI、开发、测试、验收这几个大节点，然后把团队成员讲的关键事项按照时间先后顺序排序，再与团队成员沟通每个关键事项需要的时间，最后形成一个具有串行和并行逻辑关系的项目分解计划。

图3-12是陈恭做计划的参考模型。我们做软件App项目时基本会参考这个增量规划形式模型。制订进度计划的方法之一是基于迭代和发布计划。

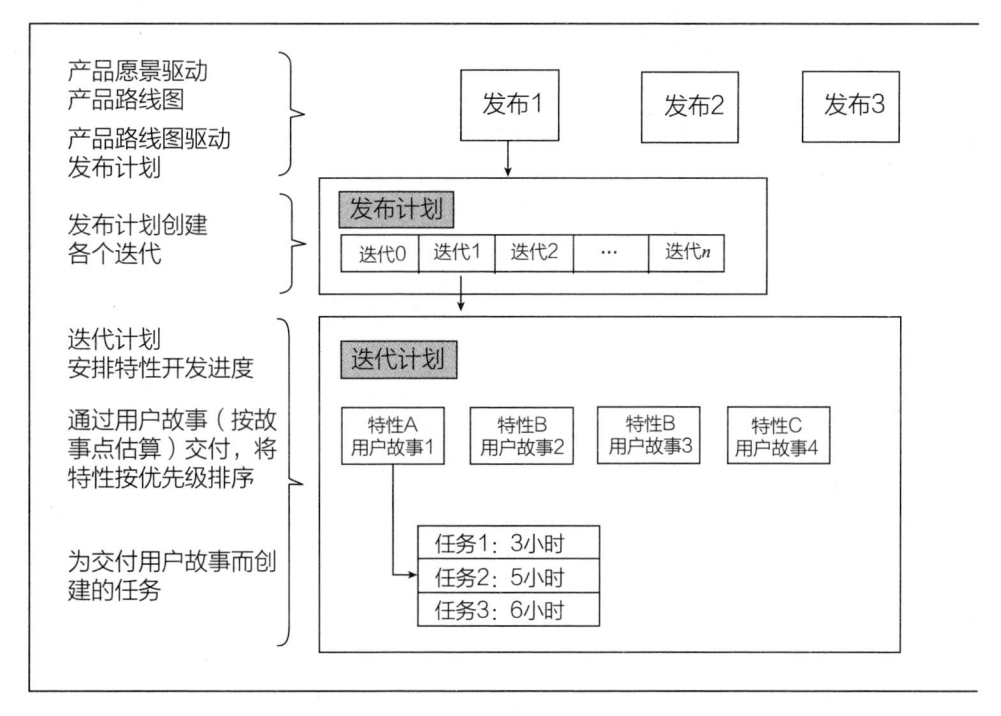

```
产品愿景驱动
产品路线图        发布1    发布2    发布3
产品路线图驱动
发布计划
                  发布计划
发布计划创建
各个迭代          迭代0 迭代1 迭代2 … 迭代n

迭代计划          迭代计划
安排特性开发进度
                  特性A    特性B    特性B    特性C
通过用户故事（按故 用户故事1 用户故事2 用户故事3 用户故事4
事点估算）交付，将
特性按优先级排序
                  任务1：3小时
为交付用户故事而创 任务2：5小时
建的任务          任务3：6小时
```

图 3-12　增量规划形式模型

陈恭做计划时会考虑余量，不会将计划做得很满，这样未来就有了调整的空间。作为项目经理，陈恭到底应该计划什么？

- 具体有哪些关键事项并预估每个关键事项的完成时间。
- 事项之间的逻辑关系。
- 事项的负责人。
- 事项完成的标志（关键可交付物+关键工作成果）。

二、关注项目计划的变化与偏差

大家要特别关注项目计划的变化，有些因素会影响项目计划的变化。因为每个项目都是独特的，所以项目计划的数量、时间安排和频率各不相同。项目计划的影响因素有选择的开发方法、项目的可交付物、组织需求、市场条件及法律法规限制等。

凡是计划就有可能出现偏差，偏差有大有小，一方面我们要在意识层面接受可能有计划偏差这样的客观事实；另一方面我们需要提升技能，尽可能缩小偏差，把计划的精度做准。

因此，对项目经理陈恭来说，估算技能很重要，需要对工作投入、持续时间、成本、人员和实物资源进行估算。随着项目的发展，估算可能会根据当前的信息和情况而变化。

项目生命周期中的阶段会影响与估算相关的4个方面。

（1）区间。当没有太多与项目和产品范围、干系人、需求、风险及其他情况相关的信息时，项目开始时的估算往往有较大的活动区间。开始探索项目机会时的区间为 —25%至+75%。在生命周期中进展良好的项目的估算区间为—5%~+10%。

（2）准确度。准确度是指估算的正确性。准确度与区间相关，因为准确度越低，估算值的潜在区间就越大。项目开始时估算的准确度将低于项目中途估算的准确度。

（3）精确度。精确度与准确度不同。精确度是指与估算相关的精准度。估算的精确度应与所需的准确度相匹配。

（4）信心。信心会随着经验的增加而增长。处理以前类似项目的经验有助于提高所需的信心。对于新的项目和技术不断演变的项目，人们对估算的信心会很低。

当实际的进度与计划有偏差，尤其是进度滞后的时候，需要通过压缩进度来进行计划调整。赶工是一种进度压缩方法，它旨在以增加较低的成本来缩短持续时间。赶工可能包括为活动增加人员、加班或通过付费的方式提高交付速度。

快速跟进也是一种进度压缩方法，将正常情况下按顺序进行的活动或任务改为至少部分按并行方式开展。

这些变化和偏差伴随着项目的开展而产生并被发现，作为拥有10多年项目经验的项目经理，陈恭随机应变的技能满满，他对应对这些变化充满了信心。

菜多多项目在实施过程中一定会有变化，在需求调查阶段，本来计划2022年5月底完成，6月开发立项，但是由于某些调研结论不清晰，数据不足以支撑决策，需要增加一次调研。陈恭就通过压缩进度的方法进行了计划调整。

在迭代开发时，因为需求的变化而增加工作量，从而使项目周期增加了两周，在这样的情况下，陈恭选择赶工、快速跟进的方法进行进度压缩，追上了5天的时间。

关于一致性：在整个菜多多项目开发期间，规划的活动与工件需要保持一致。

这意味着项目的质量、范围的规划与具体的内容保持一致。具体的内容包括但不限于以下两项。

（1）交付承诺、资金、资源、干系人的需求及项目本身的特点。

（2）当其中一项发生变化的时候，其他有关联的内容也要跟着变化，保持一致。

三、我们要花多少钱：成本规划

接下来，陈恭要做项目的成本规划。他找对应的项目团队成员，收集他们的项目成本估算，进行预算汇总，制定一个总的成本基准。成本基准通常在整个项目进度中分配，反映将于何时产生成本。

项目的成本包括成本估算、应急储备、管理储备3个部分，如表3-5所示。

表3-5 项目的成本

成本名称	金额（万元）
成本估算	25
应急储备	5
管理储备	5
合计	35

其中，成本估算的具体估算如表3-6所示。

表3-6 成本预算的具体估算

序号	成本项次	预估金额（万元）	备注
1	人工成本	20	6个月，4人，平均每人每月8000元
2	设备成本	3	4台笔记本电脑
3	房租	2	每月4000元

在项目执行过程中，如果某个活动超出了估算，则可能需要重新安排工作，以符合这些限制。

项目预算应包括应急储备，以应对不确定性。之所以留出应急储备，是为了实施风险应对措施或应对所发生的风险事件。

管理储备则是为了应对与项目范围内工作有关的意外活动。管理储备可由项目发起人、产品负责人或项目集和项目组合层级的项目管理办公室管理，具体取决于组织的政策和组织结构。图3-13显示了预算逐渐累积的情况。

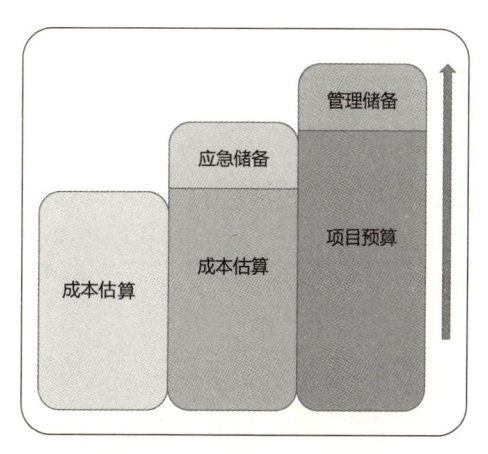

图3-13 预算逐渐累积的情况

四、我们彼此之间如何协作：沟通计划

项目经理陈恭还对项目的沟通进行了规划。

（1）项目信息沟通：立项后，各项目负责人建立项目沟通群，用于项目日常信息沟通。

（2）项目例会：由各子项目负责人组织，每周一次，固定时间召开（周二上午9点），时长半小时，项目核心代表参加。

（3）项目报告：项目采用双周报形式汇报，由项目经理发起，各板块负责人填写，项目发起人负责批准。

（4）项目阶段汇报：按照里程碑时间点组织汇报。

沟通规划会与干系人识别、分析、优先级排序和参与的内容有所重合，这些内容会在干系人绩效域中描述。沟通在争取干系人有效参与方面是最重要的活动之一。项目规划沟通时需要考虑以下因素。

（1）谁需要信息？

（2）每个干系人需要哪些信息？

（3）为什么要与干系人共享信息？

（4）提供信息的最佳方式是什么？

（5）何时及多久沟通一次信息？

（6）谁拥有所需要的信息？

可能存在不同类别的信息，如内部信息和外部信息、敏感信息和公开信息、一般信息和详细信息。分析干系人、信息需求和信息类别，可以为制订项目的沟通计划奠定基础。

在菜多多项目中，通过识别主要项目干系人，根据其在项目中的角色，明确与其沟通的方式，如表3-7所示。

表 3-7 项目干系人的角色、沟通方式

序 号	主要项目干系人	在项目中的角色	沟通方式
1	张大牛	项目发起人	参与项目启动会 定期发送项目状态报告 参与项目成果演示会
2	马丁	咨询顾问	参与项目内部会议 面对面沟通和指导
3	陈恭	项目经理	参与项目内部会议 参与每日站会 面对面沟通
4	大鹏	产品经理	参与项目内部会议 参与每日站会 面对面沟通

续表

序 号	主要项目干系人	在项目中的角色	沟通方式
5	刘大虎	用户	邀请参加项目成果演示会议 邀请用户体验产品
6	关二爷	监管机构对接人	定期发送项目情况 积极关注与配合监控政策
7	于倩	开发骨干	参与项目内部会议 参与每日站会 面对面沟通
8	木宇	测试骨干	参与项目内部会议 参与每日站会 面对面沟通
9	春哥	运营骨干	参与项目内部会议 参与每日站会 面对面沟通
10	王二萌	商品供应商	参与项目内部会议 参与每日站会 面对面沟通

五、如何使项目外部资源为我们所用

实物资源是指人力以外的任何资源。实物资源包括材料、设备、软件、测试环境、许可证等。实物资源规划涉及估算、供应链、物流和管理。拥有大量实物资源的项目（如工程和建筑项目）需要为采购活动制订计划，以获取资源。这可能与使用基本订购协议一样简单，也可能与管理、协调和整合多项大型采购活动一样复杂。

对于那些需要大量实物资源的项目团队，规划这些资源需要考虑多个方面，如材料的交付、搬运、存储和处理的时间窗口，以及从物资到达现场到最终集成进产品的过程中跟踪材料库存的方法。团队还会从战略角度进行全面规划，包括从订单到交付再到实际使用的时间安排，此外，还会进行批量订购与存储成本之间的权衡，考虑全球物流和可持续性问题，以及如何将这些实物资源与项目的其他方面有效地整合。

采购可以在项目开展期间的任何时候进行。但预先规划有助于设定期望，确保采购过程顺利进行。一旦了解了高层级范围，项目团队就会进行自制或外购分析。这包括确定将在内部开发的可交付物和服务，以及将从外部购买的可交付物和服务。这些信息会影响项目团队和进度计划。签订合同时，需要事先了解所需货物类型、何时需要这些货物，以及所采购货物或服务所需的任何技术规范。

我们依靠供应链系统管理实物资源。菜多多终端店面的物料清单如表3-8所示。

表 3-8 菜多多终端店面的物料清单

序 号	物料名称	数 量	备 注
1	收银台	1	放置在门口
2	展示冰柜	2	大型冰柜
3	柜式冰柜	2	存储冷藏食品
4	海鲜池	1	存放鱼类海鲜
5	展示货架	4	靠墙放置
6	岛式展示货架	2	放置店铺中间
7	挂式电视	1	轮询播放广告
8	计算机	1	录入信息
9	电子看板	1	展示打折信息
10	电子台秤	2	称重
11	计算器	2	用来计算花费
12	厨具	若干	菜刀、铲子、案板等
13	鸡笼	1	放置鸡、鸭等

第四章
项目执行和监控阶段

第一节　项目正式实施

在项目规划完成之后，我们团队就正式进入项目执行阶段了。

一、建立"作战室"，使项目团队保持专注

为了让团队更加专注，我们征用了一个大会议室作为"作战室"。团队15人坐在一起，简单布置了房间，给房间贴上了"不破不立，菜多多12月30日上线"的标语。在门口的大白板上醒目地写上了我们第一阶段的目标。

二、菜多多V1.0阶段目标和日常工作

第一个阶段的项目目标有两个。

（1）在2022年12月开发出V1.0，把菜多多App的主流程跑通，让用户可以下单购买。

（2）团队磨合，把项目管理流程真正落实在团队日常工作中。

为了实现这两个目标，我们在这个阶段的日常工作有以下几项。

（1）管理和落实现有工作、新工作和工作变更的流程。我们制定了每日站会制度，要求每日站会在上班15分钟后开始（9:15，目的是让大家有时间对前一日的进度和问题进行回顾），每日站会上只同步进展和暴露问题。每日站会时间不超过15分钟，由项目经理陈恭把控。

（2）使项目团队保持专注。我们每两周一次迭代，在迭代期间不允许插入需求；团队按项目一起坐在"作战室"里，以靠门一侧的墙边的电子看板作为信息源，每天上班时间为团队同步信息。

（3）建立高效的项目系统和流程，通过融入流程的电子看板，能清晰地读取项目信息，如图4-1所示。

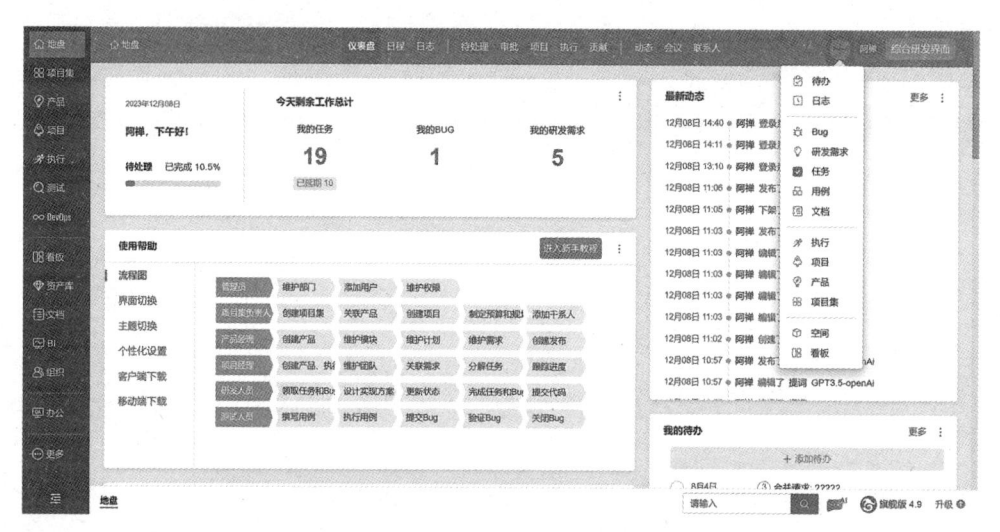

图 4-1 项目系统和流程

（4）与干系人沟通。我们利用干系人登记册来管理干系人，保持和核心干系人的沟通。对于项目组成员，我们每天通过站会沟通，对于公司老板张大牛，我们每完成一个用户故事，都会让他过来验收，如果他没有时间，我们会让他在两周迭代完成之后来一次"迭代评审"。

（5）管理材料、设备、用品和物流。对于项目过程中的文档，我们使用项目管理工具"禅道"来管理项目归档。

（6）与法务人员和供应商合作以规划和管理采购与合同。我们与供应商刘二萌签署了为期一年的菜品供应协议，对方在低于市场批发价的情况下，给我们提供优质的菜品。

（7）监督可能影响项目的变更。在项目管理过程中，始终与产品经理大鹏保持沟通，获得其关于产品优先级的观点；始终与老板张大牛保持沟通，获得其在菜多多方向上的最新信息；始终与监督机构对接人关二爷保持沟通，获得市场监督管理局的政策信息。这些关键信息能帮助我们早发现、早应对问题。

（8）促使项目学习和知识转移。我们的项目经验会通过迭代回顾会议，在项目内部知识库沉淀下来，变成团队的资产，便于我们以后随时学习。

在项目过程中，冲突时有发生。在V1.0进行到一半的时候，产品经理大鹏在做市场调研时发现，我们计划中的功能和市面上的竞品比起来，几乎一模一样，这让他感觉非常沮丧。他的产品敏感度告诉他，即使菜多多如期上市，也不会引起多大的市场反响，因为市场上的竞品该有的功能都已经有了，而且比菜多多更早上市，更早进入用户的视线，相比起来，菜多多就显得平平无奇，用户连点击、下载、使用的欲望都没有。

于是产品经理大鹏找了一些用户又做了一次访谈，无意间听用户说起最近想吃一道"红烧甲鱼"，但是苦于不会做，就在网上找了一个攻略，由于忘记买八角了，做出来的菜感觉不是很好吃。听完后大鹏一拍大腿："这不是用户痛点吗？这正是我想要的功能！"

三、利用沟通和参与确定V1.0的项目范围

大鹏召集了团队，讲出了他的担忧，但是我们的开发骨干于倩却不以为然，她也使用过竞品的功能，她认为竞品的易用性和流畅性做得都不好，她有信心在这方面超过竞品："只要我们产品的易用性和流畅性做得更好，一定会有用户觉得我们的App更好。"一部分团队成员同意于倩的说法，认为产品得先做出来，再求产品用得好。一般的开发习惯不都是这样的吗？

"我们应该以用户价值为中心开发产品。"大鹏说道。他拿出连做了两个通宵的需求：菜谱功能。用户想吃什么菜，查询菜谱就可以知道做法，而且可以一键购买所有需要的配料。对用户来说，这个功能大大降低了做菜的门槛，而且不会因为配菜没有买齐而耽误做菜时间。

大鹏接着说："这样能使菜多多上市之后体现我们的价值主张：只为成为你的'菜'。这个'菜'的意思是知用户所知，想用户所想。而且我们能够迅速与竞争对手拉开差距，成为用户心中最好的买菜App。"之前赞同于倩想法的人也点了点头，似乎现在也挺赞同大鹏的想法。

于倩想了想，也点了点头，说："也对，不过我们都不能100%代表用户，不如我们先把这个功能做出来，再邀请用户过来体验，看这个菜谱功能到底靠不靠谱，能否切中用户心智。"

在大家的一致同意下，第一次迭代在原有的基础上增加了菜谱功能，这个功能被我们称为"吃什么"。菜多多的需求范围和子模块如图4-2和表4-1所示。

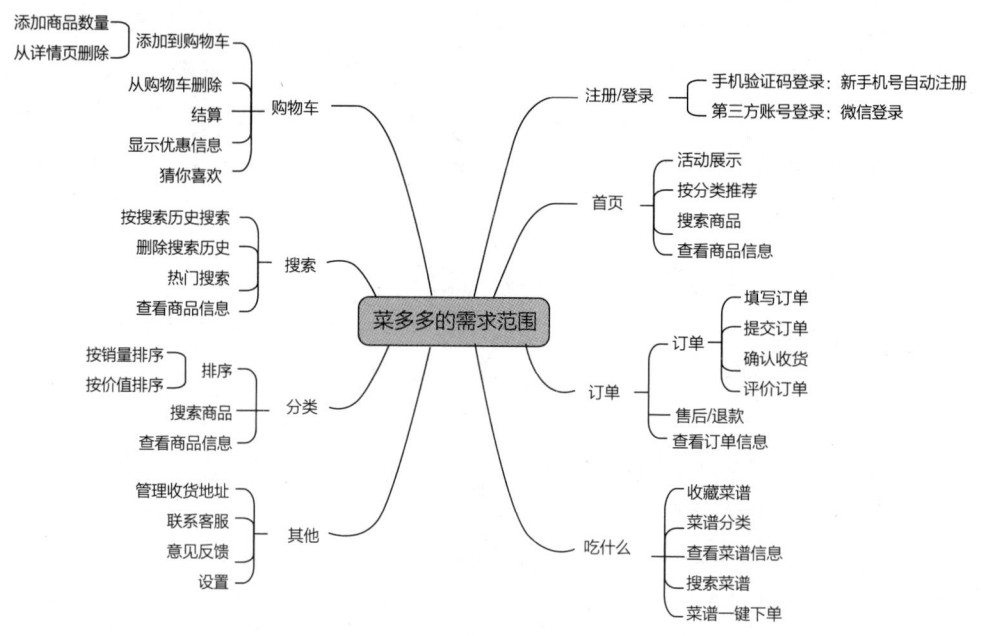

图 4-2 菜多多的需求范围

表 4-1 菜多多的子模块

版 本	功 能	子模块
1.0	注册 / 登录	手机验证码登录：新手机号自动注册
1.0	注册 / 登录	第三方账号登录：微信登录
1.0	首页	活动展示
1.0	首页	按分类推荐
1.0	首页	搜索商品
1.0	首页	查看商品信息
1.0	分类	排序：按销量排序
1.0	分类	排序：按价格排序
1.0	分类	搜索商品
1.0	分类	查看商品信息
1.0	搜索	按搜索历史搜索
1.0	搜索	删除搜索历史
1.0	搜索	热门搜索
1.0	搜索	查看商品信息
1.0	购物车	添加到购物车：添加商品数量
1.0	购物车	添加到购物车：从详情页删除
1.0	购物车	从购物车删除
1.0	购物车	结算
1.0	购物车	显示优惠信息

续表

版 本	功 能	子模块
1.0	购物车	猜你喜欢
1.0	订单	填写订单
1.0	订单	提交订单
1.0	订单	确认收货
1.0	订单	评价订单
1.0	订单	售后/退款
1.0	订单	查看订单信息
1.0	其他	管理收货地址
1.0	其他	联系客服
1.0	其他	意见反馈
1.0	其他	设置
1.0	吃什么	菜谱功能
1.0	客户隐私保护规则	

这样，就把V1.0的内容再次确认好了，随后我们更新了迭代待办事项列表。

但是，问题又来了，我们发现，如果按照这个计划来执行，我们在2022年12月底前交付不了V1.0。

四、调整制约因素，保证项目如期交付

刚解决完为用户创造价值的问题，又迎来了不能如期交付的问题，这可怎么办？按照现在的计划可能要延期半个月。

于是，我们从项目的制约因素上想办法。项目的制约因素包括范围、时间、成本、质量。质量在我们看来是不可妥协的，唯有从范围、时间、成本上考量。

于倩提出先从成本考量，项目只有15人，能否调一些人员过来一起参与？于是，于倩找到了老板张大牛，结果碰了一鼻子灰回来，得到的答复就是："人没有，项目还得按期交付，自己想办法。"

这对团队而言太难了，就算加班也不可能把半个月加回来，再说加班不但会对士气有影响，还会因为疲劳作战而造成项目质量下降。

正当大家一筹莫展的时候，马丁老师站了出来，和我们说有一个好办法可以解决问题：砍需求大法，就是把需求列表拿出来再看看，重新排序，看看有什么不是非做不可的，或者是可以简化的，这样不就搞定了？

于是，大鹏准备了需求列表，陈恭组织我们开了一场需求梳理会。

在会上，我们首先把V1.0列出来，对"吃什么"功能进行进一步拆分，具体分解为以下几项。

（1）收藏菜谱。

（2）菜谱分类。

（3）查看菜谱信息。

（4）搜索菜谱。

（5）菜谱一键下单。

于是得到分解后的子模块，如表4-2所示。

表4-2　分解后的子模块

版　本	功　能	子模块
1.0	注册/登录	手机验证码登录：新手机号自动注册
1.0	注册/登录	第三方账号登录：微信登录
1.0	首页	活动展示
1.0	首页	按分类推荐
1.0	首页	搜索商品
1.0	首页	查看商品信息
1.0	分类	排序：按销量排序
1.0	分类	排序：按价格排序
1.0	分类	搜索商品
1.0	分类	查看商品信息
1.0	搜索	按搜索历史搜索
1.0	搜索	删除搜索历史
1.0	搜索	热门搜索
1.0	搜索	查看商品信息
1.0	购物车	添加到购物车：添加商品数量
1.0	购物车	添加到购物车：从详情页删除
1.0	购物车	从购物车删除
1.0	购物车	结算
1.0	购物车	显示优惠信息
1.0	购物车	猜你喜欢
1.0	订单	填写订单
1.0	订单	提交订单
1.0	订单	确认收货
1.0	订单	评价订单
1.0	订单	售后/退款
1.0	订单	查看订单信息
1.0	其他	管理收货地址
1.0	其他	联系客服
1.0	其他	意见反馈
1.0	其他	设置
1.0	吃什么	收藏菜谱

续表

版本	功能	子模块
1.0	吃什么	菜谱分类
1.0	吃什么	查看菜谱信息
1.0	吃什么	搜索菜谱
1.0	吃什么	菜谱一键下单

拆分之后,我们再来进行优先级排序,我们在这个列表之后加上一列:价值优先级。

我们使用MoSCoW法进行价值排序,因为这种方法比较简单,所以被普遍采用。

(1) Must Have(P1):必须有。如果不包含,则产品不可行。Must Have的功能,通常就是最小可行产品的功能,如房子就应该有四面墙。

(2) Should Have(P2):应该有。这些功能很重要,但不是必需的。虽然"应该有"的要求与"必须有"一样重要,但它们通常可以用另一种方式来代替,以满足客户的要求。

(3) Could Have(P3):可以有。这些功能是客户期望的,但不是必需的,可以提升用户体验,或提高客户满意度。如果时间充足,资源允许,产品通常会包括这些功能。但如果交付时间紧张,通常现阶段不会做,而是挪到下一阶段或下一期做。

(4) Won't Have(P4):这次不会有。这些功能是最不重要、回报最低的事项,或者在当下是不适合的功能。它们不会被列入当前交付计划中。"不会有"的功能会被要求删除,或者重新考虑。

我们根据MoSCoW法对功能和子模块进行排序,排序完成之后得到表4-3。

表4-3 排序结果

版本	功能	子模块	价值优先级
1.0	注册/登录	手机验证码登录:新手机号自动注册	P1
1.0	注册/登录	第三方账号登录:微信登录	P3
1.0	首页	活动展示	P1
1.0	首页	按分类推荐	P1
1.0	首页	搜索商品	P1
1.0	首页	查看商品信息	P1
1.0	分类	排序:按销量排序	P1
1.0	分类	排序:按价格排序	P1
1.0	分类	搜索商品	P1
1.0	分类	查看商品信息	P1
1.0	搜索	按搜索历史搜索	P1
1.0	搜索	删除搜索历史	P2
1.0	搜索	热门搜索	P2

续表

版　本	功　能	子模块	价值优先级
1.0	搜索	查看商品信息	P1
1.0	购物车	添加到购物车：添加商品数量	P1
1.0	购物车	添加到购物车：从详情页删除	P1
1.0	购物车	从购物车删除	P1
1.0	购物车	结算	P1
1.0	购物车	显示优惠信息	P1
1.0	购物车	猜你喜欢	P2
1.0	订单	填写订单	P1
1.0	订单	提交订单	P1
1.0	订单	确认收货	P1
1.0	订单	评价订单	P1
1.0	订单	售后/退款	P1
1.0	订单	查看订单信息	P1
1.0	其他	管理收货地址	P1
1.0	其他	联系客服	P1
1.0	其他	意见反馈	P3
1.0	其他	设置	P1
1.0	吃什么	收藏菜谱	P2
1.0	吃什么	菜谱分类	P1
1.0	吃什么	查看菜谱信息	P1
1.0	吃什么	搜索菜谱	P1
1.0	吃什么	菜谱一键下单	P1

通过这样的方法，我们识别出要优先完成P1。通过对P1的估算，我们发现P1的交付可以赶在8月完成。至于P2和P3，如果有时间就先做P2，再做P3。

通过这场需求梳理会，我们完成了对竞争性制约因素的一次平衡。

五、用供应链系统管理菜多多实物资源

对一切电商来说，供应商才是核心部分，我们自然不会忽略这一点。我们通过公司已有的供应链系统，对供应商王二萌的货品进行管理，包括规划、订购、运输、存储、跟踪和控制。

使用供应链系统的目的有以下几个。

（1）将这些菜品进行有效的管理。通过大屏展现我们的菜品储存和流动情况。

（2）减少或消除现场的菜品搬运和储存。尽量减少库存，是降低成本的好方法。

（3）减少菜品等待时间。因为生鲜类菜品最容易过期，所以我们要尽量减少将它们存放在仓库的时间，缩短菜品从地里采摘到送到买家手中的时间。

（4）最小化报废和浪费。我们对菜品进行一对一管理，给每个菜品打上标签，标识保质期，在过保质期之前必须折价处理完成，过保质期之后一律走报废流程。为了食品安全，我们坚决不把过期菜品送到买家手中。我们还给自己定了一个KPI，那就是报损率不超过15%。

（5）促进安全的工作环境。我们从电力、消防、卫生等方面制定了相应的安全等级和标准，让项目始终处在安全的工作环境中。

六、简化菜多多采购流程

由于王二萌和我们已经不是初次合作了，所以我们简化了招标这个环节，只是简单地和他签署了合同，约定了采购数量、采购报价，对菜品的及时性、稳定性和质量提出了一些约束性条款。合同有效期到今年年底，明年再根据市场的反馈签订新的合同。

七、用自组织的方式取代变更控制委员会

在调到这个项目组之前，任何需求变更都需要通过变更控制委员会来执行。变更控制委员由我们的项目经理、产品经理和老板组成，但是现在我们使用了新的管理方式，老板就授权我们团队自己做决策了。排出优先级的原因是我们要先保住P1的功能。V1.0正如我们计划的那样，P2和P3功能根本无法在2022年12月交付，所以我们在12月只完成了P1功能，但这已经足够了。在迭代评审会上，我们已经把完整的功能跑通了，并且完成了让用户眼前一亮、与其他友商形成差异化的"吃什么"模块。

我们圆满地完成了开发任务。这是非常有成就感的一件事情，我们都为此感到骄傲。

八、迭代回顾

V1.0发布之后，我们在一个周五的下午开了2小时的回顾会议，目的是总结V1.0开发过程中的经验和教训，以改善我们的流程和效率。为什么是周五？因为开完会晚上还可以聚餐团建。

项目经理陈恭早早地来到了会议室，只见他拿来了一些记号笔和便签。等我们14位小伙伴到齐之后，陈恭便向我们介绍起迭代回顾会议。

（一）迭代回顾会议的目的

"各位同事，今天是我们第一次召开回顾会议，我们的V1.0已经发布了，这个会议的目的是回顾一下开发V1.0的过程，过程中有好有坏，好的部分我们要记住，

下次做项目的时候要继续保持，不好的部分我们要在此好好总结，争取下次不再掉进同样的'坑'，这样我们的团队就会越来越好。大家同意吗？"陈恭说道。

"同意！"大家异口同声地回答。

（二）迭代回顾会议的议程

大家开始对这个会议期待了起来，陈恭接着说："这个会议分成两个部分。第一部分是数据分析，我们在回顾会议开始之前已经完成了数据收集工作，项目的过程数据会展示给大家。第二部分是客观分析，我手上有两种颜色的便签，一种是黄色的，一种是红色的。我们把做得好的实践写在黄色便签上，把有待改善的实践写在红色便签上。然后，我们对做得好的进行归纳和肯定，对有待改善的部分进行分析和解决。各位同事，我们是不是可以开始了？"

看着大家肯定的眼神，陈恭熟练地打开笔记本电脑，连接投影仪，开始展示。

"先来看进度。从燃尽图（见图4-3）来看，在V1.0的开发过程中虽然有新需求插入，但并没有造成拖延。我们在砍掉了部分优先级不高的需求之后，仍在2022年8月如期发布了产品。这一点要表扬一下，给自己一点掌声。"

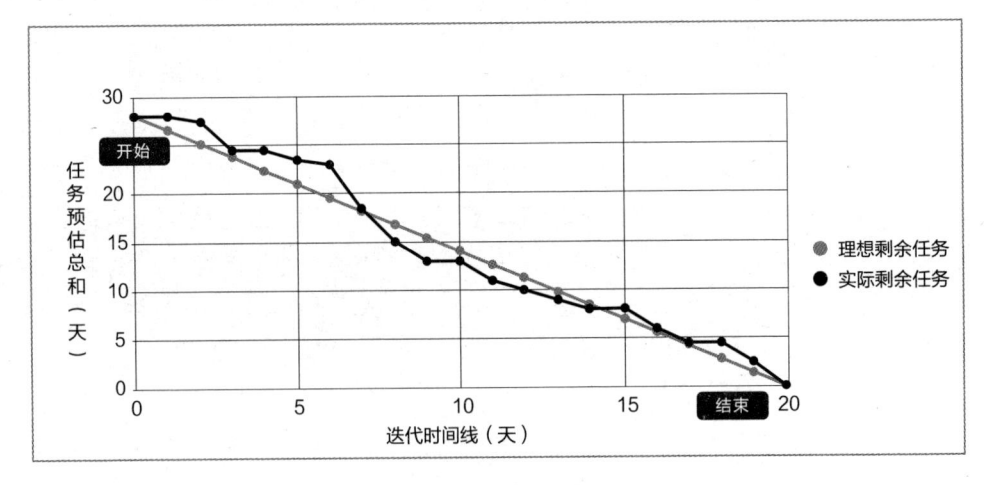

图 4-3　迭代 1 燃尽图

从图4-4所示的质量统计图来看，这个版本总共发现25个漏洞，其中严重漏洞3个，一般漏洞10个，提示型漏洞12个。在上线之前，我们留下3个提示型漏洞，说明我们这个版本的代码质量不错。经过和产品经理大鹏商量，我们达成一致：3个提示型漏洞将被放到下个版本的待办事项列表中，在下个版本的开发中根据优先级来跟进并解决。

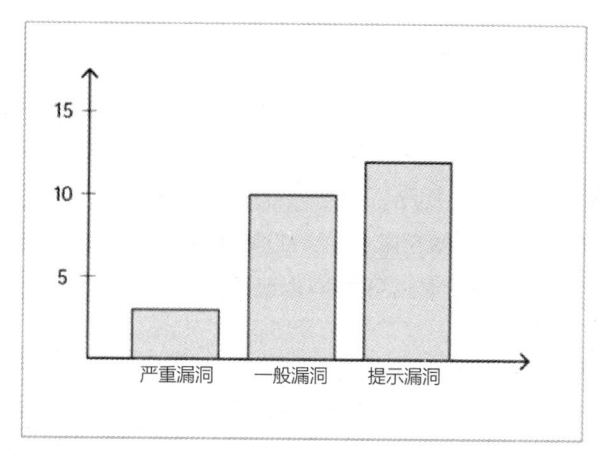

图 4-4　质量统计图

从图4-5所示的累积流图中可以看出我们项目存在的问题。

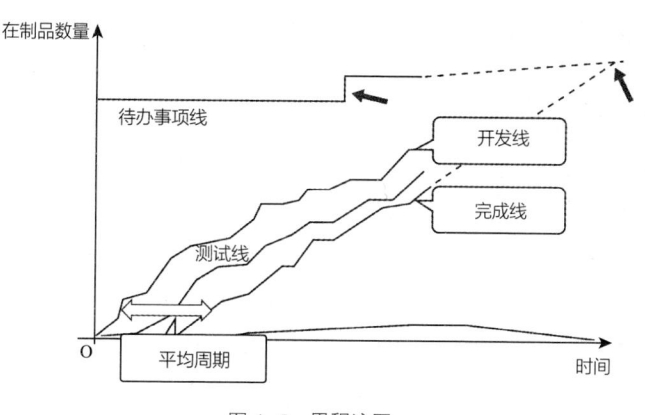

图 4-5　累积流图

图4-5纵轴代表整个看板的在制品数量。高度的变化反映了看板上在制品数量的变化。横轴代表从开发启动到完成所用的时间。长度的变化反映了团队交付能力的变化。

斜率表示吞吐率，按照利特尔法则：

$$吞吐率=在制品/平均周期$$

在累积流图中，完成线的斜率就是吞吐率。通过观察完成线的斜率变化，就可以直观地看出团队交付效率的变化。

待办事项线表示需求范围的变化。待办事项线反映了待办事项的列表中所有的工作项数量。这条线上升说明有新的需求进入了待办事项列表；平缓表示这段时间待办事项列表中没有进入新需求；下降说明从待办事项列表中删除需求了。

待办事项线的延长线（虚线）和完成线的延长线（虚线）的交点表示预测交付日期，预测交付日期随着待办事项列表范围和吞吐率的变化而变化。

从当前的累积流图中可以看到，待办事项列表中有新的需求插入，又有旧的需求被剔除，但是延长线交点没有变化，说明项目没有延期。我们的项目吞吐率在项目一开始的时候缓慢上升，到项目后期大幅上升，说明一开始大家对业务不是很熟，但在项目后期，团队已经慢慢融合了，这对我们来说都是利好的消息。

陈恭总结道："从数据来看，我们V1.0做得不错，大家再接再厉。这个阶段大家辛苦了，请给自己一点掌声。接下来，我们开始第二部分。"

陈恭开始分发手中的马克笔和便签。

"大家每个人拿一支笔和一张便签，将项目过程中好的和不好的实践写下来，每人至少写两条。给大家10分钟时间，好好想想，然后写出来。"

10分钟以后，陈恭收集了50多条大家对V1.0开发过程的反馈。

他用亲和图把这些反馈整理了出来，并将问题按照项目的限制因素进行了分类，分别是需求问题、时间问题、资源问题、质量问题、沟通问题，以及其他问题。

然后大家把做得好的和做得不好的地方分开，对做得好的地方给予了充分的肯定，如大家工作都很努力、团队亲如家人、对事不对人、项目紧张有序、插入的需求得到了有效控制等。

最后就来到了关键的改进过程部分，通过亲和图分析法，我们归纳了10个需要提升的部分，并且团队遵循MoSCow排序法，最后选出了Top3问题，作为我们下个版本开发过程中的改进项，分别如下。

（1）进行需求规划时，缺少对用户的调研，如果调研充分，我们这次不会出现需求变更。

（2）项目过程中缺少ShowCase环节，如果有这个环节，质量会更好。

（3）团队刚成立，大家彼此还不是很熟悉，导致沟通不是很顺畅，有一次前后台联调比既定时间晚了两天。

列完Top3问题，接下来需要进行回顾闭环。这是回顾会议最重要的步骤，如果缺少回顾闭环，回顾会议就徒有形式，无法解决问题，久而久之就没有人参加这个会议了。

于是，我们做了一份回顾会议纪要，用来记录回顾会议中的事项。

菜多多V1.0回顾会议

与会人员：陈恭、大鹏、于倩、木宇、乔乔、春哥、马丁……（此处省略其他角色，总共15人）。

会议主题：对菜多多V1.0进行总结，帮助团队进一步提升。

做得好的地方如表4-4所示。

表 4-4　做得好的地方

序 号	事 项	说 明
1	大家工作都很努力	
2	团队亲如家人	
3	对事不对人	
4	项目紧张有序	
5	插入的需求得到了有效控制	

有待改善的地方如表4-5所示。

表 4-5　有待改善的地方

序 号	问 题	说 明	解决方案	负责人	完成时间/阶段
1	做需求规划时，缺少对用户的调研	如果调研充分，我们这次不会出现需求变更	在下个版本开始之前，需要对需求进行充分调研	大鹏	V1.1 开始前
2	项目过程中，缺少ShowCase环节	如果有这个环节，质量会更好	下个版本开始引入 ShowCase 环节	陈恭	V1.1 开发期间
3	团队刚成立，大家彼此之间还不是很熟悉	导致沟通不是很顺畅，有一次前后台联调比既定时间晚了两天	组织做一次团建	陈恭	本周末去海边露营

回顾闭环由项目经理陈恭维护，他先把Top3问题的解决方案放在待办事项列表中，并负责跟进负责人，推动负责人在截止日期之前完成待办事项。在下次回顾会议开始之前，陈恭会让大家先看一下本次回顾会议纪要，并说明这些事项都已跟进完成了。我们团队的问题正在慢慢解决，团队越来越好，更多人看到了团队的进步，团队也会变成真正的"自组织团队"，也就是团队能自发地发现问题、解决问题。

第二节　用数据指标测量项目工作

时间已经来到了2022年7月初，项目的第一个内部版本规划已经制定出来了。公司要求用3个月的时间完成第一个内部版本，基本流程要能够跑通，实现买菜功能的主流程。

陈恭看着菜多多V1.0功能模块一览表和系统架构图（见图4-6），忧心忡忡。

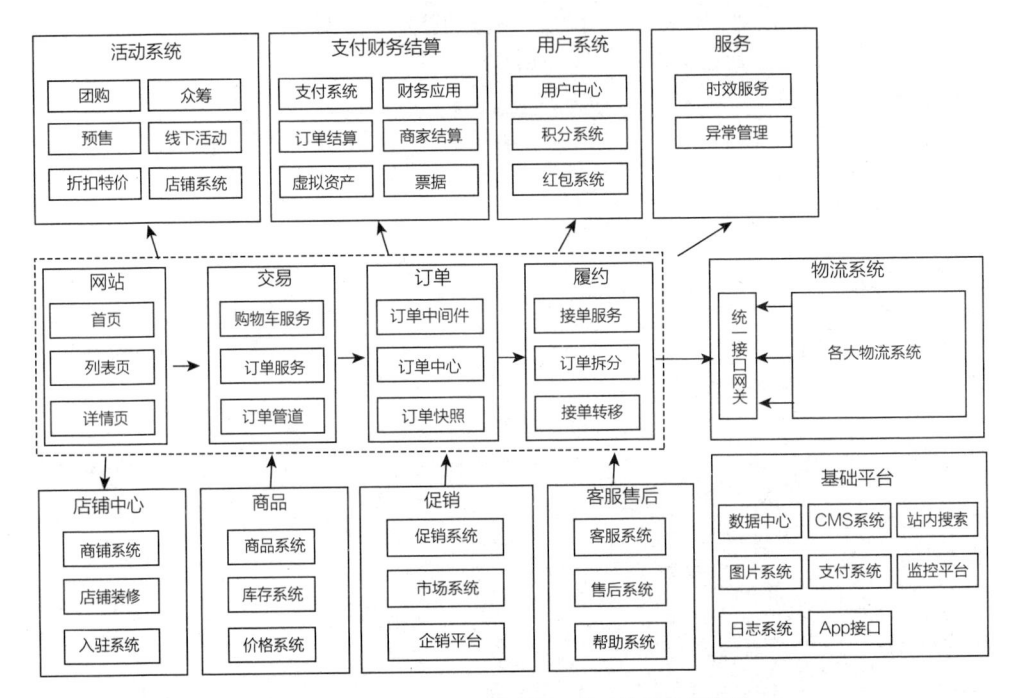

```
┌─────────────────┐ ┌─────────────────┐ ┌─────────────┐ ┌─────────────┐
│    活动系统      │ │   支付财务结算    │ │  用户系统    │ │   服务      │
│ ┌────┐ ┌────┐  │ │ ┌────┐ ┌────┐  │ │ ┌────────┐ │ │ ┌────────┐ │
│ │团购│ │众筹│  │ │ │支付│ │财务│  │ │ │用户中心│ │ │ │时效服务│ │
│ │    │ │    │  │ │ │系统│ │应用│  │ │ └────────┘ │ │ └────────┘ │
│ └────┘ └────┘  │ │ └────┘ └────┘  │ │ ┌────────┐ │ │ ┌────────┐ │
│ ┌────┐ ┌────┐  │ │ ┌────┐ ┌────┐  │ │ │积分系统│ │ │ │异常管理│ │
│ │预售│ │线下│  │ │ │订单│ │商家│  │ │ └────────┘ │ │ └────────┘ │
│ │    │ │活动│  │ │ │结算│ │结算│  │ │ ┌────────┐ │ └─────────────┘
│ └────┘ └────┘  │ │ └────┘ └────┘  │ │ │红包系统│ │
│ ┌────┐ ┌────┐  │ │ ┌────┐ ┌────┐  │ │ └────────┘ │
│ │折扣│ │店铺│  │ │ │虚拟│ │票据│  │ └─────────────┘
│ │特价│ │系统│  │ │ │资产│ │    │  │
│ └────┘ └────┘  │ │ └────┘ └────┘  │
└─────────────────┘ └─────────────────┘
```

图 4-6 菜多多 V1.0 功能模块一览表和系统架构图

他把产品经理大鹏、研发负责人于倩和测试负责人木宇叫来，说："马上就要进入研发阶段了，我们要分成几个团队分头开发，时间紧、任务重，大家能吃得消吗？"

于倩说："时间确实紧，我们相互之间需要及时地同步信息，大家要保持统一的节奏，有问题要能够迅速发现。"

木宇说："我们要尽量把各种信息量化，制定一些项目指标，通过跟踪这些指标的变化，能够直观地跟踪评估和报告相关的信息，也有助于改善项目的绩效，尽早发现问题，及时采取干预措施。"

陈恭说回答："你说得有道理，我们应该制定一些关键指标。我们问一下马丁老师的意见吧。"

一、用SMART原则制定菜多多的指标

他们请来了马丁老师，咨询马丁老师的看法。马丁老师告诉大家，他已经看了菜多多V1.0的计划，也看到了大家预估的工作量，确实是时间紧、任务重。但大家的确应该建立有效的测量指标，既要有关键的进度指标，也要有一些对过程的度量指标，具体可以讨论一下应该测量哪些内容。这要根据项目的目标、预期成果和项

目环境共同确定。

测量指标中要包含关键绩效指标，其实就是项目功能模块的建设进度。我们通过这些指标，不但可以测量出项目可交付物的进展，还可以预判项目的变化和趋势。

陈恭说："关键绩效指标听起来有点拗口，好像不太容易理解。"

马丁老师笑着说："其实就是项目的KPI。在研发交付阶段，就是指项目功能模块的建设进度。"

陈恭回答："我明白了。我们的计划和里程碑的达成情况就是项目的KPI。"

马丁老师接着说："既然是KPI，一定要能够评估目标是否实现了，实现得怎么样。所以，这个指标一定要能够被有效度量，一定要符合SMART原则。"

（1）具体的（Specific）。针对要测量的内容，测量指标是具体的。例如，缺陷数量、已修复的缺陷或修复缺陷平均花费的时间。

（2）有意义的（Meaningful）。测量指标应与商业论证、基准或需求相关。测量未实现目标或未提高绩效的产品属性或项目绩效是无效的。

（3）可实现的（Achievable）。在人员、技术和环境既定的情况下，目标是可以实现的。

（4）具有相关性（Relevant）。所测量的指标应该具有相关性。所测量的指标提供的信息应能带来价值，并考虑具有实际价值的信息。

（5）具有及时性（Timely）。马丁老师说："测量不是目的，我们需要使用这些测量指标使项目团队能够及时发现问题、做出决策并采取有效行动。"

马丁老师继续说："测量不是目的，我们需要使用这些测量指标使项目团队能够及时发现问题、做出决策并采取有效行动。既然我们谈到了关键绩效指标和项目测量，正好给了我一个机会来介绍Scrum的核心理念，它能帮助我们更有效地进行项目管理和测量。Scrum有三大支柱，它们为整个框架提供了基础。"

Scrum是一个轻量的框架，它通过提供针对复杂问题的自适应解决方案来帮助个人、团队和组织创造价值。

Scrum基于经验主义和精益思维。经验主义主张知识源自实际经验，以及根据当前观察到的事物所做的判断。精益思维可以帮助人们减少浪费，专注根本。

陈恭说："我知道一些，Scrum的活动包括计划会、每日站会、评审会、回顾会，好像要开很多会。"

马丁老师说："我就不展开讲了，我们用的时候你自然会有体会。今天我们提到要进行测量，我用Scrum的三大支柱来介绍一下测量的意义。"

Scrum采纳一种迭代和增量的方法来优化对未来的预测性并控制风险。上文提到几种会议都是Scrum的正式事件，这些事件之所以起作用，是因为它们实现了基于经验主义的Scrum的三大支柱：透明、检视和适应，如图4-7所示。

图4-7 Scrum的三大支柱

（1）透明：涌现的过程和工作对执行工作的人员和接受工作的人员来说必须是可见的，透明使检视成为可能。没有透明的检视会产生误导和浪费。

（2）检视：必须经常和勤勉地检视Scrum工件和商定目标的进展，以便发现潜在的不良的差异或问题。

（3）适应：如果过程中的任何方面超出可接受的范围或所得的产品不可接受，必须对当下的过程或过程处理的内容加以调整。

透明告诉我们，应该怎样透明、公正地进行测量；检视告诉我们，测量是为了检视；适应告诉我们，要利用测量目标不断优化我们的绩效。

马丁老师列举了一些常用的测量迭代绩效的指标，团队可以观察每个指标，用来发现问题和确认改进情况，如表4-6所示。

表4-6 测量迭代绩效的指标

维度	指标	指标的定义
迭代结果指标	需求前置时间	从提出需求到上线发布的周期
	开发前置时间	从需求进入排期、开发动工到上线发布的周期
	发布频率	单位时间内的发布次数
	发布前置时间	从提交一行代码到上线发布的时长
	交付吞吐量	单位时间内处理需求的故事点数
	线上缺陷密度	单位时间内需求缺陷的比例（单位需求缺陷数量）
	缺陷分布	严重致命等级缺陷占比
	故障修复时长	有效缺陷从提出到修复的周期

通过一段时间的数据积累，我们汇总了5项迭代数据，如表4-7所示。从这些数据中可以看出，团队不断进行改进，绩效稳步提升。

表4-7 5项迭代数据

指标项	冲刺1	冲刺2	冲刺3	冲刺4	冲刺5
需求前置时间（工作日）	15	15	12	12	12
开发前置时间（工作日）	10	10	10	7.5	7.5

续表

指标项	冲刺1	冲刺2	冲刺3	冲刺4	冲刺5
发布频率（次）	1	1	2	2	3
发布前置时间（工作日）	9	8	5	4	4
交付吞吐量（个）	21	21	25	25	25
线上缺陷密度（%）	0	0	0.08	0.08	0.08
缺陷分布	0	0	0	0	0
故障修复时长（小时）	0.5	0.5	0.8	0.8	0.7

二、从多维度测量菜多多项目

陈恭打算确认要测量哪些内容，他对马丁老师说："我以往只会汇报项目的整体进度，但我们的测量肯定不能只为汇报而存在，在这个项目里，除了整体进度，我们还需要测量更多内容。"

马丁老师说："是的，为了能够帮助大家了解项目及其绩效和成果的整体情况，我们需要多统计一些内容。围绕这个目标，我们需要一组平衡的测量标准。通常需要测量的指标包括可交付物度量指标、交付过程指标、基准绩效指标、资源指标、商业价值指标、干系人指标、预测指标。"

（一）可交付物与商业价值

"我们这个项目从大的规划上来说，要交付什么？菜多多App怎样才算成功呢？"马丁老师提了一个问题。

陈恭回答："按照以往的项目，如果仅作为项目交付，无非就三点，交付的东西是否符合计划范围的内容，交付的质量是否符合质量指标，以及从软件系统的角度来说，性能、容量等通用的技术指标是否符合要求。还要参考行业标准，汇报各个阶段的漏洞数量，以证明交付的质量标准符合行业通常要求。"

"是的，通常会包含以下3点。"马丁老师继续介绍。

（1）有关错误或缺陷的信息。此测量指标包括缺陷的来源、识别的缺陷数量和已解决的缺陷数量。

（2）绩效测量指标。此测量指标是指与系统运行相关的物理或功能属性。例如，尺寸、重量、容量、准确度、可靠性、效率和类似的绩效测量指标。

（3）技术绩效测量指标。使用量化的技术绩效测量指标，确保系统组件符合技术要求，如性能、响应速度等。

但是，我们的项目不是基于精准的设计，而是利用迭代的方式边摸索边实施，一些技术和性能指标与我们预设的用户数有关，我们可以选择直接架设云服务器来保证相关的灵活性。所以，我们没必要现在就考虑未来百万级、千万级甚至亿级访问量的并发指标，所以没必要用上面的绩效测量指标来度量我们的项目。

陈恭说："我们不是向客户交付，我们花费的全部是公司的成本，属于公司的战略投资，老板非常关注我们的投入和产出，也希望早一点完成闭环，投入市场。"

马丁老师告诉我们，作为项目，还是要确保项目可交付物与商业论证和收益实现计划保持一致。也就是说，我们的投入要有商业价值。商业价值也是能够度量的。例如，在一些大的里程碑节点，我们要向领导汇报这些商业价值指标，这项工作会贯穿未来1~2年，因为我们要在项目投产后计算商业价值。这些商业价值指标包括以下几个。

（1）成本效益比。成本效益比被用于确定项目的成本是否超过其收益。如果成本高于收益，结果将大于1.0。在这种情况下，除非有监管、社会利益或其他原因来做该项目，否则不应考虑该项目。

（2）与实际收益交付相比的计划收益交付。作为商业论证的一部分，组织可以把价值确定为该项目将交付的收益。对于预期在生命周期内交付收益的项目，测量所交付的收益和这些收益的价值，然后将这些信息与商业论证进行比较，可以提供信息，用以证明继续开展项目或在某些情况下取消项目的合理性。

（3）投资回报率。投资回报率（Return On Investment，ROI）是一种将财务回报金额与成本相比较的测量指标，它通常是作为开展项目决策的一种输入而开发的。在整个项目生命周期中，可能会在不同时点对ROI进行估算。通过在整个项目开展期间测量ROI，项目团队可以确定继续投入组织资源是否有意义。

（4）净现值。净现值（Net Present Value，NPV）是一段时间内资本流入的现值与资本流出的现值之差。NPV通常是在决定开展项目时开发的。通过在整个项目开展期间测量NPV，项目团队可以确定继续投入组织资源是否有意义。

陈恭说："但是，我们这个App预计要过很久才能盈利，未来在推广初期，不会首先考虑这些指标吧？"

马丁老师回答说："的确是这样，其实互联网公司更多考虑的是运营指标，包括流量指标、转化指标、财务指标、会员指标。这些指标能够代表我们的商业价值。"

- 流量指标：对访客进行分析，有潜在需求的消费者产生的流量达到一定基数后，销量才有可能提高。
- 转化指标：从注册到成交整个过程的数据，帮助提升商品转化率。
- 财务指标：包含新客成本、单人成本、单笔订单成本、费销比等。
- 会员指标：包含注册会员数、活跃会员数、活跃会员比率、会员复购率、平均购买次数、会员回购率、会员留存率、会员流失率等。

时间来到了2023年年初，菜多多App初期建设完成，已经在市场上正式推广一个月了，运营团队不断收集这些指标，根据这些指标分析业务经营情况。仅上线一个月，菜多多App的注册用户数就达到了100万名，交易用户数达到了15万名，客单价超过了50元，这是一个不错的开局。

（二）基准绩效指标及预测

马丁老师接着说："我知道你说的这套指标。这肯定是你最熟悉的指标，最常见的基准是成本和进度。大多数进度测量指标会根据以下相关的计划绩效来跟踪实际绩效。"他拿出一张图（见图4-8），为陈恭讲解。

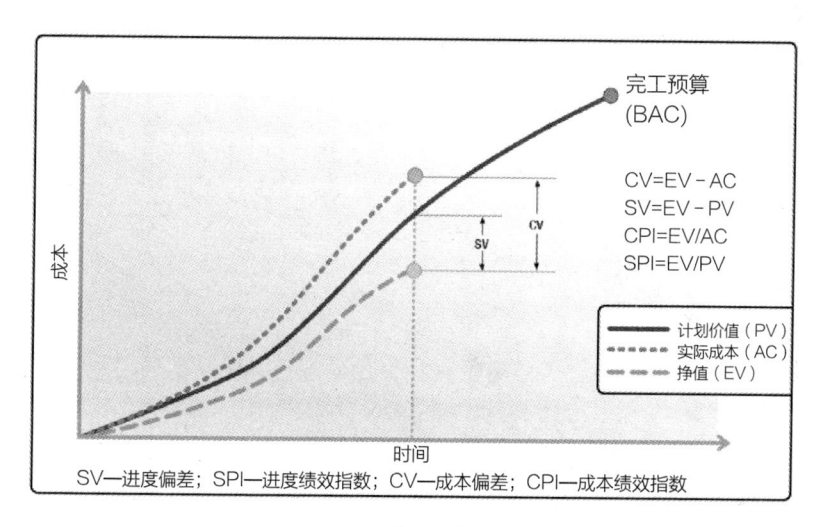

图4-8 基准绩效指标

1. 开始日期和完成日期

将实际开始日期与计划开始日期进行比较，并将实际完成日期与计划完成日期进行比较，可以测量工作按计划完成的程度。即使工作不在项目的最长路径（关键路径）上，延迟的开始日期和完成日期也表明项目未按计划执行。

2. 人力投入和持续时间

将实际人力投入和持续时间与计划人力投入和持续时间相比，可表明工作量估算和工作所需时间估算是否有效。

3. 进度偏差

通过查看关键路径上的绩效来确定简单的进度偏差。使用挣值管理时，进度偏差（Schedule Variance，SV）表示为挣值与计划价值之差。

4. 进度绩效指数

进度绩效指数（Schedule Performance Index，SPI）是一种挣值管理测量指标，可表明计划工作的执行效率。

常见的成本测量指标包括以下几个。

（1）与计划成本相比的实际成本。

此成本测量指标将实际人工或资源的成本与估算成本进行比较。此术语又称"燃烧率"。

（2）成本偏差（Cost Variance，CV）。通过比较可交付物的实际成本和估算成本来确定简单的成本偏差。使用挣值管理时，成本偏差表示为挣值与实际成本之差。图4-9为成本偏差的挣值图。

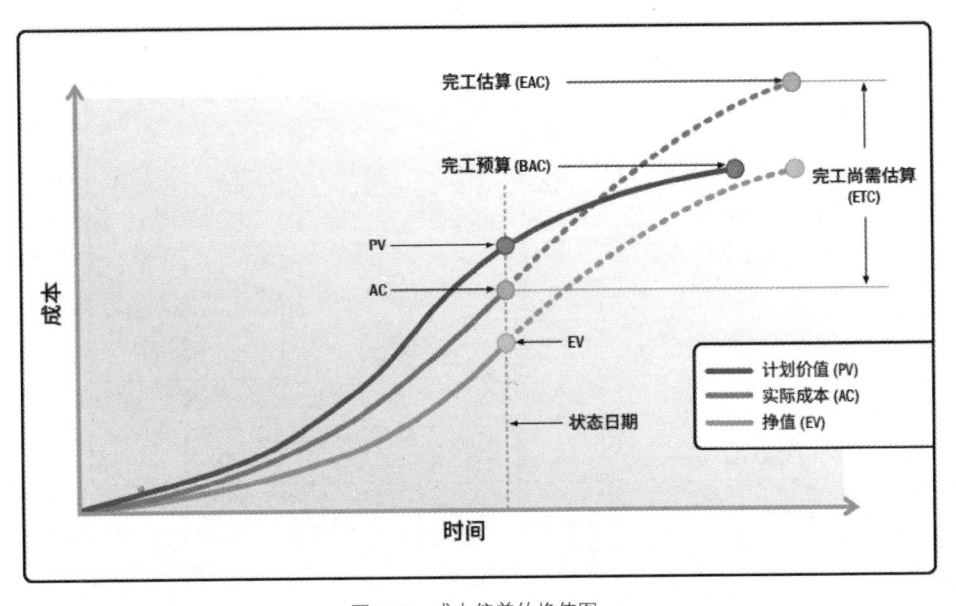

图 4-9　成本偏差的挣值图

（3）成本绩效指数（Cost Performance Index，CPI）。成本绩效指数是一种挣值管理测量指标，可表明相对于工作的预算成本和执行工作的效率。

陈恭疑惑地说："这些指标在以前的交付项目中偶尔才会具体统计。我们在这个项目中也需要统计这些指标吗？"

马丁老师回答说："我理解你的疑惑，刚才所说的SV、CV、SPI、CPI，这些都是挣值管理方法常用的数据指标。挣值管理通过比较项目计划和项目实际的执行情况，客观地反映项目的现状，并对项目的未来做出预测。项目团队通过预测来考虑未来可能发生的情况，以便考虑并讨论是否相应地调整计划和项目工作。"

马丁老师继续解释定量预测。定量预测包括以下内容。

（1）完工尚需估算（Estimate to Completion，ETC）：可预测完成所有剩余

项目工作的预期成本。一个常见的预测方法是：完工预算（Budget at Completion，BAC）减去挣值，然后除以成本绩效指数。

（2）完工估算（Estimate At Completion，EAC）：可预测完成所有工作的预期总成本。假设过去的绩效可以反映未来的绩效，那么一个常见的预测方法是：完工预算除以成本绩效指数。

挣值管理为组织提供了对项目范围、进度和成本进行集约化管理的方法。在解决决定项目成败的问题中，它起到了非常关键的作用。这些问题归结如下：进度是提前还是滞后了？时间的利用率如何？项目可能何时完工？当前的成本是否超支？是否还有结余？资源（人、机、料、环）的利用率如何？未完成的工作预计还需要多少费用和工时？整个项目生命周期中的总成本是多少……

在软件外包行业，有时会使用挣值管理方法。但我们的项目其实不用这么测量，因为从整体来说，我们的项目研发范围会根据市场反馈进行调整，难以提前给出非常精准的范围。项目范围如图4-10所示。

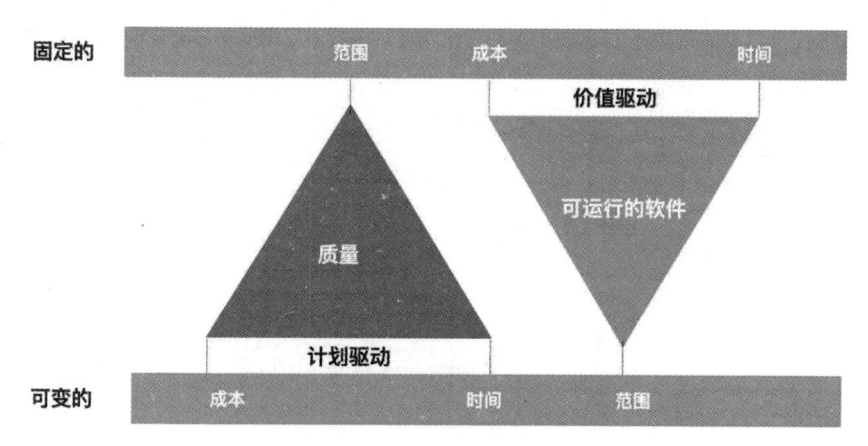

图4-10　项目范围

当项目范围是固定的，根据范围来测算成本和制订计划时，更适合使用挣值管理方法。而我们的项目范围是变化的，希望利用现有的项目团队，在固定的时间内制作出能够供市场使用的Demo产品，不适合用挣值管理方法来进行比较频繁的测量和检视。

我们按照迭代来交付项目成果，每次迭代都会慎重评估当前最优先的需求工作，然后通过不停地迭代交付，持续提高我们团队的综合能力，从而实现项目交付及团队和个人成长的共赢。这是一种良性循环，我们也会按照这个思路来制定绩效测量指标。

每次迭代的需求就绪与积压情况，也可以用来评估团队的绩效。评估指标如

表4-8所示。

表 4-8 评估指标

维度	指标项	指标定义
需求管理	需求总数	未完成需求总数
	各状态需求数量	各状态需求数量
	需求分析平均周期	从需求提出至完成需求分析的时间
	需求完成数量	已完成需求总数
	需求变更数量	需求进入开发阶段后发生的变更数量
	需求评审未通过数量	需求发起评审未通过的数量
	需求积压数量	等待分析的需求数量
	计划完成率	版本按时且完整交付的需求比例
	版本平均交付需求数量	每个版本上线交付的需求总数
	需求颗粒度	平均交付需求的开发周期

（三）交付测量指标与相对估算

马丁老师继续介绍，我们的团队成员固定，时间也固定，其实项目成本就是固定的，因此变量是需求范围。如果我们能够提升过程效率，提高项目团队的交付能力，就能提高项目的绩效。所以，我们可以统计以下交付测量指标。

（1）在制品。该测量指标可表明任何特定时间正在处理的工作事项的数量。它用于帮助项目团队将正在进行的工作事项的数量限制到可管理的规模。

（2）提前期。该测量指标可表明从故事或工作块进入待办事项列表到迭代或发布结束实际消耗时间量。提前期越短，过程越有效，项目团队越富有成效。

（3）周期时间。周期时间与提前期相关，表明项目团队完成任务所需的时间。周期时间越短，项目团队越富有成效。如果工作用时相对稳定，那么就可以更好地预测未来的工作速度。

（4）队列大小。该测量指标用于跟踪队列中事项的数量，可以将该测量指标与在制品限值进行比较。

利特尔法则（Little's Law）说明，队列大小与事项进入队列的比率和队列中工作事项的完成率成正比。我们可以通过测量在制品并预测未来的工作完成情况来深入了解完成时间。

（5）批量大小。批量大小可测量预期在一次迭代中所完成工作的估算量（人力投入量、故事点等）。

（6）过程效率。过程效率是精益系统中使用的一种优化工作流程的比率。该测量指标可计算增值时间和非增值活动两者的比率。正在等待的任务会增加非增值时间。正在开发或正在核实的任务代表了增值时间。这一比率越高，过程效率越高。

陈恭在不停地消化、回顾马丁老师的讲解，他向马丁老师描述了他的理解：

"只要能够确保我们总是做价值最高的需求，我们的交付能力越好，交付速度越快，就说明我们的交付绩效越好。"

马丁老师回答："这是一个伴随着项目交付，大家共同持续改进的过程。所以我们要确定我们的基本速度。"

"我们有十几个人，按照人月来说，就是十几个人月。这是最简单粗暴的方法。"陈恭回答。

马丁老师说："但是人月有非常不合理的地方，首先人的能力是不同的，资深人员的人月产量可能是'小白'的几倍，而且人的能力是会变化的。基于人月的估算方式很可能会导致两个极端情况，即由于估算太乐观导致项目延期，或者由于估算太保守导致团队空闲，资源利用率降低。"

由于传统估算的弊端很明显，马丁老师建议陈恭和项目团队引入另一种实践——相对估算。

相对估算使用比较的原则，通过用户故事之间的大小对比进行估算，估算后的结果没有时间单位。

陈恭决定召集大家建立团队的速度基准。

他找团队成员沟通，以一个以往做过的页面逻辑为基准，比较了所有已知任务与这个页面逻辑的工作量倍数，作为估算结果，整理成表4-9。

经过团队共同评估，大家觉得一个迭代周期可以完成40个故事点的需求，就选择了40个故事点的需求作为迭代1的内容。

表4-9 估算结果

迭代周期	功　能	子模块	价值优先级	相对估算故事
SP1	注册/登录	手机验证码登录：新手机号自动注册	P1	5
SP1	首页	活动展示	P1	3
SP1	首页	搜索商品	P1	3
SP1	首页	查看商品信息	P1	4
SP1	分类	排序：按销量排序	P1	6
SP1	分类	排序：按价格排序	P1	3
SP1	分类	搜索商品	P1	4
SP1	分类	查看搜索结果信息	P1	5
SP1	搜索	按搜索历史搜索	P1	7
1.0	搜索	查看商品信息	P1	7
1.0	购物车	添加到购物车：添加商品数量	P1	6
1.0	购物车	添加到购物车：从详情页删除	P1	5
1.0	购物车	从购物车删除	P1	3
1.0	购物车	结算	P1	9

续表

迭代周期	功能	子模块	价值优先级	相对估算故事
1.0	购物车	显示优惠信息	P1	5
1.0	订单	填写订单	P1	4
1.0	订单	提交订单	P1	4
1.0	订单	确认收货	P1	4
1.0	订单	评价订单	P1	6
1.0	订单	售后/退款	P1	10
1.0	订单	查看订单信息	P1	4

在迭代1的过程中，我们发现40个故事点的工作量超过了团队负荷，不但工作日的晚上需要加班，其中的一个周末他们也共同加班了1天，不过还好完成了这些工作。在回顾的时候，大家觉得这个规模的任务负荷不具备持续性，而且搜索部分的完成质量并不好，后续还要安排优化，否则会累积质量风险。经过讨论，大家一致认为32个故事点的工作负荷比较合适，于是他们决定为迭代2安排32个故事点的工作量。经过迭代2的验证，这个规模刚刚好，于是他们把32个故事点作为团队的迭代速度，并打算逐步改进绩效，提升团队的迭代速度。

三、利用信息发射源（可视化工具）让团队更好地协作

统计项目的绩效信息，是为了持续改进。信息要想有用，就必须及时、容易获取、易于吸收和领会，并加以展示，以便正确地表达与信息相关的不确定性程度。带有图表的可视化展示可以帮助干系人吸收和理解信息。

陈恭打算利用看板来跟踪、记载和展示项目的信息。他和马丁老师讨论是使用电子看板工具，还是使用纸质的实物看板。

马丁老师很直接地给了他一个答复，要在人们可以很容易看到的地方发布信息，而不是将信息仅包含在进度工具或报告工具中，所以应尽可能使用实物看板。

（一）菜多多团队的信息发射源之一：燃尽图/燃起图

马丁老师指出，电子看板是一种信息发射源，是一种可视化的电子展示工具，可向组织其他成员提供信息，从而实现及时的知识共享。信息发射源应该易于更新，并且应该经常更新。它们通常是"低科技、高触感"的，可以是手动维护，也可以在计算机上操作生成，但应该非常便于操作，不应该在信息发射源的更新上花费过多的操作成本和时间成本。

燃尽图（见图4-11）可以说是最直观的信息发射源。它以图形化的方式展现了剩余的工作量（y轴）与时间（x轴）的关系。让我们感兴趣的地方在于对燃尽图的分析可以揭示很多问题，如团队的表现如何、如何改进等。燃尽图可以帮助我们了

解到团队是如何制订计划的，在一次冲刺中，计划是如何执行的，还可以帮助团队直观地了解成员的工作步调是否一致，也可以让团队知道自己有哪些不足。

燃起图将团队成员的工作成果直观地展现出来，因此，某种程度上燃起图不仅展示了项目进度，也是对团队成员的一种激励形式。从燃起图中可以找到工作状态的典型信息：多少工作完成了、多少正在开展、多少待进行、进展的步伐等。

组合燃烧图就是将燃尽图和燃起图组合起来，同时显示已完成的和剩余的工作量。

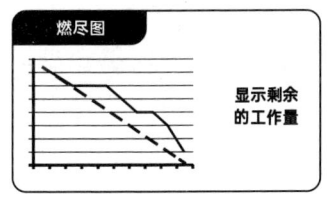

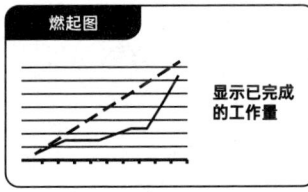

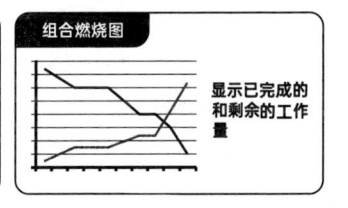

图 4-11　燃尽图、燃起图、组合燃烧图

陈恭拿出了他们在迭代1中做出的燃尽图（见图4-12），马丁老师看了一下，问道："你虽然绘制了燃尽图，但你觉得大家都关注这张图了吗？"

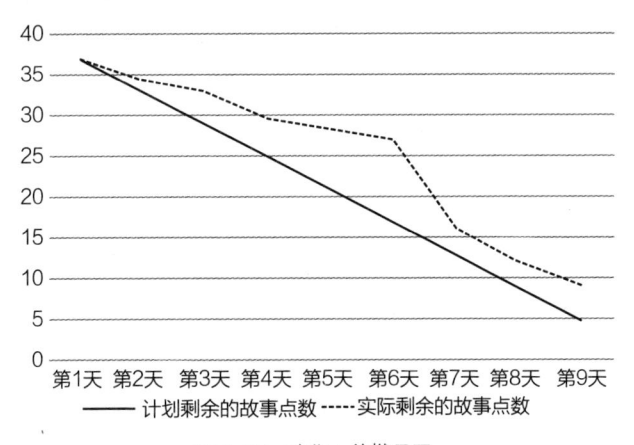

图 4-12　迭代 1 的燃尽图

陈恭回答说："我只是收集了大家的进度，绘制了一幅图，没有展示在大家面前。"

马丁老师说："这些信息只有展示在大家面前，才能让大家更好地意识到现在的状态，推动项目进展。燃尽图最显著的好处是，能提供关于项目进度和更新状态的最新报告，并对这些重要数据进行直观的展示，可以确保每个人都统一进度。"

马丁老师接下来进行了详细的讲解："只有将燃尽图展示到所有人面前，才能够让团队所有成员都积极参与项目，并激励成员提前处理可能出现的问题。因此，图越大、越显眼越好。燃尽图应该成为办公室的视觉焦点，进而引发团队成员对项目和进度的相关讨论。但燃尽图也有不足的地方。首先，燃尽图无法呈现所有信息，燃尽图能显示迭代的进度，但无法显示团队在做什么；其次，燃尽图依赖精准的预估，实际工作线是高于还是低于理想工作线取决于对任务原始时间估计的准确性。因此，如果团队高估了时间要求，则项目实际进度可能会看似正常或略超前；如果团队低估了时间要求，则项目实际进度看起来会落后于计划。"

（二）菜多多的可视化管理工具

在项目中使用信息发射源被称为可视化管理、目视管理。目视管理可以很容易地比较实际绩效和预期绩效，它使用可视化提示来显示这个过程。从要交付的商业价值到已开始的任务，可以对其中所有层级的信息进行目视管理，信息应该是显而易见的，任何人都能看到。

常见的可视化管理工具有看板（见图4-13）。

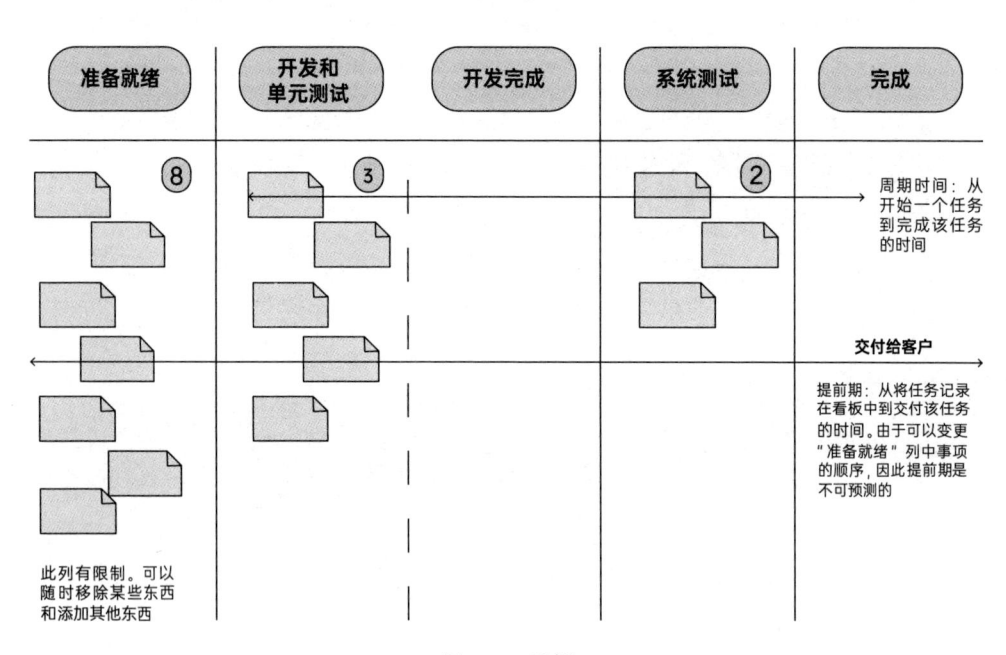

图 4-13 看板

看板又叫任务板，是对计划工作的可视化表示，使每个人都能看到各项任务的状态。看板可以显示已准备就绪并可以开始（待办）的工作、在制品和已完成的工作。借助看板，任何人都能一目了然地查看特定任务的状态或每个工作阶段的任务数。不同颜色的便签代表不同类型的工作，并且可以使用圆点来显示任务已处于其当前位置的天数。

基于工作流的项目（如使用看板的项目）可以使用这些图表来限制在制品的数

量。如果看板中某列的任务接近在制品限值，那么项目团队成员可以对当前工作采取"蜂拥模式"，帮助这列任务的执行者处理任务。

其实，看板是按流程状态限制在制品的，图4-14是一个非常有名的例子。

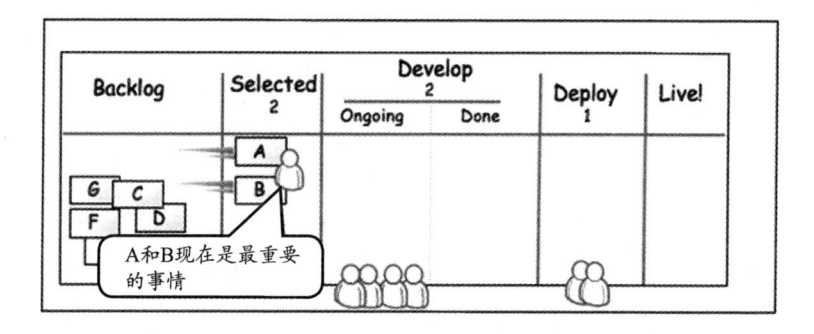

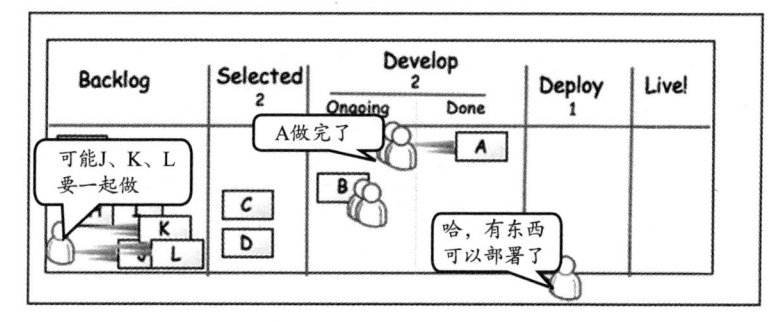

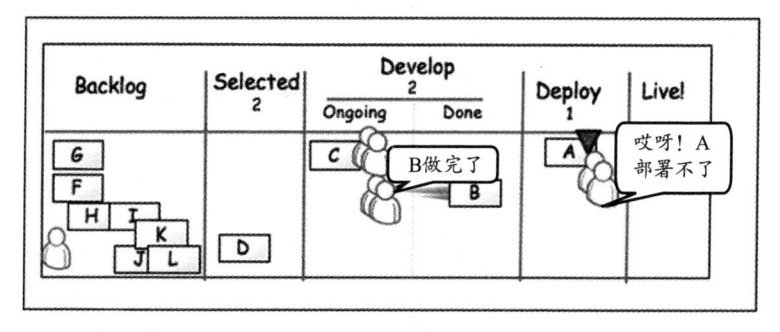

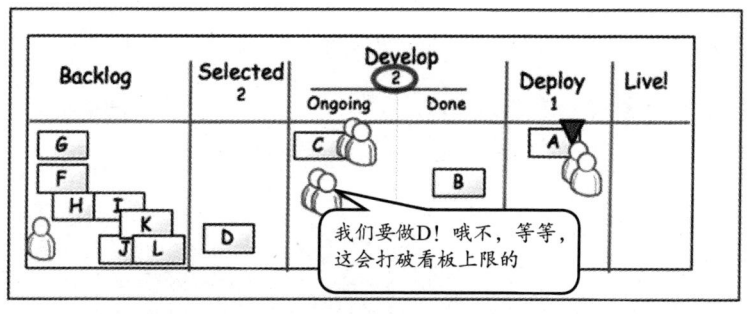

图4-14　看板按流程状态限制在制品

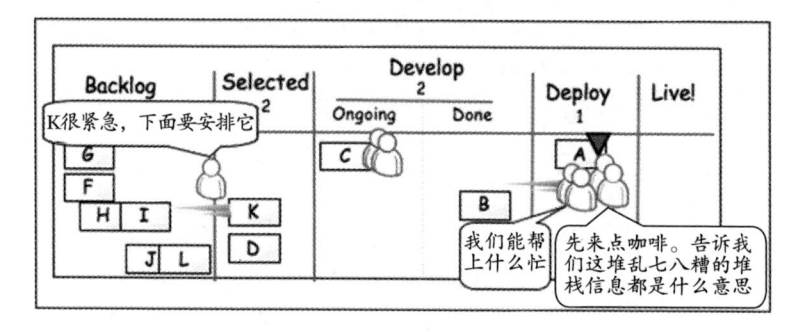

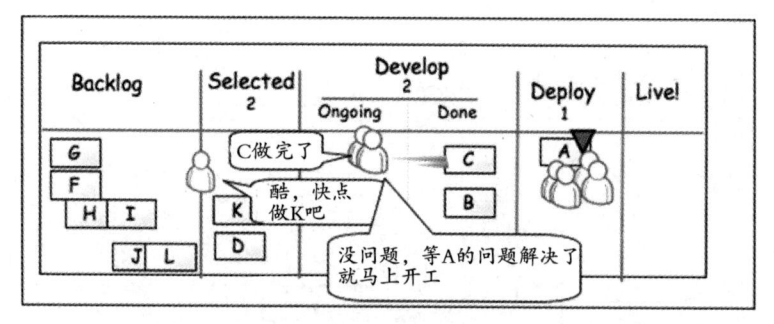

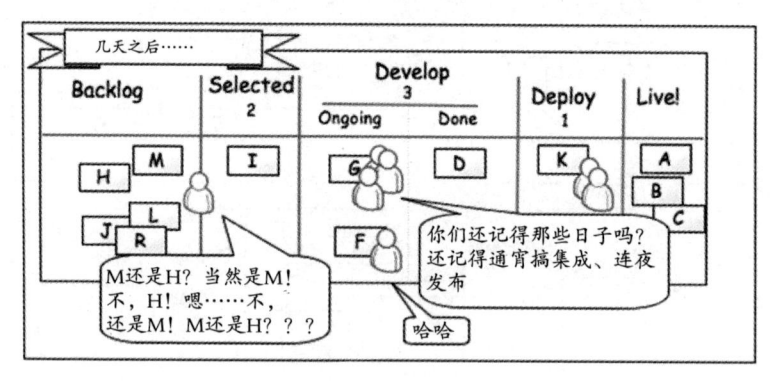

Backlog—待办事项　　Selected—已选择　　Develop—开发　　Ongoing—开发中
Done—已完成　　Deploy—部署　　Live—上线

图 4-14　看板按流程状态限制在制品（续）

（资料来源：亨里克·克里伯格、马蒂斯·斯加林所著的《看板和 Scrum 相得益彰》。）

可视化图表还可以包括诸如障碍因素清单之类的信息，该清单描述了完成工作所面临的障碍因素、严重程度及为应对障碍因素而采取的行动。

四、指标推动团队进步

马丁老师继续介绍："项目测量指标肯定是为了帮助项目团队实现项目目标，而不只是为了统计数据，如果过于看重测量本身，就会对行为产生影响。例如，仅测量项目团队可交付物的输出，会鼓励项目团队专注于创建更多数量的可交付物，而不是专注于提供具有更高客户满意度的可交付物。"

（一）测量要具有正向引导意义

马丁老师指出，我们要认识到霍桑效应和虚荣指标。

霍桑效应指的是在行为现场实验中，由于研究对象意识到自己正在被研究而带来的方法上的人为效应。这种意识导致他们对数据收集过程这一社会条件做出反应，而不是对研究者试图研究的实验处理做出反应，我们要警惕与不适当的测量指标相关的危险。

虚荣指标指的是似乎会显示某些结果但不提供决策所需有用信息的测量指标。例如，测量网站的页面访问量不如测量新访问者的数量有用。

马丁老师看到统计的研发指标中有一项叫作缺陷密度，其计算逻辑是用研发过程中的漏洞数量除以代码行数，以计算出每千行代码的平均故障数。他马上严肃地提醒陈恭：“如果用这个指标来考核绩效会有很大的弊端。因为降低缺陷密度的方式，无非是减小分子和增大分母两种途径。增大分母意味着代码行数变多，所以大家可能会有意无意地把代码写得冗长。而我们明显更提倡优雅而简短的代码，但这个指标带来的隐含倾向是，我们更欢迎那些把程序写得冗长的程序员。"

陈恭思索了片刻，理解了马丁老师的意思，他回答：“我们直接把这个指标取消，因为它不具备正向的引导意义。"

（二）给指标制定临界值

马丁老师还建议，最好给各种度量指标（如进度、预算、速度和项目特有的其他测量指标）制定临界值，其偏差程度取决于团队的风险承受力。理想情况下，项目团队不应等到突破临界值才采取行动。如果通过趋势或新信息预测会超过临界值，项目团队可以主动解决预期的偏差。

（三）数据驱动学习和改进

团队测量和展示数据的目的是学习和改进。应只测量和报告信息，从而实现以下目的。

（1）使项目团队能够学习。

（2）推动决策。

（3）改进产品或项目绩效的某些方面。

（4）避免问题。

（5）防止绩效下降。

若应用得当，测量指标可以帮助项目团队提高创造商业价值并实现项目目标和绩效目标的能力。

第五章

项目收尾阶段

第一节　菜多多终于可以交付了

"说到交付，那是陈恭的强项啊。"张大牛冲着大家说道。大家还是头一次见到陈恭略带羞涩的表情，纷纷打趣他。马丁老师也善解人意地帮助陈恭解围："大家来聚一下，咱们一起聊一聊交付绩效域。"

先说交付绩效域，它主要指根据项目交付的目标，通过符合质量要求的活动，实现项目范围内的功能或能力。通常项目会交付多项成果，而各个干系人也会以各自的方式来关注或重视这些成果。例如，有些干系人比较看重操作简单、易用，而另一些关系人关注经济回报或市场优势。

交付绩效域的预期成果如下。

（1）成果有助于实现既定的业务目标，并推动落实组织战略。

（2）已完成战略和业务目标所需的交付成果。

（3）在计划内实现了预计的项目收益。

（4）交付过程中，项目团队对需求有清晰的理解。

（5）交付成果获得了干系人的高度认可，并表示达到或超过了他们的预期。

项目的商业目标就是支持组织战略的落实和推进商业目标的达成，通过项目对交付需求的逐渐明确和聚焦，确保交付成果符合预期。

与交付绩效域相关的一些定义如下。

（1）需求：为满足业务需要而提出的某个产品、服务或成果必须达到的条件或具备的能力。

（2）工作分解结构（Work Breakdown Struture，WBS）：在实现项目目标的过程中，对需要完成的可交付物及需要实施的全部项目范围内的工作或活动进行层级结构分解。例如，将项目里程碑（一般按照月度颗粒度）逐层分解为按周、按人、按天等。

（3）完成：明确向用户交付的最终成果必须达到的验收标准。

（4）质量：过程活动或可交付物需要满足需求标准的程度。

（5）质量成本：在整个项目生命周期中，为了保证达到需求标准而付出的成本或造成的损失。例如，为预防可交付物或服务能力不符合需求而进行质量管控的投入；为评估可交付物或服务能力是否符合需求而产生的质量检查成本或质量保证成本；因为可交付物或服务能力未达到需求标准而进行补救所带来的浪费和损失等。

一、为客户创造价值的交付体系

项目交付的目标要始终围绕为客户创造价值来设定。无论使用何种开发方法，都应尽早并持续向客户交付价值，以客户为中心。从项目开始到项目结束，都要持续向客户或其他干系人交付价值。在初步部署产品或服务后，就要开始为客户产生相应的价值了，并且在项目结束后的较长时间内持续产生期望的价值。

在考虑项目的收益和价值时，项目立项前的商业目标、商业论证、可行性分析或预期的商业价值是关键因素。这包括编制分析投资回报的商业计划书、提出解决业务痛点的策略，以及采用基于精益画布的创业创新模型等。对于侧重点不同的商业论证，会因不同的开发方式和项目生命周期而迥异，并且会随着项目开展过程中对商业论证有效性的持续验证而变化。有些在项目初期就开始交付价值，也逐步获得了收益；有些需要等到项目结束、完整部署之后才开始产生收益；有些则在项目交付过程中需要不断调整才能产生持续的价值并获得收益。

项目章程或项目授权文件中包含可量化的预期成果，这些都是需要在项目过程中进行定期验证和测量的。这些会包含在项目里程碑计划或项目详细实施计划中，对于产品类或服务类项目，还包含交付的路线图、交付的生命周期、发布计划及关键可交付物、评审计划和其他规划层面的信息。

马丁老师示意陈恭举例说明，陈恭作为"交付之星"，也当仁不让："我们来了解一下整个价值交付系统的信息流图。"陈恭站直了身子，一脸严肃地说："看下面这幅图，我来解读一下在项目开展过程中信息流的传递和反馈情况。"如图5-1所示。

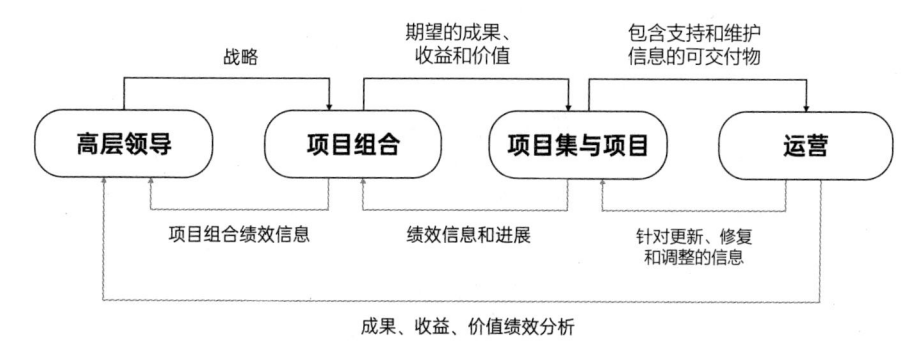

图 5-1 信息流的传递和反馈

这幅图在前文介绍过，现在再次展示的目的是让大家一定要记住，价值不是在项目层面产生的，而是在组织的战略层面先下定义，通过项目组合、项目集进行结构化分解，再通过项目层面来落地实现，最终通过运营来体现。

陈恭先带领大家回忆价值的信息流动。接下来看看菜多多项目价值交付的转变。例如，从最初的功能列表顺序展开，到与产品经理大鹏深度协作，再结合我们选择的融合模式开发方法，以及从预测型向敏捷型演进的项目生命周期，保证价值交付逐渐落地。

这时，大鹏站起来向大家列举了菜多多App的功能列表（见表5-1），我们标记的P1、P2、P3是之前项目团队采用MoSCoW方法，结合各方干系人的需求，综合评估的以发布优先级来体现的价值优先级。由此将开发思路逐渐调整为价值优先的开发思路，这也非常充分地体现了价值的交付。

表5-1 菜多多App的功能列表

计划版本	功能范围	子模块	价值优先级
1.0	注册/登录	手机验证码登录：新手机号自动注册	P1
1.0	注册/登录	第三方账号登录：微信登录	P3
1.0	首页	活动展示	P1
1.0	首页	按分类推荐	P1
1.0	首页	搜索商品	P1
1.0	首页	查看商品信息	P1
1.0	分类	排序：按销量排序	P1
1.0	分类	排序：按价格排序	P1
1.0	分类	搜索商品	P1
1.0	分类	查看商品信息	P1
1.0	搜索	按搜索历史搜索	P1
1.0	搜索	删除搜索历史	P2
1.0	搜索	热门搜索	P2
1.0	搜索	查看商品信息	P1
1.0	购物车	添加到购物车：添加商品数量	P1
1.0	购物车	添加到购物车：从详情页删除	P1
1.0	购物车	从购物车删除	P1
1.0	购物车	结算	P1
1.0	购物车	显示优惠信息	P1
1.0	购物车	猜你喜欢	P2
1.0	订单	填写订单	P1
1.0	订单	提交订单	P1
1.0	订单	确认收货	P1
1.0	订单	评价订单	P1
1.0	订单	售后/退款	P1

续表

计划版本	功能范围	子模块	价值优先级
1.0	订单	查看订单信息	P1
1.0	其他	管理收货地址	P1
1.0	其他	联系客服	P1
1.0	其他	意见反馈	P3
1.0	其他	设置	P1
1.0	吃什么	收藏菜谱	P2
1.0	吃什么	菜谱分类	P1
1.0	吃什么	查看菜谱信息	P1
1.0	吃什么	搜索菜谱	P1
1.0	吃什么	菜谱一键下单	P1

"谢谢陈恭的讲解。"马丁老师接过话题。通过菜多多App的实例，大家都明白了价值交付的概念。如果想在有限的时间内实现更大的价值，就需要针对规划的交付成果，以价值为导向进行合理的排序。这样才能促进项目团队围绕价值开展工作，并且始终交付有价值的成果，既能提升客户满意度，也能为客户创造价值。

二、菜多多App的Demo

马丁老师严肃地说道："我们在这里再次申明这个概念，'可交付物'是指项目过程及最终的产品、服务或结果，能帮助项目最终达成要实现的成果，符合干系人的需求、期望的范围，达到验收的质量要求，并会产生一些长期的积极影响。例如，为客户创造价值，为企业获得利益，使所处的环境和干系人获得收益，等等。"

大家一定要记得，可交付物的定义不仅是可见的产出，还可以包含一些特定的产出，如服务能力、管理机制等。从可交付物的角度来看菜多多App的最终文案效果，无论是菜单布局、背景、配图，还是图标、字体、颜色等，都给人一种"大片"的既视感。

菜多多App的用户界面设计如图5-2所示。

（一）需求

我们说的需求是为了实现商业目标或满足业务的需求，对于某个产品、服务或结果要求达到相应的条件或具备一定的能力。需求的来源既可以是高层级的商业战略，也可以是验收标准中非常详细的要求，还可以是在项目过程中发现的问题的解决方案，并且会

图 5-2　菜多多 App 的用户界面设计

随着项目的逐渐开展而不断发展演变。

需求是在项目初期开展的一项重要工作，也是最需要干系人参与、合作的。密切地参与会使需求范围清晰，表达明确，内容详尽且版本更加稳定。

需求交付的重点在于需求的启发、演变和管理，具体如下。

1. 需求启发

需求启发即需求的发掘过程，需要干系人一起进行调研、访谈、头脑风暴等，或者以焦点小组等形式引导并收集需求。需求还可以通过交付过程的数据分析、缺陷日志的审查、触发的变更和干系人的反馈或其他方式获取。

需求描述标准建议参考如下几项。

（1）清晰：语义表达准确，不会产生歧义，只有一种解释需求的方式。

（2）简洁：描述精练，尽可能用少而明确的文字来表述。

（3）可核实：至少有一种方法可以验证需求已被实现或满足。

（4）一致性：前后逻辑一致，没有相互矛盾的描述。

（5）完整：需求能完整地包含当前项目或产品的全部内容。

（6）可跟踪：每个需求都可以用唯一的标识来确认和识别。

例如，可以遵循SMART原则：S——明确的；M——可衡量的；A——可实现的；R——相关的；T——有时限的。

2. 不断演变和发展的需求

若在项目初期无法确定需求或需求不清晰，可以参考行业竞品分析、原型设计、领域建模、频繁演示或用户故事等方式进行需求的渐进明细，通过"眼见为实"的方式以固定周期交付成果，并将完成运行的成果进行灰度验证或小范围的试运行以演变新的需求。这类情况比较适合迭代、增量、敏捷等适应型项目生命周期。

3. 管理需求

需求的产生和演进过程是动态的。确保需求持续有效、有价值，是减少返工浪费、避免项目范围扩大的较好方式，同时可以避免因客户不满意、预算超支、进度延迟而导致的项目失败的风险。所以，无论需求的来源或收集过程如何，都需要建立管理机制和规范，需要时应设立需求管理角色及岗位，以确保需求管理的有效落实。该角色可以是商业分析师、产品负责人、系统分析师、价值流工程师或其他相关角色等。

为了提高需求管理的效率，可以应用一些专用软件、待办事项列表、用户故事地图、索引卡、跟踪矩阵或其他方法等，以确保需求管理的灵活性与稳定性，既可以支持需求的灵活应变，使每个新的或演进的需求都能得到干系人的认可，也可以保证需求的一致性、完整性和稳定性。

(二) 范围

马丁老师继续说："我们提到的范围是对项目及项目中的需求来说的，项目范围的管理是一项全局性、基础性工作。随着需求的识别、明确，满足需求的范围也逐渐被定义下来。范围会随着需求的演进而变化，要确保范围不会无限扩大和蔓延。"

范围管理的关键在于对范围的详细分解和可交付物的完成，具体如下。

1. 对范围的详细分解

主要的范围管理方式是通过范围说明书来阐明范围，通过WBS来分解范围，以识别项目的主要可交付物和对应的验收标准，包括详细的范围说明和交付成果。工作分解结构有助于团队实现项目目标，完成范围的全部分解层级中的内容，并能对应明确的可交付物和交付周期，以及更细节的可交付物所需的所有活动或工作。

对适应型项目生命周期来说，范围分解的另一种方法是通过敏捷章程、产品路线图、产品发布计划或产品交付层级结构等来确定，再进一步确定价值主题和用户故事地图。用户故事的规模分为史诗级故事、特性故事、用户故事。用户故事还可以进一步分解为任务，一般任务的大小是可以按小时计算的。在干系人的配合下，一般会有产品负责人或产品经理来负责编制和定义故事的细节，项目其他成员一起参与，并进行任务的分解，避免在范围变化时造成规划的浪费。示例如下。

（1）为了完成价值主题，在初期先分析创建史诗级故事，属于大颗粒度的或场景化的逻辑容器，基本上一次迭代较难完成。

（2）将史诗级故事进一步分解为一个个特性故事，描述得更具体，更贴近功能层面，代表产品的特定行为。特性的颗粒度相对小一些，可以在几次迭代内完成。

（3）将特性故事进一步分解为一个个用户故事，从最终用户的角度，通过清晰、简洁的描述方式标识详细需求。通过用户故事承载诸如功能、性能、安全、技术探针或数据源等方面的内容。

用户故事包含3部分，即3C：Card——向特定用户提供成果的简要说明；Conversation——通过对话进一步澄清细节；Confirmation——该用户故事的完成标准。格式如图5-3所示。

```
As a [User Role],            作为 [ 用户角色 ],
I want <Result>,             我想要 [ 结果 ],
So that <Reason/benefit>.    以便 [ 原因 / 价值 ]。
```

图 5-3 用户故事的格式

一般用户故事的描述原则可以参考图5-4。

- Idependent（独立的）：一个用户故事相对于另一个用户故事应该是独立的
- Negotiable（便于沟通的）：用户故事应该是便于沟通的
- Valuable（有价值的）：每个用户故事必须对客户有价值
- Estimable（可估计的）：开发者需要估计用户故事以便确定其优先级并对故事进行规划
- Small（短小）：一个好的用户故事的语言描述应具有代表性，而且不超过5人天的工作量
- Testable（可测试的）：用户故事应该是可测试的，用于确认是否完成，我们不开发不能测试的用户故事

图5-4 用户故事的描述原则

2. 可交付物的完成

根据不同可交付物的特点，利用所使用的方法和各自的方式来呈现组件或项目的完成情况。在范围分解的同时一并明确可交付物的负责人及计划的交付时间，便于跟踪管理。

（1）验收或完成的标准：项目交付结果所需要满足的标准，一般都记录在范围的说明书中，客户按照预期定义的验收标准来验收可交付物。

（2）技术绩效测量指标：可交付物的技术要求或技术规范往往也会单独记录，并通过一些方法进行测量统计，以表明客观上满足绩效要求。这些记录有时单独记录在说明书或规范文件中，有时记录在WBS的扩展信息中，详细说明每项任务的可交付物信息。

（3）完成的定义：在软件系统或应用程序的适应型项目生命周期中较常应用这个定义，该定义从客户使用的视角来明确可交付物需要达到的所有标准和检查清单。

这时，马丁老师再次看向大鹏，大鹏马上理解了马丁老师的意思，站起来说道："根据马丁老师对范围的定义，我向大家补充说明一下，我们只需截取菜多多项目的一部分内容，就可以看出大家对需求的理解，以及对范围的分解。购物车是菜多多项目的一个价值主题，'购物车'是史诗级故事；'添加到购物车'是特性故事，属于功能层面的一个主要功能点；'添加商品数量'是用户故事，分解到这一层已经属于客户的一个操作层面的动作了。"

菜多多项目的需求范围WBS如图5-5所示。

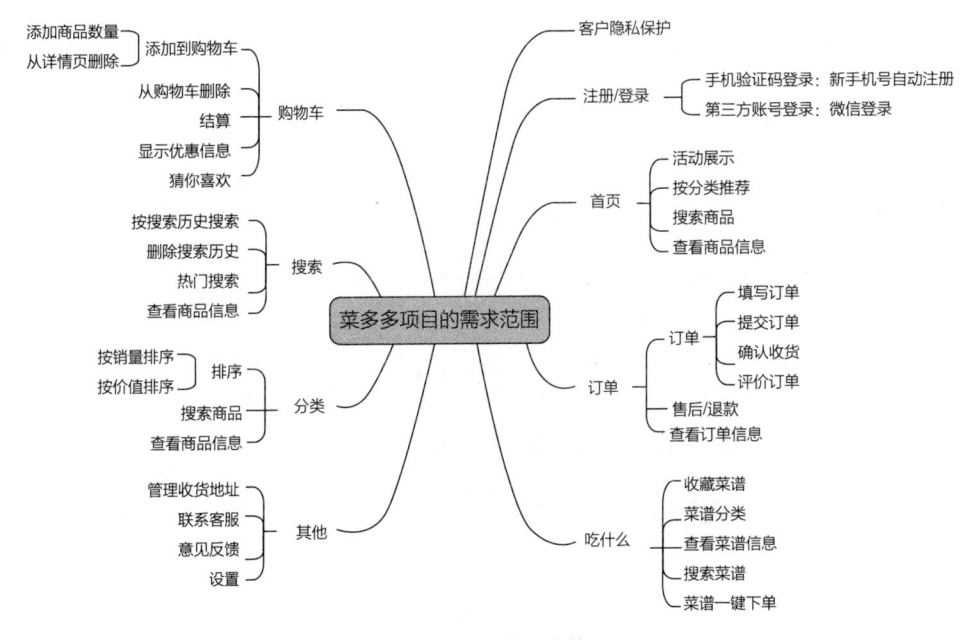

图 5-5　菜多多项目的需求范围 WBS

（三）完成的目标需要不断移动

每个项目的目标都是交付最好的成果，但面对瞬息万变的市场，人们随时都可能调整所发布计划中的特性，或者引入新的技术需求来迎合市场发展趋势。这里的"不断移动"，是指这些变化因素会导致"足够好可以发布"和"完成"的目标随之持续改变。

因此，项目团队需要使用灵活的方式，尽早地交付可发布的成果，并根据市场的反馈来实际调整计划和"完成"的项目目标。项目团队会跟踪项目计划的目标实现率（相对于进度完成率）。

一种情况是完成项目的时间耗费越长，与"完成"的目标越可能相去甚远，有时被称为"完成偏移"。

例如，《PMBOK®指南》（第七版）中有相应的例子。图5-6显示了一个开发新款智能手表的场景。初始进度计划显示，开发具有一组初始功能和特性的手表需要12个月。随着竞争对手类似产品的上市，项目团队在这组初始功能和特性的基础上不断扩增，以便紧跟市场变化，这将使智能手表上市日期推迟至第14个月。第13个月，另一个竞争对手上市了一款功能更多的手表。增加这些功能会将智能手表上市日期延迟到第16个月。项目团队将在某个时点决定发布产品（即使它没有最新特性），或者在智能手表上市之前继续更新这些特性。

初始进度计划

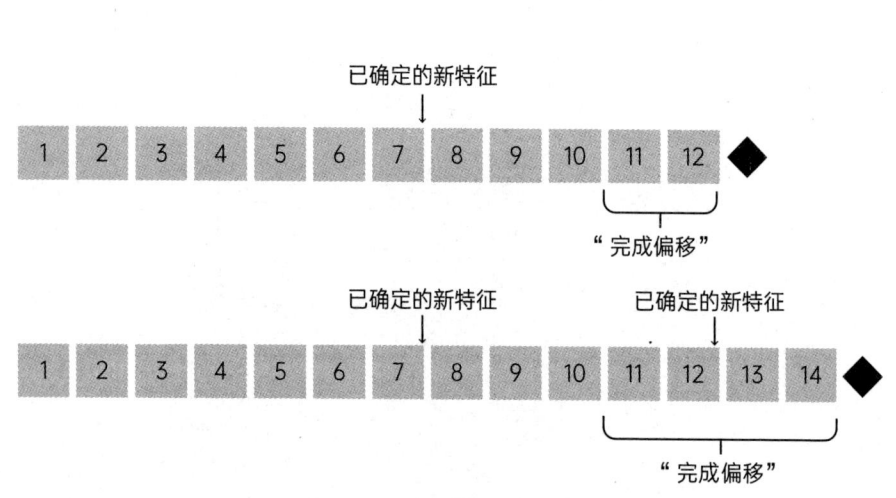

[方块 1-10] ◆

已确定的新特征
↓
[方块 1-12] ◆
"完成偏移" (11-12)

已确定的新特征   已确定的新特征
↓   ↓
[方块 1-14] ◆
"完成偏移" (11-14)

图 5-6　开发新智能手表的场景

　　菜多多项目团队设定的初始特性是注册/登录、首页、分类、搜索、购物车、订单、其他，初始计划是从2022年3月市场调研开始至2022年12月项目结束。

　　但在迭代开发渐进明细的时候，项目团队发现了一个必需的新特性——"吃什么"。经过与产品经理大鹏的讨论，项目团队觉得"吃什么"是该项目必需的特性。因此，待办清单中的优先级需要重新排序，"吃什么"就排到了"购物车"前面，"订单"和"其他"就需要偏移。相对初始进度计划来说需要延长1个月，即从2022年3月开始至2023年1月结束，这样菜多多项目团队就完成了目标的第一次移动。

　　进入开发中后期，测试骨干木宇在测试过程中突然发现没有设计客户隐私保护方面的规则，这需要尽快安排，否则App上线后会违反政策。所以，项目团队又开始了优先级排序和任务拆分，在"其他"前面插入新特性"客户隐私保护"，最终计划再一次延长1个月，即从2022年3月开始至2023年2月结束，这样菜多多项目团队就完成了目标的第二次移动。

　　菜多多项目团队"完成"的目标不断移动的过程如图5-7所示。

　　另一种情况是相对稳定的项目因为需求的不断明确和细化，可能产生范围蔓延。项目团队不得不接受一些额外的优化需求或增强需求，从而产生范围边界的扩展。虽然从需求的角度来看这是"理所应当"的，但组织不会为此调整相应的进度、预算或资源，也就是说需要项目团队自己解决。

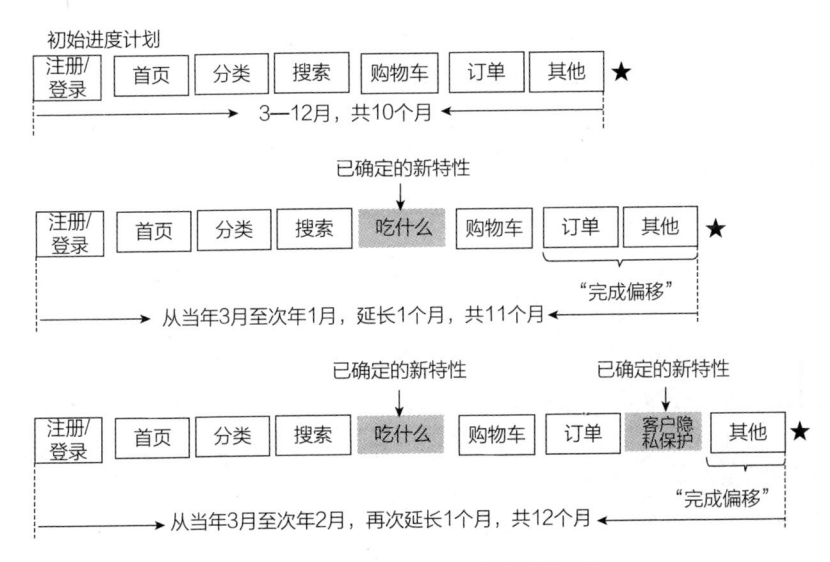

```
初始进度计划
┌─────┬────┬────┬────┬─────┬────┬────┐
│注册/│首页│分类│搜索│购物车│订单│其他│★
│登录 │    │    │    │     │    │    │
└─────┴────┴────┴────┴─────┴────┴────┘
      ←——— 3—12月，共10个月 ———→

              已确定的新特性
                  ↓
┌─────┬────┬────┬────┬────┬─────┬────┬────┐
│注册/│首页│分类│搜索│吃什么│购物车│订单│其他│★
│登录 │    │    │    │    │     │    │    │
└─────┴────┴────┴────┴────┴─────┴────┴────┘
                                    "完成偏移"
      ←— 从当年3月至次年1月，延长1个月，共11个月 —→

              已确定的新特性      已确定的新特性
                  ↓                  ↓
┌─────┬────┬────┬────┬────┬─────┬────┬─────┬────┐
│注册/│首页│分类│搜索│吃什么│购物车│订单│客户隐│其他│★
│登录 │    │    │    │    │     │    │私保护│    │
└─────┴────┴────┴────┴────┴─────┴────┴─────┴────┘
                                         "完成偏移"
      ←— 从当年3月至次年2月，再次延长1个月，共12个月 —→
```

图 5-7 "完成"的目标不断移动的过程

为了应对范围蔓延的情况，项目团队往往会建立变更控制机制，即评估需求变更带来的潜在价值，以及实现其所需的潜在资源、时间和预算，并提交至项目治理机构、产品负责人、项目发起人或高层级管理团队正式批准。

例如，在菜多多项目中，一开始的特性只有注册/登录、首页、分类、搜索、购物车、订单、其他。大鹏、木宇与于倩通过市场调研及同业分析，又增量识别出"吃什么"这个特性，并且认为这是一个可能提升菜多多App的竞争力和用户体验的特性，再加上之前木宇识别的"客户隐私保护规则"特性，导致原有的1.0版本的发布计划延时，只能在对特性进行进一步分解后，对用户故事的价值进行评估，重新排序优先级，形成新的1.0版本（如前文提到的优先级列表）。

菜多多App"完成"的目标的移动如表5-2所示。

表5-2 菜多多App"完成"的目标的移动

计划版本	特 性	性 质
1.0	注册/登录	原始识别
1.0	首页	原始识别
1.0	分类	原始识别
1.0	搜索	原始识别
1.0	吃什么	增量识别
1.0	购物车	原始识别
1.0	订单	原始识别
1.0	客户隐私保护规则	增量识别
1.0	其他	原始识别

三、注重质量的菜多多App

当马丁老师讲到质量时，木宇激动地说："终于讲到了我的领域。"马丁老师看着木宇，笑着说："这里不是很好懂，大家一定要跟着我的思路。"需求和范围是对需要交付的内容的说明与限定。此外，还需要对交付达到的绩效水平制定明确的标准和规定，这就是质量。需求中的质量要求会体现在工作说明书、需求文件、完成的标准、完成的定义或验收的要求中。

质量不仅包括需要遵循的标准，也包括因为管理质量而产生的成本，这些成本一般是由组织来承担的。组织的质量要求通过组织政策、流程规范和绩效标准等，在项目过程中逐渐落实，在项目结果中体现，所以各个项目都需要考虑在质量标准及需要投入的质量管理成本之间找到平衡。例如，组织质量政策要求在项目中通过执行治理工作落实组织政策和流程规范等，一些管理资源投入、内外部培训和过程审计的成本由组织承担，所以需要在项目规划中考虑以上投入的质量管控成本和产出的质量价值效果。

（一）质量成本

质量成本（Cost of Quality，COQ），也称品质费用，ISO 9000对质量成本的定义是，将产品质量保持在规定的质量水平所需投入的相关费用。例如，菜多多项目团队通过开发人员交叉检查对方编写的代码提高代码的质量。而先进质量思想认为"第一次就把事情做对"，如果未能做到，则弥补"不符合要求的代价"，此为质量成本。该方法提出了与质量相关的4类成本：预防成本、评估成本、内部失败成本和外部失败成本。

我们所讲的质量成本，可以总结为一致成本和不一致成本，其中为确保与质量要求一致而做的所有工作叫作一致成本；由于不符合质量要求而导致的全部工作叫作不一致成本。预防成本和评估成本可归为一致成本，内部失败成本和外部失败成本可归为不一致成本。

通过COQ管理方法，可以让项目团队在预防成本和评估成本之间找到质量投入的平衡点，一般建议聚焦预防成本的投入，建立尽早发现质量问题的审查和分析机制。不能依赖在开发后期通过测试提高质量，否则会造成高报废率和高返工率，以及早期开发时间的消耗和高昂的成本。4类成本描述如下。

1. 预防成本

预防成本指为了防止交付成果出现缺陷或失败的情况而产生的成本。预防成本重在避免质量问题，一般会建立质量管理体系并将其落实在项目中，以尽可能提前发现问题或错误，并在未来尽快纠正和弥补。常见的范例如下。

（1）产品或服务需求。例如，在需求中描述输入输出列表及验收标准、流程说明、特定可交付物的样例、产品或服务的规范等。

（2）质量规划。在项目初期创建与质量相关的规划活动，如制订质量、可靠性、运营、生产和检查的计划。

（3）质量保证。组织出台质量政策，如创建质量管理体系，并在项目或任务中落实，收集反馈并持续改进。

（4）培训。通过周期性和针对性的培训，提升质量意识，提高质量管控能力，确保质量政策的落实，如在项目初期制定并宣布对质量体系或质量政策的要求。

2. 评估成本

评估成本是针对已经提出的质量要求，为了验证项目符合这些要求或标准的程度而产生的成本。评估一般是通过执行与质量相关的检查、监督和测量进行的，在项目开展过程中及关键节点进行评估，确保交付成果符合要求或规范。这些工作包含但不限于以下几项。

（1）核实。根据规划中确定的检查清单检查可交付物、产品或服务的符合情况。

（2）质量审计。通过确认对质量体系的遵守程度检查质量体系的正常运转情况。

（3）供应商评级。对采购或合作的供应商提供的产品或服务进行评价，并明确表示是否认可。

3. 内部失败成本

内部失败指在产品或服务交付给客户之前或投放市场之前发现并纠正的缺陷，这些缺陷导致工作成果未能达到既定的质量标准，从而产生相关成本。导致内部失败的情形较多，主要包括以下几种。

（1）浪费：因为管理不当、组织不善或沟通不畅而导致执行了不必要的活动、工作，或者持有较高的库存而无法销售，造成不必要的支出。

（2）报废：因未明确标准或未遵循需求、计划而导致无法修复、使用或出售有缺陷的产品或材料。

（3）返工或纠正：修复发现的问题或缺陷，或者产品尚不满足输出标准就进入下一环节且导致无法继续生产。

（4）失败分析：在交付成果前确定产品或服务失败的原因所需的活动。

4. 外部失败成本

未达到质量标准的产品或服务在交付给客户后，客户在使用或运营过程中发现缺陷或问题，需要加急补救并快速修复或处置，否则会造成客户的损失，因补救造成的成本就是外部失败成本。

这里需要注意，一般将项目交付给客户后，项目团队会继续关注产品或服务在一定时间（如数月或数年）内的运行情况，并提供维护保障。如果给客户造成经济损失，根据合同约定，可能还需要赔偿。

（1）修理和服务：对于被退回和已部署运行的产品，需要加紧修复解决并尽快恢复。

（2）保修索赔：对于在保修期内或承诺维护范围内的产品或服务，需要更换、重新部署或赔偿。

（3）投诉：处理客户或用户的投诉所产生的工作和成本。

（4）退货：用于调查和处置被拒绝或需要召回的产品的成本，以及因停止服务而造成的成本，包括运输成本、停止服务造成的损失等。

（5）声誉受损：因缺陷的类型和影响的严重程度造成公众对个人或企业的认知受到损害。这种影响有时候是无形的，也无法计算成本或损失。

（二）变更成本

马丁老师看了看大家，接着说，业界提出的软件质量理论表明，"缺陷是被注入的，而不是被测试发现的。缺陷越早被发现，纠正错误的成本就越低"。这一点已经得到大家的广泛认可。因为缺陷不是通过测试才被发现的，而是在前期需求、设计和编码等工作中潜在地制造或产生的，所以越到后期，缺陷的影响范围越大，修复的周期越长，纠正成本也越高，也会有更多的干系人受到影响。

这时，测试骨干木宇站起来说，一开始菜多多项目团队还没有创建自动化测试案例集，所以很多单元质量的缺陷被遗留到测试阶段，导致测试周期被拉长，测试人员投入更多。而开发人员一边开发新功能，一边修复缺陷，忙到怀疑人生，但质量并没有明显提升。有时候修复一个缺陷会衍生出一个新的缺陷，这样团队就陷入了"测试—发现缺陷—与开发人员沟通复现缺陷—开发人员修复缺陷—测试复测未通过—再次与开发人员沟通缺陷"的怪圈。我们称之为"缺陷沼泽"，即当前这个缺陷还没修复好，又因修复这个缺陷而导致新的缺陷产生。

大家听完木宇的话，都很有同感地点头，尤其是开发骨干于倩特别有感触。

结合大家的感触，马丁老师为大家分享了变更成本曲线（见图5-8），在从需求设计到构建、测试、生产的过程中，随着阶段的推移，变更成本不断增加。

基于变更成本曲线可以看出，积极主动地开展质量管控工作，更利于平衡质量成本与质量问题。所以，项目团队需要在项目初期，由质量保证工程师或质量分析师根据项目目标、需求和干系人的期望，提前规划质量保证和审查计划。要尽早在各个阶段开展相应的质量保证和质量管控工作，从而避免较高的变更成本，也能将问题在早期阶段解决，这样对后续的质量影响会更小。从实际情况看，解决工程师的设计问题明显比解决产品问题更快速、更容易、更具成本效率，因为后者涉更多单元组件和客户,影响更大。

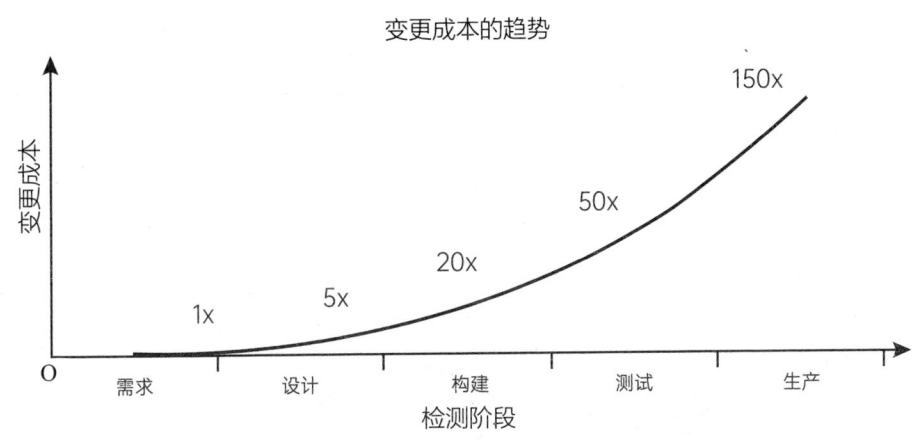

变更成本曲线:随着时间的推移,变更的费用会变得更加昂贵。

图 5-8 成本曲线

菜多多团队将开展单元测试前后的统计数据进行了对比,展示了变更成本的"可怕",如图5-9所示。

事项	开发修复缺陷投入/人天	测试复测缺陷投入/人天	缺陷数/个	沟通周期/小时
开展单元测试前	38	22.8	95	60.8
开展单元测试后	15.2	9.1	29	18.2

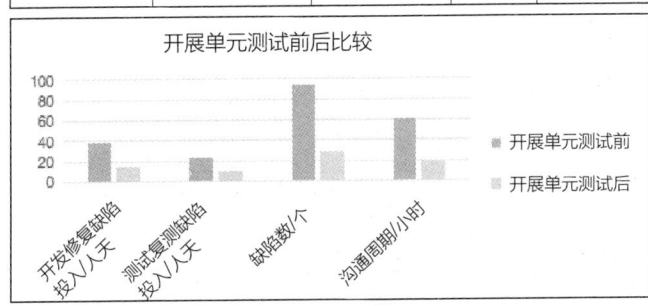

图 5-9 开展单元测试前后统计数据的对比

四、得了"爆款"的病

马丁老师接着上面的话题继续讲:"次优的成果不是很好理解,这里大家要打起精神来。"先来了解一下"次优"的定义。它是指在某些特定情况下不能达到最佳的结果，次优的方案通常并不能最大限度地接近最优方案，而是同等程度地偏离各种条件下的最优。总体来说，就是项目处在不确定的环境中，在受限条件下交付的不是预期的最佳成果，而是在当前情况下最好的结果。

虽然每个项目都存在次优成果的可能性，不过这种情况在试验型项目或创新型项目中更明显。在这类项目中，组织为了寻求一些新的突破，需要对不确定的成果进行投入，因此有接受失败的可能。例如，发明一种全新的技术、生产新药物的成功配方等。有些项目可能还处于执行过程中，竞争对手就已抢先发布了同样功能的产品。有些项目可能最终无法交付成果，错失了市场机会。

一般来说，有效的项目管理是为了减少这些受限因素对项目的不利影响，也是为了尽可能提高交付满意成果的概率，尽管是次优的成果。

就拿菜多多项目团队来说，一开始在规划绩效域时把用户体验作为最重要的"爆点"。当时团队抱着做"爆款"的心态，在团队安排上计划投入大量的用户体验设计人员，当时陈恭还信誓旦旦地说要让菜多多App"闪亮登场"。但最终在规划之后，大家发现现实条件不允许。一是资源的限制，除去产品和管理，前后端开发与测试人员的数量就已经很难满足需求了，偶尔还需要一些安全技术人员和性能测试人员，再加上运营人员，团队成员几乎超编了；二是能力的限制，真正能把用户体验做好的技术人员比较少，而且小公司很难留住他们；三是经验不足，对整个团队来说，没有太多的产品经验和运营积累，完全无法快速分析与定位客户的"爽点"和"痛点"，虽然在项目初期引入了商业画布，但对于用户旅程分析的经验几乎为零。

以上因素的限制，使陈恭不得不放弃打造"爆款"的想法，踏踏实实地设计次优的结果，即先完成市场所需的最小功能集产品，待产品推向市场之后再说。

五、来一次有计划的"体检"

看大家还停留在回想菜多多项目次优结果的案例描述中，马丁老师敲了敲白板，"笃笃笃"，看着大家受惊的样子，他偷偷地翘起了嘴角："大家的思路要跟上我。"这时小倩说："马丁老师，吓死我了，你可得赔偿我的精神损失啊。"大家跟着乐起来，气氛焕然一新。马丁老师做个鬼脸，说："我们继续，接下来的内容比较少，大家注意听。"

本节主要介绍质量管理计划和对应的检查结果。先介绍一下质量检查的目标。质量检查的目标是提高项目交付工作的质量，确保交付成果符合标准，从而进一步提高客户的满意度。《PMBOK®指南》（第七版）针对交付绩效域的成果列出了相应的检查方法，如表5-3所示。

表5-3　交付绩效域的成果检查方法

成果	检查
项目有助于实现商业目标和战略推进	商业计划、组织的战略计划及项目授权文件表明，项目可交付物和商业目标保持一致
项目实现了预期成果	商业论证和基础数据表明，项目仍处于正轨，可实现预期成果
在规划的时间内实现了项目收益	收益实现计划、商业论证和/或进度表明，财务指标和所规划的交付正在按计划实现
项目团队对需求有清晰的认识	在预测型开发中，初始需求的变更很少，这能反映出大家对需求的真正理解。在需求不断演变的项目中，在项目进展顺利之前，项目团队可能无法清楚地理解需求
干系人接受项目可交付物并表示满意	访谈、观察和最终用户反馈可以表明干系人对可交付物的满意度，投诉和退货的数量也以可用来表示满意度

马丁老师望了望大家，决定先不讲理论，而是从实例入手。他让测试骨干木宇向大家说明一下菜多多项目的质量管理计划是怎么做的。

木宇有点不好意思地站起来，走到投影器前："为了证明我们做的是专业的质量管理，先上宝物，哦不，实物。"只见木宇打开了项目质量管理计划文档。

这时产品经理大鹏说："这是真专业，故事讲不好，开始上法宝了。"一句话惹得大家哄堂大笑。本来有点羞涩的木宇，这时更是急得指着大鹏说："你就是猴子派来的上帝，哦不，你就是上帝派来的猴子，你就是上帝派来气我的。"

听到这话，大家更是笑得东倒西歪，就连马丁老师都转过身背着我们，一个劲儿地抖着肩膀。这时，整个气氛已经到了非常祥和而美好的时刻，大家都沉浸其中，直到三分钟之后才逐渐平静下来。这时木宇也不紧张了，还恢复了之前的自信。这些管理者，果然有一套。

接下来木宇正式开启了老师模式，向大家讲解了质量管理计划。我们的项目质量管理计划包含三方面的内容：一是项目标识，即项目的基本信息，如项目名称、日期、项目经理及客户信息等；二是质量方针，主要说明我们的质量目标、价值观和原则等内容；三是质量保证及控制活动，用来展现具体的检查事项，以及执行检查的角色。菜多多项目团队的项目质量管理计划如图5-10所示。

项目质量管理计划

项目标识：

项目名称：菜多多AppV1.0	日期：2022年4月15日
客户名称：	客户联系方式：
项目经理：陈恭	

A. 质量方针

为保证项目工作顺利进行，为用户提供高质量的生鲜外送平台，本公司最高管理者授权颁布质量方针，请全体员工遵照执行。
精益求精，用户价值至上，持续改进。
精益求精——追求高质量的产品和服务，使用户满意。
用户价值至上——为用户提供有价值的产品和服务是我们的不懈追求。
持续改进——不断听取用户意见，改进我们的产品和服务。

B. 质量保证及控制活动

需求初审：产品经理对需求进行交叉评审，以保证需求初稿的质量。
需求复审：需求初稿定稿后，由产品经理和开发骨干评审，评估需求是否能通过现有的技术手段实现。
需求终审：开发人员讲解需求，产品人员确认，方便了解开发人员对需求的理解程度，通过相互沟通达成一致。
每日站会：会上及时抛出项目中的问题，用最快的速度解决问题。
开发自测：开发人员编写完代码之后，需要自测成功之后才能提交。
ShowCase：需求完成之后，由开发人员发起，产品经理对单个需求进行验收。
迭代评审：对迭代中的所有需求进行一次性验收。可以邀请用户和发起人一起验收，充分听取用户和发起人的意见。
迭代回顾：复盘迭代过程中有哪些不足，持续不断地优化我们的项目流程，让项目更快、更顺畅地交付。

图 5-10　菜多多项目团队的项目质量管理计划

第二节　交付后产品的优化点和用户体验的反馈

终于，我们完成了菜多多AppV1.0的发布，用户已经使用了3个月，运营部的同事春哥收集了大量的数据，有用户体验数据、产品使用数据、用户舆情数据。

一、计划目标

我们计划在菜多多AppV1.0中先把主流程打通，以发布半个月内收集的数据为限，实现30万元的收入，注册用户数达1万名，下单用户1 000名，100名用户平均每天下10单，订单数为15 000单。

二、结果数据

菜多多AppV1.0的发布结果远远超出了我们的预期，在半个月内，我们打通了菜多多AppV1.0的主流程，以发布半个月内收集的数据为限，实现了49.5万元的收入，注册用户数达5.5万名，下单用户为3 500名，220名用户平均每天下10单，订单数为33 000单。这个结果令我们团队感到非常兴奋。

三、差距分析

在兴奋之余，我们也分析了买菜App的用户平均转化率，是10%，但是菜多多App的转化率只有6.3%，低于业界平均水平。所以，我们找来了运营团队，一起做用户访谈和调研，一起分析问题出现的原因。

经过两轮访谈，我们得到了用户反馈。利用亲和图进行分类之后，我们得出了结论，其中影响最大的有两点。

- 品类比较单一，用户没有太多选择，买不到自己想要的菜品。
- 菜谱功能中的一键下单可以把常用的姜葱蒜一起买了，但很多用户家里配料比较多，容易重复购买，所以菜谱功能并没有有效地促进二次购买，需要优化。

四、其他绩效域的作用

交付绩效域是项目生命周期的最后环节，承载着项目的最终结果，也是其他绩效域共同作用的结果。其他绩效域的作用如下。

（1）规划绩效域：交付绩效域是对规划绩效域中所列工作的执行结果。

（2）开发方法和生命周期绩效域：交付的节奏是基于本绩效域中选定的工作模式设定的。

（3）干系人绩效域：能推动项目团队更好地完成交付工作。

（4）项目团队绩效域：利用交付活动所需的能力及成熟度来完成交付工作。

（5）测量绩效域：通过客观的数据和明确的统计方式帮助项目团队完成交付工作。

（6）不确定性绩效域：交付工作的性质会影响项目团队驾驭不确定性的方式。

五、行动方案

我们针对差距分析中的结论进行优化，解决方案如表5-4所示。

表5-4　解决方案

问题	解决方案	负责人	跟进人	完成时间
品类单一问题	拓展供应商，让品类丰富起来	张大牛	陈恭	V2.0迭代期间
菜谱功能一键下单优化	菜谱功能中的配料设置为可选模式，减少配料浪费	大鹏	陈恭	V2.0迭代需求优化

我们把问题记录下来，并让项目经理形成闭环，这样才算完成了一个好的项目总结。

第三节　让项目流程为我们服务

回想在菜多多项目的整个过程中，有迷茫，有热烈的争论，有令人激动的突破，有蓦然的灵光一现，有无数次不懈的坚持……一切都是为了等到项目成功上线的那一刻、第一名用户注册使用的那一刻、第一万名用户注册使用的那一刻。这些让大家热泪盈眶的时刻，就是我们坚守的初心所开出的花。

随着项目的完美交付，陈恭说出了上面这番话，大家听后无不潸然泪下，都在为菜多多、为这个项目、为大家、为自己欢呼喝彩。马丁老师捋了捋胡子，好久没有看到这样的场面了。等大伙的情绪稍微平复，马丁老师清了清嗓子，开始引导大家进入正题。他说，在总结之后，开"庆功宴"之前，还有一个非常重要且对整个组织有提升和促进作用的环节，那就是裁剪。

一、什么叫裁剪

马丁老师环顾四周，看大家已经安静了下来，为了引起大家的兴趣，问："谁知道裁剪的意思？"

（一）裁剪的本意

春哥嬉戏地喊道："将风衣剪成马甲，就是裁剪。"大家哄堂大笑。马丁老师也乐了："看来大家都知道，这个问题确实简单。那么把它放到咱们IT行业，就非常形象了，就是'量体裁衣'，剪出符合我们实际情况的管理过程。"

（二）裁剪的目的

裁剪是项目管理启动阶段的一项关键活动，能够根据项目或组织某个方面的特定需求对过程进行受控的管理或变更。过程裁剪应受到限制，并考虑业务目标和技术需求。在处理那些相对不是很重要或只能间接影响业务目标的过程时，裁剪可允许更大的灵活性。重点满足项目环境中的目标和约束条件，平衡裁剪的灵活性与过程在整个组织中的一致性，有助于团队应对以下环境变化。

（1）业务目标。

（2）客户需求。

（3）成本、计划与质量。

（4）风险。

（5）技术难度。

（6）人员具备的技能或经验等。

从项目管理的角度看，是否要进行裁剪，取决于项目生命周期模型、选用的供应商和其他因素等。总体来说，项目就是在有限的人员、预定的期限、可接受的成本等限制条件下完成的。马丁老师扶了扶眼镜说，不会有无限的人员、时间和预算来让我们完成一个项目。大家可以回顾一下前文所述的传统项目约束三角模型和敏捷项目约束三角模型。敏捷项目约束三角模型中各要素之间的关系如图5-1所示。

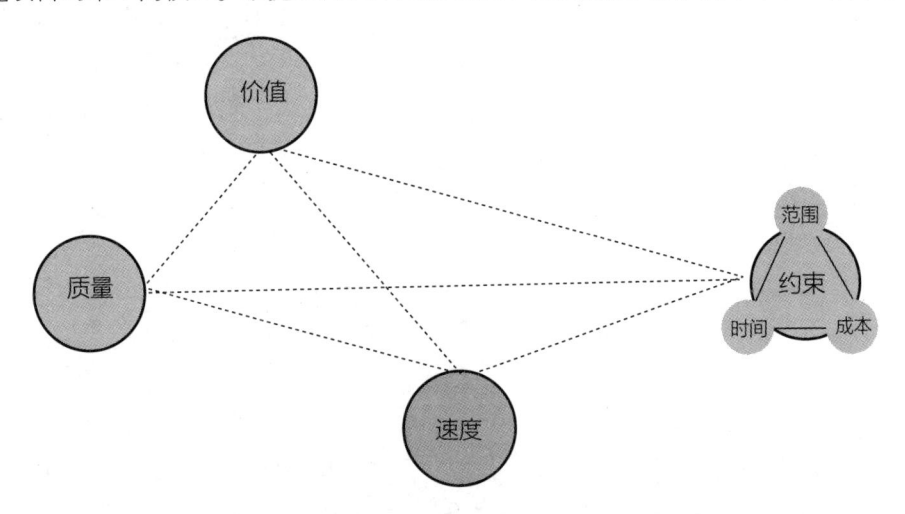

图 5-11　敏捷项目约束三角模型中各要素之间的关系

（三）裁剪的价值

裁剪是为了更好地适应组织、组织所在环境和项目三者之间的需要。要综合考虑所处组织的环境变量等，包括项目的价值和目标、涉及干系人的范围和数量、所需人员的数量和能力、预期的投入产出、事先约定的期限等。裁剪既可以严谨且针对一个方面，也可以面面俱到，没有哪种单一的方法可以适用于所有的项目。

正是因为这些限制，再加上每个项目都是唯一的存在，所以裁剪要确保"自洽"，用适合的项目环境完成项目目标。同时，要保证与组织的协调一致，并能考虑到项目的实际情况。我们需要根据每个项目的目标和立项的实际情况，对组织既定的标准工作流程进行合理的裁剪，从而与组织的整体规范保持一致，并符合项目的工作流程。

裁剪本身也能为组织带来更多的收益，无论是直接收益还是间接收益。

（1）通过对一些工作流程或工作方法进行裁剪，可以完成更多的任务。

（2）驱动团队为客户创造更多的价值。

（3）更合理、高效地利用项目资源和组织环境。

说到这里，马丁老师看着大家，嘴角又开始不自觉地微微上扬："所以我们菜多多项目才选择预测型（瀑布模式）框架，灵活运用'迭代+增量'，形成适合项目的融合型模式作为项目的生命周期模型。"

这时春哥不好意思地说："我这才明白裁剪的意义，学问大了去了。真的不是简简单单地'剪一剪'就行，需要前期进行各方调研，根据项目目标，结合公司的现实环境，再根据我们这些'花花草草'们，剪裁出一个适合我们生长的环境。这个环境不能太大，要是1 000平方米却只放我们15个'花草'，未免太浪费了；当然也不能太小，否则我们都被挤趴下了。还得有点风雨，让我们在一定的压力下成长。但不能是狂风暴雨，要不然我们就被淹没了。"春哥这番风趣的说明，惹得大家捧腹大笑，在快乐之余也理解了裁剪的含义和关键要点。

二、如何进行裁剪

马丁老师搭了块白板，开始向大家讲解裁剪的思路，大家也都围在白板的周围，认真地听着。马丁老师敲着白板说："这里的重点是：搞清楚能裁剪什么，不要乱裁剪。"

（一）裁剪的原则

在裁剪之初，首先要确保组织环境合规，毕竟要想完成一个项目，要先明白我们所在的组织，以及组织所在行业的一些标准或规范，避免在裁剪中将一些行业政策的规定、组织对外的承诺、审计的要求等裁剪掉。要最大限度地确保做正确的事。

为了确保做正确的事，我们先建立本次项目的裁剪原则。

（1）符合企业的组织规定：好的裁剪要适合组织现状。

（2）符合项目的交付目标：项目管理最终要产出交付成果，所以裁剪要为交付目标负责。

（3）符合客户价值：项目裁剪必须符合客户价值。

（4）符合项目干系人的利益：要想项目成功，必须符合干系人的利益，裁剪也不例外。如果裁剪不符合干系人的利益，干系人就不会支持，对项目来说这是一个沉重的打击。

（5）有利于项目团队协作：裁剪要团队认可才行，如果不能让团队更好地协作，只是为了做流程而裁剪，最终会将项目推向失败。

（二）明确裁剪的对象

裁剪时需要了解所在组织的支持环境和项目的交付目标。之所以反复强调这两点，是因为这两点是项目裁剪的核心因素。它们可以用来明确裁剪的目标范围，即明确到底可以裁剪什么、裁剪到什么程度，也就是裁剪的期望。

马丁老师引用了PMBOK专业体系对裁剪对象的描述："我们从项目交付的视角来看，可裁剪的对象分别为项目生命周期（含开发方法）、项目过程、参与及参与程度、工具、方法和工件。也就是我们要选择项目交付模式及具体过程、干系人参与项目及参与程度、使用的工具，以及项目过程中使用的方法和输出的可交付物。"

裁剪对象和项目的期望如表5-5所示。

表5-5 裁剪对象和项目的期望

裁剪对象		项目的期望
项目生命周期		组织现有的模式 vs 我们可以选择的模式
项目过程		组织允许的调整 vs 我们想做的调整（增加、修改、取消、混合）
参与	干系人参与	组织环境的参与程度 vs 我们需要的参与程度
	团队参与	组织可提供的团队人员及能力 vs 交付目标需要的人员及能力
	项目组权限	组织可接受的放权程度 vs 成功交付所需的自治程度
	内外部资源	组织可协调的内外部资源 vs 我们能管控的内外部资源
工具		组织可提供的工具 vs 我们需要使用的工具
方法和工件		组织已有的 vs 我们想用的

通过以上列表的清晰对比，我们想到了一句非常深刻的话："我不要你觉得，我要我觉得。"

这句话瞬间点燃了全场，真是一个恰到好处的总结，全员爆笑。在开心之余，大家也从一堆概念中了解了裁剪的"真谛"。

三、开始裁剪

前文带着大家学习了裁剪的含义、目的和价值，同时理解了裁剪的原则、裁剪对象，接下来将带领大家学习裁剪的过程。

马丁老师接着说，在开课前先给大家提一个新鲜的观点——关于裁剪的替代方案。"神奇吧，裁剪还有替代方案。"也有人认为，可以使用业界未经修改的框架和方法论来代替裁剪，这样可以摸索着应用，可能有奇效。

业界的框架和方法论基本包括组织、过程、方法、工件和工具等方面。不过这些方法论都是放之四海而皆准的通用做法，它们的指导说明都会指出：不应只严格遵守一套工作流程或标准规范，而要经过一个裁剪的过程，以便根据项目的特定类型、规模和复杂性确定哪些要素最有用。一些经验不足的人试图照搬这些方法论，而不考虑项目规模、复杂性、持续时间或组织环境等因素，就会出现各种问题。

为了避免这些问题，下面带领大家梳理裁剪的过程。《PMBOK®指南》（第七版）中有一张介绍裁剪过程的图，如图5-12所示。

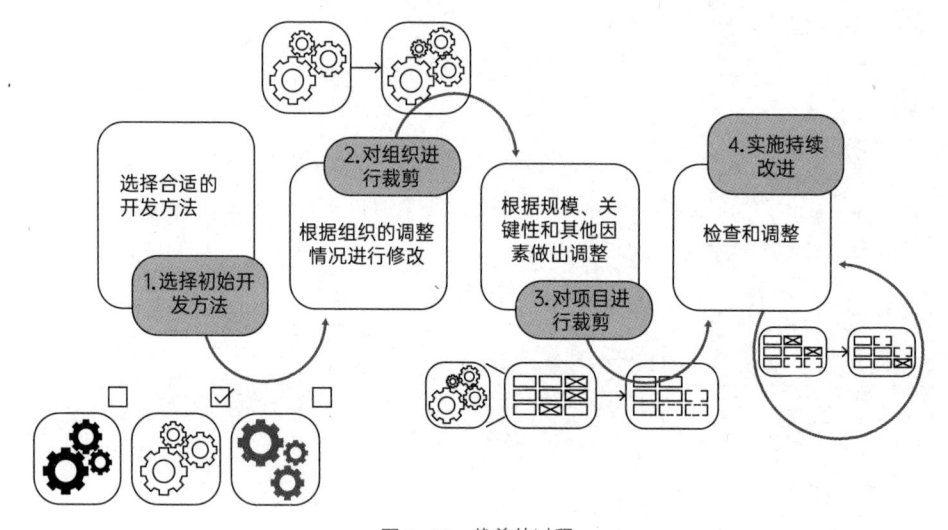

图 5-12 裁剪的过程

（一）裁剪前的准备

裁剪之前，需要了解项目背景、目的和运行环境。项目的运行环境非常复杂，需要平衡下列潜在的互相矛盾的要求。

（1）尽快交付。

（2）最小化项目成本。

（3）优化所交付的价值。

（4）创建高质量的可交付物和成果。

（5）遵守监管标准。

（6）满足不同干系人的期望。

（7）适应变化。

需要理解、评估和平衡这些要求，以便为项目创建切实可行的运行环境。当然，也有一些情况会限制项目团队的裁剪程度，如组织政策要求使用特定方法，或者合同强制规定使用某种方法。

（二）选择开发方法：菜多多项目的融合模式

马丁老师说："我们之前聊过项目生命周期绩效域和开发方法。大家一起回忆一下4种项目生命周期及开发方法。大家都已经认识到，无论哪种项目生命周期，都不是解决一切问题的终极方案，所有的痛点和问题存在即合理。我们要根据不同的团队、不同的场景来选择合适的项目生命周期。"

建议组织通过总结和提炼梳理出适合自己的开发方法，如表5-6所示。

表5-6　开发方法适用性评估

评估事项	适用情况
文化氛围	好
需求类型	中
客户参与度	中
人员数量	中
跨职能程度	好
任务并发量	差
集中办公程度	好
外部团队配合度	中
技术架构复杂度	中
关联系统数量	中

从契合度来说，适应型和混合型开发方法比较适合应用类产品（如App）的交付，能发挥较大的价值。应用这4种开发方法的3个关键原则如下。

（1）预测型、迭代型、增量型和敏捷型4种开发方法不是非此即彼的关系，而是可以相互融合的。

（2）既可以整体融合，也可以部分融合，至于融合的程度、规模，从哪些层面进行融合，则取决于质量与成本的平衡，以及团队目标和客户价值的一致性。

（3）要想统筹好融合工作，必须从全局的视角进行规划，保持价值交付的连续性，不需要划分明确的界限。

由此可见，要想顺利地实施融合模式，需要满足一些条件。

（1）自上而下地营造乐观开放、积极主动的文化氛围，引入敏捷思想，确定多种项目生命周期模式。

（2）相应的需求、架构、开发、测试、运维和安全等职能团队可以根据交付周期来相互配合，并保证全力支持。

（3）支撑多种项目生命周期模式的管理框架、交付模式，从持续集成/部署到持续交付实现全自动化，全项目生命周期过程实现可视化、可量化等，具备相应的组织能力。

只有满足以上条件，多种项目生命周期模式的融合应用才有可能真正达成，否则局部的融合应用仍会受到目标范围、需求变更、部署配置、产品版本管理等相关因素的影响而造成效果不佳、中断或失败的风险。

看着大家恍然大悟的表情，马丁老师微微一笑："说到这里，我们菜多多项目要探究的模式是，先以大家熟悉的模式作为初始开发方法，再逐渐融入新的思想，尽可能规避各个项目生命周期模式中已知的痛点，逐渐演化为敏捷开发方法，即基于预测型（瀑布模式）框架，灵活运用'迭代+增量'，形成适合团队的融合型模式。"菜多多项目的最终开发方法如图5-13所示。

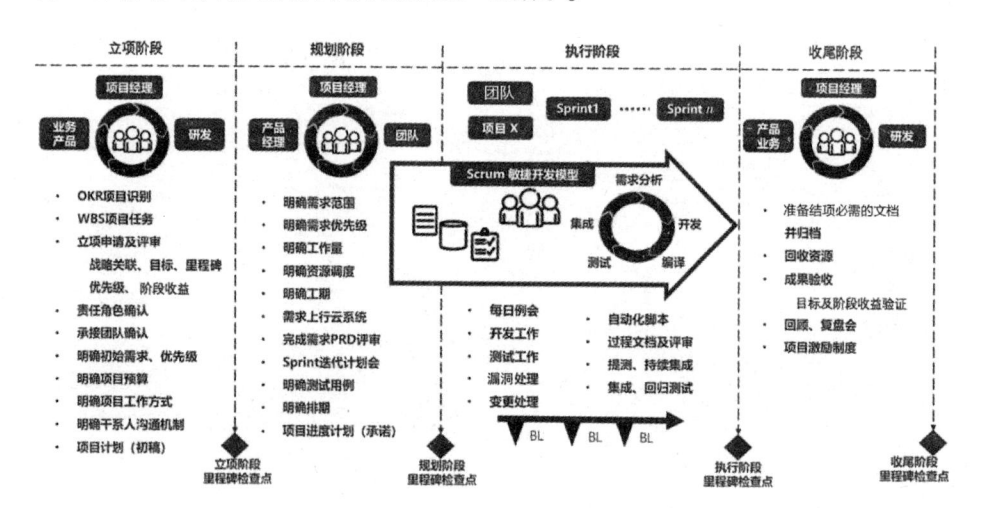

图5-13　菜多多项目的最终开发方法

（三）对组织"动手"

再回顾一下之前介绍的裁剪原则，以及裁剪时需要考虑的方面。下面从"正解"的角度，由马丁老师带着我们来学习一下如何对组织进行裁剪。

每个组织都应建立一套属于自己的项目管理方法论，并以此形成项目流程制度或项目管理体系，这些都是组织较好的实践，是在不同的项目中反复磨炼和验证的结果，同时加入了组织所在环境的一些政策规定或法律法规的要求，还包含组织内部对合规审计、项目治理、数据标准等方面的要求。所以，组织在对这些特定的活动或内容进行裁剪时，也会建立相应的约束并形成规定。

必要时还应增加监督环节，确保将相关规定落实到实际执行中。例如，安全性方面的要求和数据标准方面的规定，对菜多多项目来说都是非常关键的。安全性方面涉及客户的隐私，这一点是非常重要的，既有法律的规定，也有客户的要求，所以裁剪时一定要注意确保安全性，关注客户隐私保护设计环节。

为了确保裁剪的审批和监督的落实，一般组织会将这些职责归于组织管理机构，如项目管理办公室或价值交付办公室，由其对经过裁剪的开发方法或交付模式进行审批和审查。不过价值交付办公室大多承担引导、促进的角色，而非监督的角色，侧重为项目团队提供教练式辅导，以培养项目内部相关的技能和能力，并辅导张大牛、大鹏和陈恭更有效地承担各自的角色。

对于组织方法的裁剪包括取消、重新配置和增加，以使该方法更适合组织。《PMBOK®指南》（第七版）对组织方法的裁剪讲述得非常清晰，如图5-14所示。

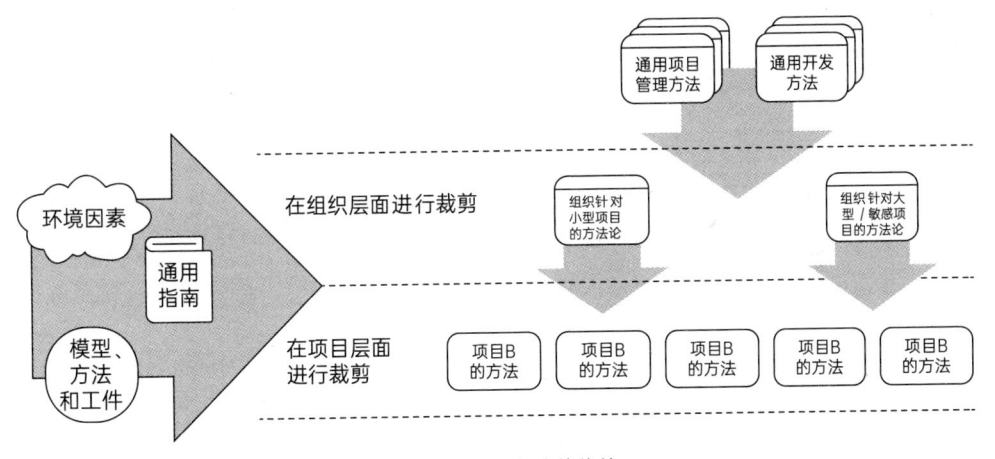

图 5-14 组织方法的裁剪

（四）对项目"动手"

下面从项目的角度说一下与项目相关的裁剪，如项目的可交付物（含开发的产品）、项目团队、项目团队文化氛围及项目过程的持续改进。

这些裁剪需要考虑相应的因素，下面一一说明。

1. 可交付物（含开发的产品）

可交付物的属性包括但不限于以下几点。

（1）合规性及关键性。可交付物本身具有规范和标准，在项目开展过程中会进行相应的质量检查活动（质量保证），所以对于产生可交付物的活动和交付数量，以及对规范标准的遵循程度，需要根据项目实际情况进行裁剪。

（2）可交付物的类型。有些可交付物是有形的，有些可交付物是无形的。对菜多多项目来说，有形的可交付物有商业画布、用户画像、项目策划方案等，无形的可交付物有大数据算法、隐私保护规则、黑名单机制等。有形的可交付物便于进行质量控制、验收等，无形的可交付物需要通过一些方法或手段验证结果。

（3）技术。对于项目中所使用的技术，需要考虑其成熟度，以及是否有足够的能力或人员来应用。有些新技术虽然看似能解决已知技术的痛点，但也会产生新的问题，所以在没有能够"驾驭"新技术的人员时，要适度地引入新技术或新框架。

（4）项目周期。这一点大家都不陌生，不过项目周期一般是固定的，人们都期望在相应的时间内完成项目的最终交付。项目周期不好裁剪，但项目内的一些阶段、迭代周期、发布计划等是可以裁剪的。

（5）需求稳定性。需求的清晰度或稳定性也会影响裁剪。对于初期需求比较清晰的或很明确的，可以考虑对需求变更进行一些适当的管控，这样后续版本开发和管理的压力比较小，可以考虑预测型裁剪。如果需求模糊或无法明确，则可以考虑适应型裁剪，确保适应需求的不断变化。

（6）安全性要求。当涉及可交付物的保密性或机密信息的管控要求时，需要在裁剪交付物时考虑安全问题。

（7）交付模式。对于可交付物的一些交付模式，如果明确了验收条件，则裁剪时应按照标准来进行。如果需要将客户的反馈作为可交付物（含产品）的成果验证，则裁剪时可以考虑通过增量、迭代等模式，在过程中提供给客户部分可用的交付成果，再通过客户反馈不断完善和优化可交付物，这样最终的交付结果也会被客户认可。可交付物的交付模式则根据可交付物的特点来选择。

菜多多项目的可交付物清单如表5-7所示。

表5-7 可交付物清单

输出可交付物清单	
市场调研报告	商业画布
项目启动任务书	用户画像
需求功能清单	版本规划
评审记录和结论	UI 设计图
提测单	测试报告
软件发布单	运营方案
ShowCase 结果	V1.0 软件
正式发布审批	V1.0.1 软件
项目总结报告	回顾会议纪要

2. 项目团队

对于项目团队的裁剪，下面列举一些注意事项，帮助大家能更清晰地理解。

（1）团队的规模：参与项目团队的人数。重点关注全职/兼职/按需，以及内部/

外包。

（2）办公模式（地理位置）：团队成员的办公模式或所处的地理位置。办公模式主要有集中办公、远程办公，还需要注意是否有跨地区、跨时区、多种语言等情况。

（3）外部协作（组织分布）：团队之外的干系人的协作模式和组织分布。尤其是发起人、依赖的外部支持团队、相关营销与质量部门等的分布，要考虑相互协作的成本、效率和效果。

（4）项目团队的经验：交付目标所在的行业领域、需要的行业经验、对应的市场经验、对应产品的运营经验等，尤其是行业所需要的知识技能、通用工具或特定的技术等。

（5）客户参与：这一点对项目交付成果来说是较为重要的，需要对客户的参与程度、及时反馈等进行重点裁剪。

从菜多多项目团队裁剪前后的变化可知，随着对组织的裁剪、对项目文化氛围的裁剪，以及对可交付物交付节奏的裁剪等，项目团队的结构从最初的智能层级管理结构转变为自组织的扁平化团队结构，这样更有利于发挥项目团队的整体能力，更有利于应对创新项目面临的风险和困难。

菜多多项目团队结构如图5-15所示。

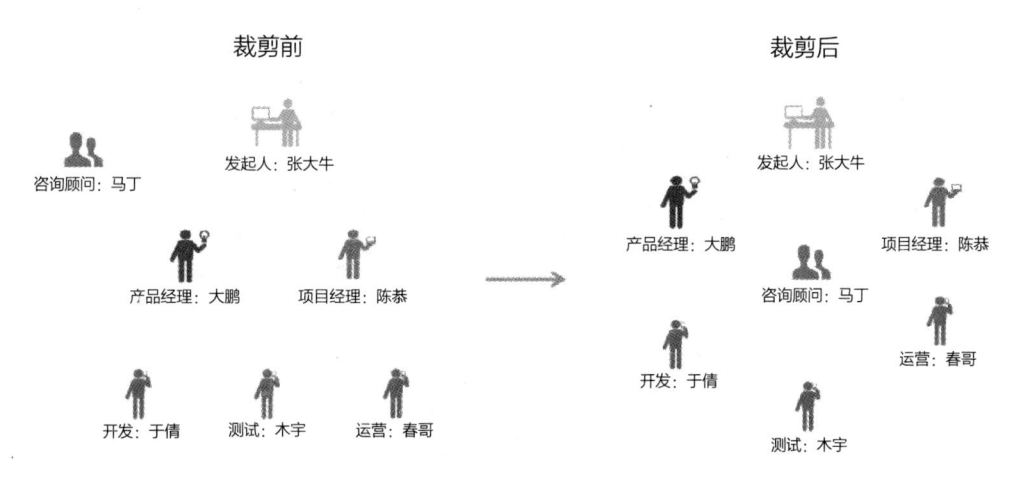

图 5-15　菜多多项目团队结构

3. 项目团队文化氛围

项目团队文化氛围决定了团队成员及干系人的直接感受。需要考虑以下因素。

（1）认同：对于所有团队成员的提议，是否能表现出客观的态度，能否接受、支持和充分认可。

（2）信任：团队成员之间是否互相高度认可，尤其是对于团队成员的能力、品质；是否有能力完成项目分配的任务，是否致力于交付项目目标。

（3）赋能：组织对项目赋能，项目对个人赋能，团队成员之间相互赋能。组织赋能项目自治，项目赋能个人进行自我挑战，拥有不同技能的团队成员之间相互帮助和学习。这些都是赋能裁剪所要考虑的因素。

（4）组织文化传导：在进行组织文化裁剪时，需要关注的内容比较广泛，如组织价值观的宣导、文化氛围的灌输，以及一些指定的组织检查、提醒项目需要关注的政策、需要请求的外部决策等，更多的是组织所在环境的影响。

通过对以上因素的评估，可以制定裁剪指南或决策，如取消或增加某些项。图5-16描述了取消和增加的项，其中"×"代表取消的项，虚线框代表增加的项。

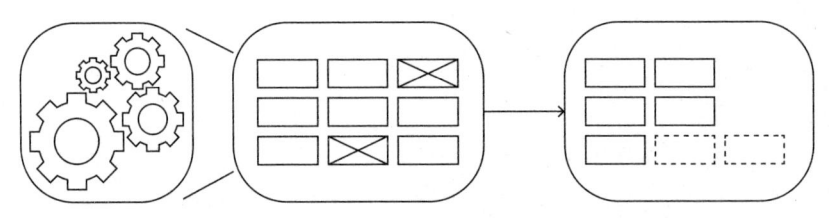

图 5-16　取消和增加的项

在团队绩效域，我们建立了菜多多项目团队的文化氛围，如透明、诚信、尊重、对话、勇气、团队支持、无偏见的环境及共同成功。这些不仅要在裁剪中体现出来，更需要项目团队通过自我成长持续维护。

菜多多项目团队的文化氛围裁剪如图5-17所示。

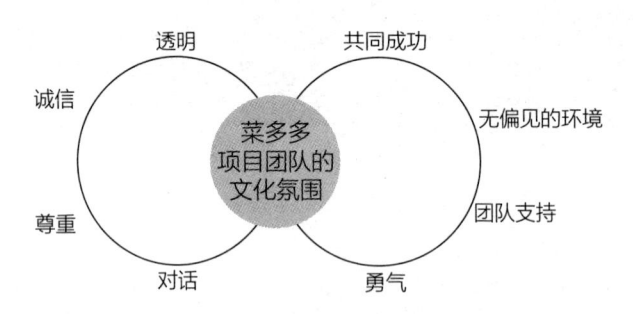

图 5-17　菜多多团队的文化氛围裁剪

4. 项目过程的持续改进

在大家的印象中，裁剪都是在项目启动时进行的一次性活动，项目启动之后则不会再考虑裁剪。在项目逐渐开展的过程中，项目团队的开发方法、交付模式、协作方式，以及交付物/产品的可交付物等，都会随着项目所处环境的变化、客户对交付成果的反馈、项目目标的调整等一步步演进。项目团队需要对项目过程进行裁剪调整，有针对性地增加检查点、阶段准出关口，并通过回顾会议或复盘活动等进行审核和调整。这样可以提升项目团队的主动性和自治能力，保证持续交付和质量承诺。

项目团队可以自主找寻解决方案，将一些业界良好的实践应用到改进措施中。经过项目实践和调整，项目团队可以将实践变为自己的知识资产，并将其进一步提炼转化为组织的知识财富。这样既可以激发项目团队的主动裁剪意愿和不安于现状的思维模式，又能体现组织对项目团队的信任。

图5-18展示了项目过程的持续改进，涉及增加、变更和取消等活动。

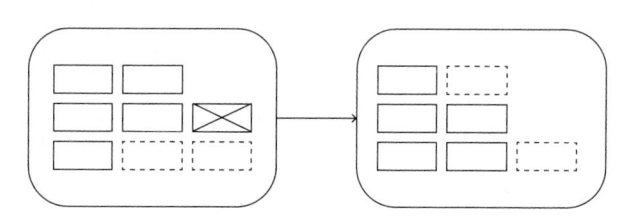

图 5-18　项目过程的持续改进

再提一个观点，"组织的裁剪方式本身就是可以裁剪的"。大多数组织采取的裁剪过程包括选择初始开发方法、对组织进行裁剪、对项目进行裁剪及实施持续改进，如图5-19所示。

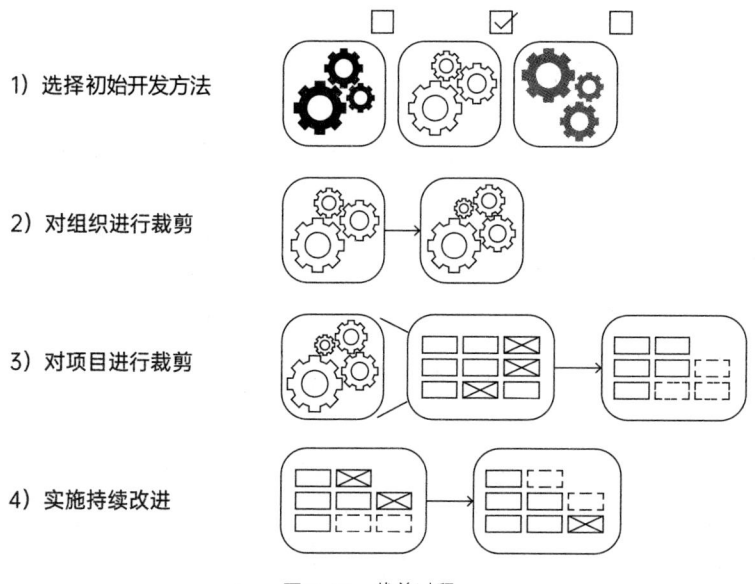

1) 选择初始开发方法

2) 对组织进行裁剪

3) 对项目进行裁剪

4) 实施持续改进

图 5-19　裁剪过程

对于菜多多项目的持续改进，前文做了详细的阐述，这里简单总结一下：为了保证更好地适应菜多多这一创新项目，团队选择从预测型向敏捷型演进，以保证融合模式的逐渐落地。

菜多多项目持续改进的过程如图5-20所示。

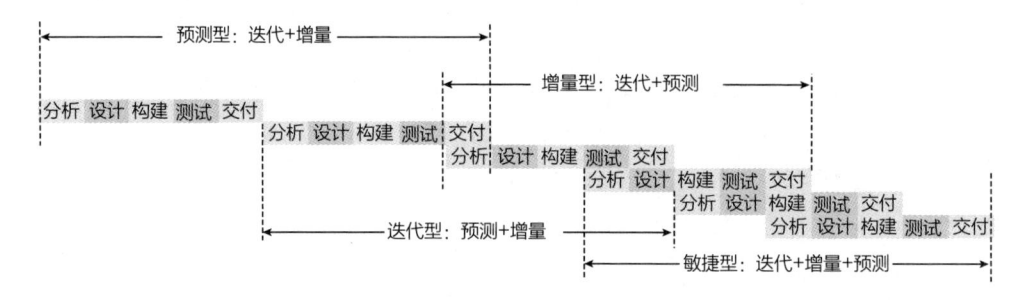

图 5-20　菜多多项目持续改进的过程

（五）对绩效域"动手"

绩效域是菜多多项目最重要的关注内容之一，因为项目的独特性要求对每个绩效域的相关活动及交付成果进行裁剪。项目管理的原则也为大家提供了指导，通过合适的裁剪来满足项目背景及所在环境的特定需要。

《PMBOK®指南》（第七版）从价值、领导力、驱动力变革、团队氛围、风险应对和质量内嵌等角度对项目管理进行了诠释。以下为项目管理原则。

- 聚焦价值。
- 拥抱适应性和韧性。
- 展现领导力行为。
- 成为勤勉、尊重和关心他人的管家。
- 驾驭复杂性。
- 为实现预期的未来状态而驱动变革。
- 营造协作的团队环境。
- 与干系人有效互动。
- 优化风险应对。
- 识别、评估和响应系统交互。
- 将质量融入过程和可交付物中。
- 根据环境进行裁剪。

项目管理原则与项目绩效域的关系如图5-21所示。

项目管理原则				
成为勤勉、尊重和关心他人的管家	营造协作的团队环境	与干系人有效互动	聚焦价值
识别、评估和响应系统交互	展现领导力行为	根据环境进行裁剪	将质量融入过程和可交付物中
驾驭复杂性	优化风险应对	拥抱适应性和韧性	为实现预期的未来状态而驱动变革

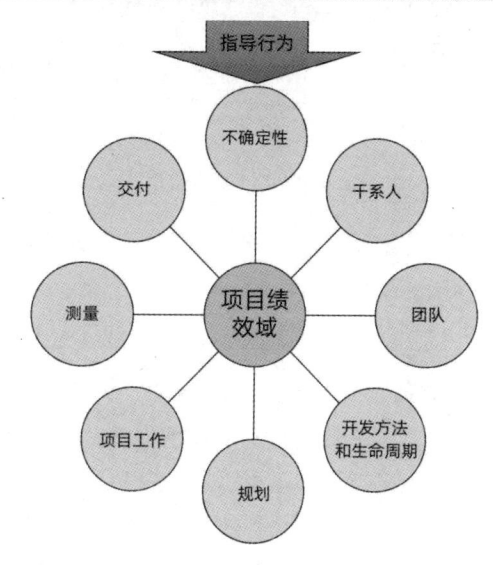

图 5-21　项目管理原则与项目绩效域的关系

总结来说，对于八大绩效域的裁剪不能简单地看理论，需要将其放到应用场景中描述。所以对于绩效域，需要从"误解"的视角裁剪，最后将糅合起来的效果展现给大家。

（六）评估效果

评估就是通过项目过程中的一些会议活动或反馈方法，确定项目的实际运行情况，判断项目运行是否良好。例如，有些团队通过回顾会议或复盘会议等有效方式持续评估现状、发现问题、记录问题和改进问题。有些团队没有设定回顾会议等活动，通过项目过程中记录的问题、识别的风险、相关干系人的反馈，以及在质量保证数据等活动中获取的信息、迹象，进一步诊断或评估裁剪调整的必要性和有效性。

表5-8列出了一些常见的情况及裁剪建议，供大家参考。

表 5-8　常见的情况及裁剪建议

常见的情况	裁剪建议
可交付物质量差	增加更多反馈核实循环和质量保证步骤
团队成员不确定该如何继续开展工作	增加更多指导、培训及核实步骤
审批时间过长	在项目一定价值临界值之内，尝试通过设置更少的授权人员简化审批决策流程
在制品过多，或者报废率过高	运用价值流图和看板等工具将工作可视化，识别问题并提出解决方案
干系人没有参与或分享负面反馈	评估是否与干系人充分分享了信息、反馈循环是否存在且有效，以及更深入的参与是否可能比简单的沟通更有效
对项目进展缺乏了解	检查项目以确保团队和干系人会议期间收集、分析、分享和讨论了适当的措施；确认团队内部和干系人就相关措施达成了一致
持续出现团队未准备好应对的问题和/或风险，需要团队做出反应，而非处理手头的工作	探究根本原因，以识别项目过程或活动中是否存在差距

（七）裁剪总结及持续裁剪

以上从裁剪的含义、目的和价值说起，从如何进行裁剪入手，通过介绍裁剪的原则及明确裁剪对象等，让大家充分地了解裁剪，建立裁剪的立体"形象"，打破大家对裁剪的固有印象，从而全面、深入地了解裁剪的本质。

除此之外，前文还详细介绍了裁剪的过程，包含裁剪前的准备、选择初始开发方法、对组织进行裁剪、对项目进行裁剪、对绩效域进行裁剪、诊断和总结等。

裁剪的最终目标是：实现更快、更好、更高质量的基于价值的交付。

从菜多多项目团队的实例来看，裁剪并不是一蹴而就的，也不是仅在项目初期执行一次的活动。我们需要在项目开展过程中根据各种活动、数据统计、流程机制等，持续发现各种问题，并持续进行裁剪和反馈。

四、常见的裁剪误解

裁剪可以从不同的层面、过程、广度进行，也可以从不同的成熟度、深度进行，还可以考虑开发方法、过程、项目生命周期、可交付物及团队成员等。

接下来说说以往大家对裁剪的误解，并给出一些建议。

（一）认为裁剪就是"裁减"

在裁剪时，不能光想着减少，也可以进行增加、修改等操作，以及混合、调整等各类变化。下面以菜多多项目为例来说明。

（1）增加：针对项目的一些交付目标，在标准工作规范中增加特定内容。例如，从菜多多项目的角度看，在项目初期，在预测模式的基础上增加了迭代模式，同时根据政策规定在设计阶段增加了客户隐私保护规则等，这些都是需要增加的内容。

（2）修改：为了让项目团队更好地完成项目，会修改一些内容。例如，如果对敏捷方法不熟悉，可以先用需求分析代替用户故事，在需求拆分中，慢慢引导大家使用"Given…When…Then"的句式来表达。又如，团队中有视力不好的成员，则调整项目文档的颜色或格式来适应每个人。

（3）取消：取消一些不必要的环节或交付物，能让项目团队更快、更多地交付成果。例如，菜多多项目团队是集中办公的，大家相互之间沟通良好，则可以取消会议记录，因为在测试过程中大家针对缺陷进行了及时沟通，所以可以取消缺陷评审之类的活动。

（4）混合：提高项目团队交付的价值，可以将一些不同模式的实践混合使用。例如，马丁老师建议在预测型项目生命周期中使用项目计划和迭代计划来做计划的分级管理，在不同的阶段体现每次迭代的具体交付目标。大鹏在需求分析阶段引入了商业画布等方法，都是为了更好地完成价值交付。

（5）调整：针对实际场景，大家会一起商讨标准或度量指标的调整方法。例如，陈恭提出，对于产品设计和开发编码的工作量评估，需要通过将其转换为人天的方式保持进度跟踪的一致性。木宇通过将需求条目化，利用用户故事、开发编码、测试案例和缺陷、迭代上线版本等方式统计覆盖率。

（二）裁剪只是针对过程进行的

其实，裁剪不只针对过程和交付物，还可以对项目人员、工具、方法，甚至参与程度等进行裁剪。

项目团队是由人员组成的，谈到人员就不得不谈两个方面：一是人员的技能和能力；二是团队的自治和整合。可以使用流程方法组织大家进行协作，再通过工具提高项目团队的效率等。

1. 人员裁剪：技能和能力

需要评估项目领导层和项目团队的技能与能力，然后根据项目交付目标和交付周期考虑需要哪些技能，以及团队成员对该技能的熟练程度。例如，在菜多多项目初期，需要既能做产品需求分析，又能从技术架构的视角划分产品的应用型人才。

2. 开发方法和生命周期裁剪

需要考虑对要交付的目标、产品、服务或结果而言，适合采用哪种开发方法，哪种项目生命周期有助于项目团队更好地发挥项目优势。例如，菜多多项目在规划阶段选择先以预测型方法开展项目，在过程中结合增量型方法和迭代型方法，确保项目团队能适应，最终完成向敏捷型方法的转变，这样既保证了合理规划，又保证了客户认可结果。

3. 项目团队裁剪：自治和整合

项目发起人张大牛决定给予项目团队最大限度的自治和决策权，减少公司运营部门对项目的监控。从资源整合的角度来说，裁剪更多地体现各方干系人的配合及配合的程度、参与的频率、决策的范围等，这些裁剪对一个新的项目团队来说是非常重要的。

4. 工具裁剪

团队最了解适合自己项目的工具，所谓"武林高手都有称手的兵器"。只是在选择过程中，需要考虑项目团队的所有人员是否都熟悉工具的学习门槛，以及工具成本等。有时为了创新或优先使用当前的工具体系，决策者会提出一些期望或要求。例如，菜多多项目团队虽然集中办公，但为了配合疫情防控，裁剪工具时要考虑将远程协作工具作为应急方案，并且将其应用在项目过程中以提高团队成员的熟练度。

5. 方法和工件裁剪

项目过程中会用到很多实践和方法以帮助团队更好地交付成果，这些实践或方法都需要特定的项目环境。这部分裁剪的目的是让项目团队能在组织的环境下，使用适合的实践和方法来实现更高质量的交付。有些方法，如商业画布、故事点估算、迭代、新的技术架构等，都需要组织环境提供相应的支撑才能落地。

（三）只是基于组织要求进行裁剪

裁剪除了考虑项目过程和项目团队成员，也可以对组织的支持和团队的决策范围进行裁剪，当然前提是取得管理层的认可。菜多多项目对菜菜网络有限公司来说是一次全新的尝试，所以项目发起人张大牛在决策层进行管理程度裁剪时，减少了高层管理者的介入和监督，调整了绩效考核的标准，给予项目团队更大的自治空间，充分放权，充分信任。

那么张大牛都进行了哪些操作呢？从上面短短的几句话中，能看出他做了组织层面的事情，说白了，就是从公司层面、从管理层角度提出对一个项目的管理要求。下面则从整体视角来说一说基于不确定性和测量的裁剪及基于干系人和规划的裁剪。

1. 基于不确定性和测量的裁剪

每个组织都有一套对项目成功与否的评价体系，对个人能力也是。这些评价体系有形成制度的管理规范，有形成机制的考核标准。如果一个创新的项目仍然按照传统项目来管理和考核，到相应的阶段就提交相应的成果、公布相应的考核数据，执行起来必然会束手束脚。

例如，你刚搞清楚市场需求，开发了一个MVP版本，领导却说需求不完善，存在较大的风险，需求框架不完整，达不到上市标准。领导三番五次地找你谈话，你还能坚定地创新吗？

因此，在做项目之前，需要先得到管理层的充分理解，同时对组织的运营要求和考核机制进行相应的裁剪，才能确保创新项目的顺利执行。

2. 基于干系人和规划的裁剪

创新是个"风险活"，遇到的都是新问题。不能总想着请教领导和专家，对于创新场景，可能大家都没遇到过，所以需要不断试错，不断纠正，要有再次试错的勇气，组织也要营造容错的氛围，而不是面对可能的后果不敢尝试，这样是无法创新的。因此，需要给予莱多多项目团队更大的管理空间，以及时决策，同时给予项目团队足够的信任，让项目团队敢于决策。

减少一定的高层管理者的介入和监督，就是为了让项目团队放下管理顾忌，敢于挑战难题，在项目成本的范畴内充分自治。同时，主动汇报、及时报备，不要给领导们制造"惊喜"，只有这样才能赢得管理层的充分信任。

至此，大家都明白了组织裁剪的要义。通过张大牛的一番操作，可以看出组织裁剪的两个要点：一是组织裁剪对创新项目非常重要，二是对组织管理的裁剪是项目成功的关键之一。

所以，大家在进行项目裁剪时，不要局限于项目内部，对于项目所在组织的裁剪也应该尽早去做。

3. 依靠经验从单一层面进行项目工作和交付的裁剪

对于项目工作，可以从组织级、项目级、团队级、个人级等不同的层面进行裁剪，也可以从交付物、项目团队、绩效考核，甚至是项目团队的文化氛围等不同的领域进行裁剪。之所以把这一点作为"误解"提出，主要是因为它确实有些"偏门"，也经常被大家忽略和遗忘。不同领域的裁剪思路会对项目产生较大的影响。

马丁老师说："为了拓宽大家的裁剪思路，我专门谈一下这一点，让大家不再受到惯性思维的限制，能从多个层面来考虑裁剪的程度，而不只是从流程和交付物的角度裁剪。"

表5-9可以作为大家裁剪的指引，便于大家在裁剪时找到切入点。

表 5-9 裁剪的指引

领域层级	决策范围	绩效考核	交付物	文化氛围
组织级	组织可给予的	组织可容忍的	组织最低要求的	组织容许下的最大宽容度
项目级	项目涉及的	项目可约束的	项目合规必需的	给予充分信任
团队级	团队需要的	团队追求的	团队可以承受的	开放的氛围
个人级	提升个人积极性的	激发个人主动性的	个人觉得有价值的	有一定的自治空间

以上是从更深入的角度对裁剪做的解读，同时也给大家一些启发，帮助大家真正地了解裁剪及其深层次的含义。陈恭见大家听得非常入神，又一次感受到了知识的魅力。不禁感慨："裁剪的影响这么大。"

第二部分

模型+方法+工件

这部分可以帮助大家了解团队所引用的理论体系的出处，帮助项目经理更好地建立体系化思维，提升项目管理的专业能力。大家可以把这部分当作工具，在考试中遇到专业名词时翻阅一下就能找到答案。

接下来先对模型、方法和工件进行说明。

（1）模型。模型是解释过程、框架或现象的一种思考策略。它是对现实世界的一种抽象，有助于解释事物在现实世界的运作原理。

（2）方法。方法是获得成果、输出、结果或项目可交付物的方式。其中的许多方法都与它们要达到的目的相关（如估算或数据收集）。

（3）工件。工件可以是模板、文件、输出或项目可交付物。也可以将交付物看作工件。工件可以是有形的，也可以是无形的。例如，汽车公司制造的一辆汽车，项目团队开发的菜多多App，都是工件的实例。

与任何过程一样，模型、方法和工件的使用都有成本，它们与时间、使用者专业水平/熟练程度、对生产率的影响等相关。项目团队在决定使用哪些要素时应考虑这些影响。项目团队应尽可能避免使用以下任何内容。

（1）重复的或不必要的工作。

（2）对项目团队及干系人毫无用处的信息。

（3）错误的或误导性信息。

（4）满足个人需要而非项目团队需要的事情。

第六章
常用模型

模型是反映现实情况的小规模的、简化的视图,可呈现优化工作过程和人力投入的场景、策略或方法。它有助于解释事物在现实世界的运作原理,还可以塑造行为并指向解决问题或满足需要的方法。有些模型是在考虑项目和项目团队的情况下开发的,其他模型则属于通用的模型。在可行的情况下,本章中的模型将在其适用于项目的具体情形时予以介绍。本章未介绍如何开发或创建新模型。

本章介绍的模型提供了一个高层级视图。项目团队成员和其他干系人可以参考各种来源,以获得有关模型的更完整的描述和说明。

第一节 情境领导力模型

情境领导力模型是领导力系列模型中的一种。正如项目团队对项目过程、生命周期和开发方法进行裁剪一样,项目团队也会对领导风格进行裁剪。情境领导力模型描述了如何裁剪领导者的领导风格以满足个人和项目团队的需要。以下是情境领导力模型的两个示例。

一、情境领导力® II

肯·布兰查德(Ken Blanchard)的情境领导力® II 将胜任力和承诺作为两大主要变量来测量项目团队成员的发展情况。胜任力是能力、知识和技能的组合;承诺涉及个人的信心和动机。随着个人的胜任力和承诺的不断演变,领导风格会经历从指导到教练到支持再到授权的变化,以满足个人的需要。此处再次展示情境领导力模型,如图6-1所示。

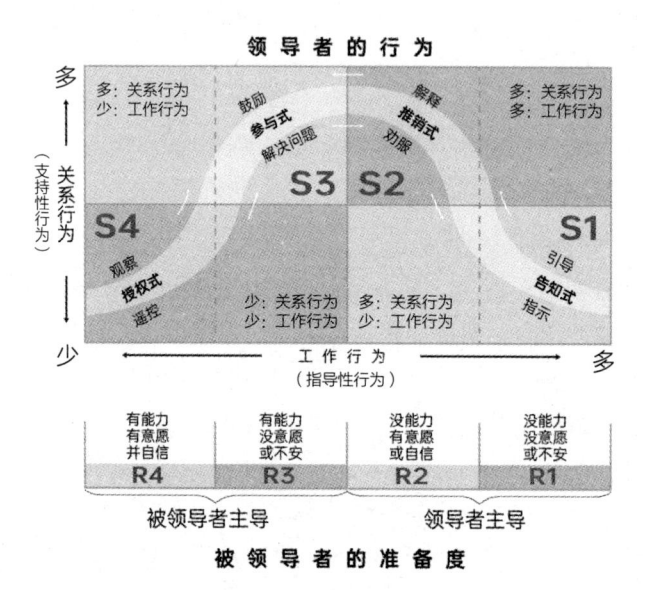

图 6-1 情境领导力模型

准备度水平指人们在每项工作中所表现出来的能力和意愿的不同组合。情境领导力理论认为，领导者要想实施有效的管理，就必须善于区分和把握被领导者当下的状态。人们经过大量的实证研究发现，按能力和意愿的高低程度，同一个人常常表现出4种不同的准备度水平，即R1、R2、R3和R4。对此第一章已有介绍，此处不再赘述。

这里要注意，员工的能力和工作的意愿都不是固定不变的，就算对待同一名员工，在不同的情境中，领导风格也要灵活改变。情境领导力强调与员工建立伙伴关系，重点不是对员工做什么，而是和员工一起做什么。

二、OSCAR模型

OSCAR模型由凯伦·怀特沃斯（Karen Whittleworth）和安德鲁·吉尔伯特（Andrew Gilbert）开发。它可帮助个人调整教练或领导风格，以便为已有发展行动计划的个人提供支持。OSCAR模型的内容是给予反馈时关注行为，不探究原因，遵循如下5步。

（1）成果（O）：我观察到……（I observed...）。成果确定了个人的长期目标，以及每次交流会议的期望结果。

（2）情境（S）：具体说出观察的内容，包括所有重要细节（Be specific）。情境可促成人们就相关内容展开对话，如项目团队成员的当前技能、能力和知识水平、为何处于该水平，以及该水平如何影响个人的绩效和同伴关系。

（3）选择/后果（C）：这样做的后果是什么？（What is the consequence?）选择/后果确定了实现预期成果的所有潜在途径，以及每种选择的后果，以便个人选择实现其长期目标的可行途径。

（4）行动（A）：还能采取哪些不同的行动？（What action you can take to make it differently?）在特定的时限内，行动是指个人通过专注于眼前的和可实现的目标，致力于具体的改进措施。

以下是为一个OSCAR模型的使用场景案例。

（5）评审（R）：采取这些行动之后结果是怎样的？（What is the result?）定期举行会议可提供支持，并有助于确保个人保持积极的状态和正确的方向。

团队成员小A在近期的项目会议上频频迟到，项目经理怎样使用OSCAR模型对他这种行为给出反馈呢？

项目经理：小A，我观察到你在过去的一周里，周二迟到了15分钟，周五迟到了20分钟。（O+S，成果+情境）

小A：非常抱歉，经理。

项目经理：你认为，迟到可能会带来哪些后果呢？项目会议涉及跨部门的沟通和协调，其他部门会怎么看待这种迟到现象呢？我们部门按时参会的团队成员又会怎么想呢？（C，后果）

小A：我迟到，对其他按时参会的人不公平，他们要浪费时间等我。

项目经理：如果其他人感到不公平，将带来什么后果呢？

小A：可能会影响我们积极的态度，而积极的态度一直是我们的宝贵财富。我们是一个积极向上的团队，我们的表现总是积极的，我从来没有想过要故意伤害大家的积极性。

项目经理：你能这样说我很欣慰。除此之外，还可能带来哪些后果呢？

小A：你作为项目经理，我作为团队成员，如果我迟到了，你会感到尴尬。

项目经理：我很感激你能想到我。那么你可以采取什么行动来改变现状呢？（A，行动）

小A：我保证以后开会不会迟到。

项目经理：非常感谢，你会在日历上为我们的会议设置一个定期提醒吗？

小A：肯定会的。

项目经理：太棒了！然后它会带来什么结果呢？（R，评审）

小A：从此以后，我就不会迟到了，大家都很开心。

第二节 沟通模型

项目的成功取决于有效的沟通。沟通模型展示了与以下内容相关的概念：发送者和接收者的参照框架如何影响沟通的有效性，沟通媒介如何影响沟通的有效性，以及最终用户的期望与现实之间的脱节情况。针对项目团队具有不同文化背景和干系人分散在各地的情况，这些模型能够使人们了解提高沟通效率和效果的沟通风格及方法。有许多沟通模型展示了沟通的不同方面。以下提供了沟通模型的两个示例。

一、跨文化沟通

布罗伊斯（Browaeys）和普赖斯（Price）开发的沟通模型包含如下理念：信息本身及其传输方式受发送者当前的知识、经验、语言、思维和沟通风格、模式化观念，以及与接收者关系的影响。同样，接收者的知识、经验、语言、思维和沟通风格、模式化观念，以及与发出者的关系将影响信息的解读方式。

跨文化沟通的障碍表现在以下几个方面。

（1）言语障碍和非言语障碍。

（2）信仰与行为。

（3）文化的多样性。

（4）价值观比较。

要想克服障碍，可以从如下几个方面入手。

（1）从态度和认识上提高敏感度，增强全球意识。人是文化动物，难免用自己的价值观来分析和判断周围的一切。例如，被别人批评几句，就什么都听不进去，总觉得自己的文化比别人的优越，或者有种族偏见，这些都是跨文化沟通的障碍。只有带着谦虚和平静的心态才能真正听得进去他人的批评，有效的沟通才可能真正发生。就如帕斯卡所说的名句："在比利牛斯山这边是真理的东西，在比利牛斯山那边就成了谬误。"要学会培养自己接受和尊重不同文化的意识。

（2）掌握不同文化的知识和语言工具，多了解自己的文化和其他文化的差异，这样会提高跨文化沟通的有效性。

（3）在行为上不断训练自己和不同文化背景的人交往，锻炼自己的能力，尤其是倾听能力。确认自己听到的是对方真正要表达的意思。

二、沟通渠道的有效性

阿利斯泰尔·科伯恩（Alistair Cockburn）开发了一种模型，它描述了沿着分别表示有效性和丰富性的两条轴线的沟通渠道。丰富性与通过一种媒介传输的知识量有关。媒介的丰富性是多种特征的函数，包括以下几个方面的能力。

（1）同时处理多个信息提示。

（2）促进快速反馈。

（3）确定个人关注点。

（4）使用自然语言。

沟通渠道的丰富性可使更多的信息得到快速传输。更具丰富性的沟通渠道（如面对面沟通）有利于处理复杂、繁杂及涉及个人信息的情况。对简单、真实的信息，可使用丰富性较低的沟通渠道传递，如备注或文本消息。沟通渠道的有效性如图6-2所示。

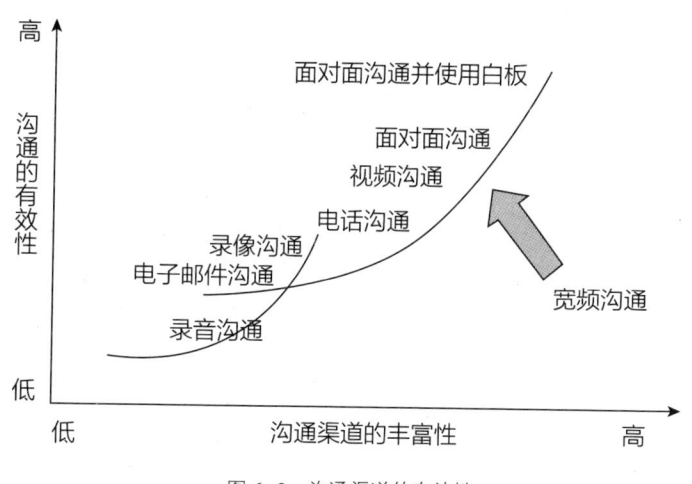

图 6-2 沟通渠道的有效性

三、执行鸿沟和评估鸿沟

为了成功地与技术互动，人们必须克服以下两个挑战。

（1）执行：采取行动完成特定目标。

（2）评估：了解系统的状态。

这些挑战被描述为执行鸿沟和评估鸿沟，如图6-3所示。如果没有设计有效的元素来支持用户，它们就会成为用户和用户目标之间不可逾越的鸿沟。

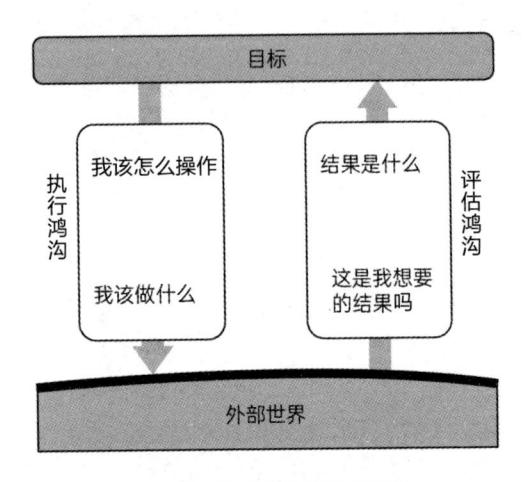

图 6-3　执行鸿沟和评估鸿沟

唐纳德·诺曼（Donald Norman）将执行鸿沟描述为某一项目与人们所期望的行为相符的程度。所谓执行鸿沟，就是基于用户意图或期望应该去做的事情与该项目使其能做的或支持其去做的事情之间的差别。例如，对于有自动泊车功能的小汽车，如果驾驶员按下"泊车"按钮，希望这辆汽车自动停放妥当，可实际上这辆汽车并未自动停放妥当，那么它就存在执行鸿沟。

评估鸿沟是一个项目支持用户解读该项目并与之有效互动的程度。例如，你网购了一款蓝牙耳机，收到货后却发现耳机始终无法自动连接到计算机。经过一个多小时的检查、设置，你几乎准备放弃了。此时你在网上搜索后才发现，你以为的"蓝牙打开"标志实际上表示"蓝牙关闭"，这就表示这款蓝牙耳机存在评估鸿沟。

执行和评估是相互依存的，如图6-4所示。成功的执行通常取决于正确的评估。在上面这个蓝牙耳机的示例中，只有纠正了对当前状态的评估，才知道如何利用开关按钮启用蓝牙。制定使用该系统的行动计划很容易，但是任何基于错误评估的计划都注定会失败。

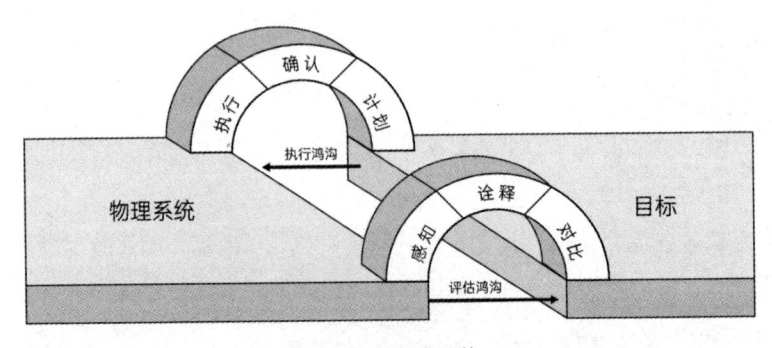

图 6-4　执行和评估

可以用心智模型来弥合鸿沟。理解一个系统需要付出努力，大多数人试图依赖心智模型来理解一个系统，以最小化这种努力。心智模型是一种关于系统如何工作，它的信号意味着什么，以及不同用户行为的结果是什么的理论。为了节省时间，大多数人依靠过去的经验来快速建立新系统的心智模型。设计师可以利用这一自然趋势，特意加入设计元素，帮助用户建立有效的心智模型。这就要求他们做到以下几点。

（1）确定用户已经熟悉的相关设计。

（2）在新设计和熟悉的设计之间创建视觉相似性。

（3）在新设计和熟悉的设计之间创建功能相似性。

物理和数字体验都可以作为系统心智模型的基础。重要的是，视觉信号暗示的模型应该实际上与系统功能相匹配，至少足以让用户正确地理解系统的状态指示器和预测结果。

回到蓝牙耳机的示例，有几种不同的模式来解释开关如何工作。有些开关根本不使用标签，而是使用位置或不同的背景颜色来区分不同的状态。其他开关设置有标签，通过将开关推向对应的标签工作。

第三节 激励模型

人们会受到不同事物的激励，并表现得更好。了解激励项目团队成员和其他干系人的因素，有助于裁剪奖励，从而促使人们更好地参与。有大量模型可以说明人们是如何受到激励的。以下介绍4种模型，但它们只是可用模型中的一小部分。

一、双因素理论

赫兹伯格的双因素理论包括保健因素和激励因素，也叫保健-激励理论，如图6-5所示。

根据传统理论，满意的反面是不满意。而根据赫兹伯格的双因素理论，满意的反面是没有满意，没有不满意的反面是不满意。因此，影响员工工作积极性的因素可以分为两类：保健因素和激励因素，它们相互独立，以不同的方式影响人们的工作行为。

保健因素指那些与人们的不满情绪有关的因素，如公司政策、工资水平、工作环境、劳动保护、人际关系等。保健因素的改善能够消除人们的不满，但不能使人们感到满意。如果保健因素不足，就会导致人们不满意。即使这些因素非常充分，也不会让人们满意。因为它们只是预防性的，只起到维持工作现状的作用，所以也称"维护因素"。

```
没有不满意 ←------ 保健因素 ------→ 不满意

满意     ←------ 激励因素 ------→ 没有满意
```

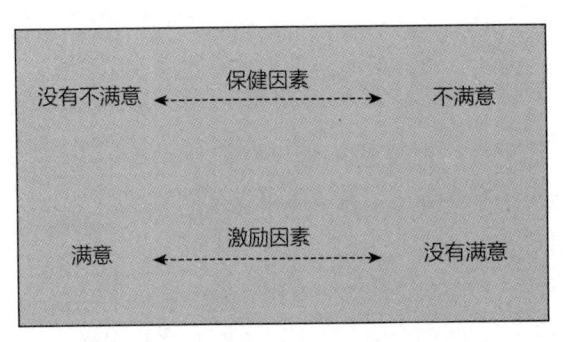

图 6-5　赫兹伯格的双因素理论

激励因素是指那些与人们的满意情绪有关的因素，如工作表现机会、工作带来的愉快和成就感、职务上的责任感、得到的奖励、对未来发展的期望等。激励因素的改善往往会给人们带来满意情绪。

赫兹伯格的双因素理论与马斯洛的需求层次理论是一致的。在需求层次理论中，低层次需求类似保健因素，高层次需求类似激励因素。

根据双因素理论，要调动人们的积极性，就必须在"满意"这个词上下功夫。在实际应用中，双因素理论强调内在激励，这在组织行为中具有划时代的意义，为管理者更好地激励员工提供了新的思路。

二、内在动机与外在动机

丹尼尔·平克（Daniel Pink）出版了几本关于激励人们的内在因素的书籍。他指出，虽然薪资等外在奖励在某种程度上是激励因素，但一旦某人的工作得到公平的报酬，外在奖励的动力就不复存在。对于复杂而富有挑战性的工作，如项目的大部分工作，内在激励因素的持续时间更长、效果更好。平克识别了3种内在动机：自主、专精和目的，并在作品《驱动力》中进行了详细阐述。

自主、专精和目的是超越国家及语言界限的概念。这些概念不是某个国家的价值观，也不是某个人的想法，它们是人类的理想。人类的天性决定了他们会寻求对自己命运的掌控权，希望自己引导自己。无论身处哪里，人们都希望能在有意义的工作中有所成就。

（一）自主——我做什么我决定

在大海航行靠舵手的时代，以及在传统的工业社会，绝大多数人只能作为巨大机器上的螺丝钉，被锚定在重复的事务性工作中，做上级委派的事情，超级稳定。而在"互联网+全球化"时代，机器和程序，以及更廉价的劳动力正在取代这些岗位，要想跟上时代的脚步，就必须转换思维——自主！

为什么一个迸发自由和创意的24小时被称作"联邦快递日"？为什么谷歌每年的新产品中有一半是在20%的业余时间诞生的？这个时代不需要更好的管理，而需要自我管理的复兴。人类天生就是玩家，而不是小兵；人类天生就是自主的个体，而不是机器人。

自主的四大要素是工作内容自主、工作时间自主、工作方法自主、工作团队自主。虽然现实中同时做到这4点几乎是不可能的，但实际上无论从事什么职业，每个人或多或少都有自主权。一个人一旦敢于确定目标、寻找资源、分配精力，把一两件自己想做的事做成，就能充分体会到自主掌控带来的回报有多大。

领导者要善于营造自我激励的团队文化：多提出问题，少要求答案；要对话，要争论，但不要强制；做彻底的事后分析，不要相互指责；建立"红旗"机制，即让员工和客户发现问题时及时讲出来。不同的个体有不同的需求，因此对管理者来说，最好的策略是弄清楚每个人眼里哪个自主要素最重要。

（二）专精——把想做的事情做得越来越好

专精指能够有所提高和表现出色。出色地开展工作、学习和实现目标是专精的几个方面。

控制带来的是服从，自主带来的则是投入。你是不是处于最兴奋、最令人满意的心流体验之中？达到心流，不仅是一瞬间的事情，还应该作为生活规范：为了实现专精而保持美丽的"聚精会神的神情"。它是必需品，人们需要它才能存活，它是人们灵魂的氧气。

要做到专精，需要具备成长型思维，就是认为做事情是为了让自己变得越来越好，而不是为了证明自己很棒。这也契合了平克阐述的"忽略外部驱动，专注内部驱动"的本意。

（三）目的——超越自身的渴望

只有想清楚为什么出发，才能走得更远。目的指能产生影响的需要。了解项目愿景，以及工作如何有助于实现这一愿景，可使人们感觉到自己正在产生影响。例如，菜多多App这个项目的目的是什么呢？对公司而言，面对新的外部环境，因战略转型需要，公司尝试进入新的竞争赛道，创造新的价值增长引擎。对用户而言，菜多多App不仅方便、快捷，还有品质保障，满足了他们采用最好的渠道、买到最好的菜、吃到最可口的佳肴的需要，这种需要的情感表征就是"爱、惊喜和可靠"，而菜多多App就是传达"爱、惊喜和可靠"的载体。

人类天生就是目的寻找者，这是一项比人类自身更伟大、更长久的事业。一直以来，传统商业只把目的当作装饰：只要它没有阻挡重要事情的路，它就是完美的配件。但是现在，目的的最大化与利润的最大化并肩而战，成为人们的远大志向和行动指南。在组织内部，这种新型的目标驱动以3种方式显现：利用利润来达到目的的目标；不只强调个人利益的誓词；允许人们用自己的方式达到目的的政策。

商学院毕业生的"希波克拉底"誓言：作为管理人员，我的目的是通过把人和资源结合在一起，创造个人无法独立创造的价值，服务于更广泛的利益。我会保护我的股东、同事、客户及所处社会的利益，我会努力在全世界创造经济、社会、环境方面的可持续发展。

高绩效的秘密不是人类的生物性驱动力，或者追求奖励、逃避惩罚的驱动力，而是人类想主导自己的生活、延展自己的能力、让生活更有意义的深层欲望的驱动力。

三、需求理论

戴维·麦克利兰（David McClellan）的模型表明，所有人都是由成就需求、权力需求和归属需求驱动的。每种需求的相对优势取决于个人的经验和文化背景。

（一）成就需求

受成就（如实现目标）激励的人，能被具有挑战性但合理的活动和工作激励。具有强烈的成就需求的人渴望将事情做得更完美，提高工作效率，获得更大的成功，他们追求的是在争取成功的过程中克服困难、解决难题、努力奋斗的乐趣，以及成功之后个人的成就感，他们并不看重成功所带来的物质奖励。个体的成就需求与他们所处的经济、文化、社会的发展程度有关，社会风气也制约着人们的成就需求。

高成就需求者往往有以下3个主要特点（性格特征）。

1. 喜欢设立具有适度挑战性的目标

他们不喜欢凭运气获得成功，不喜欢接受那些在他们看来特别容易或特别困难的工作任务。他们不满足于漫无目的地随波逐流和随遇而安，而总是想有所作为。他们总是精心选择自己的目标，因此，他们很少自动地接受别人（包括上司）为其选定的目标。除了请教能提供所需技术的专家，他们不喜欢寻求别人的帮助或忠告。他们要是赢了，会要求应得的荣誉；要是输了，也勇于承担责任。例如，有两个事件让你选：掷骰子（获胜机会是1/3）和研究一个问题（解决问题的机会也是1/3），你会选择哪个？尽管两者获胜的概率相同，但掷骰子容易得多。高成就需求者会选择研究问题。高成就需求者喜欢研究、解决问题，而不愿意依靠机会或他人取得成功。

2．选择目标时会回避过高的难度

他们喜欢中等难度的目标，这种目标既不是容易得唾手可得，没有一点成就感，也不是难得只能凭运气。他们会评估自己可能办到的程度，然后选定一个难度适中的目标，也就是选择能够取胜的最艰巨的挑战。

3．喜欢能立即给予反馈的任务

目标对他们来说非常重要，所以他们希望得到有关工作绩效的及时、明确的反馈，从而了解自己是否有所进步。这就是高成就需求者经常选择专业性职业、从事销售工作或参与经营活动的原因之一。他们对工作的结果非常关注，希望立即得到信息反馈，因此他们不愿意从事需要很长时间才能看到成果的工作。

（二）权力需求

受权力激励的人喜欢组织、激励和领导他人。他们被增加的职责所激励。权力需求较高的人对影响和控制别人表现出很大的兴趣，喜欢对别人发号施令，注重地位和影响力。他们常常喜欢争辩、健谈、直率和头脑冷静，善于提出问题和要求，喜欢教训别人，并乐于演讲。他们喜欢具有竞争性和能彰显自己较高地位的场合或情境，也会追求出色的成绩，但他们这样做并不像高成就需求者那样是为了获取个人的成就感，而是为了获得地位和权力，或者是为了让自己的成绩与已拥有的权力和地位相称。

成就需求和权力需求都会使人们有杰出的表现，但两者还是有区别的。权力需求的基本特点是希望影响他人，希望控制向下、向上的信息渠道，以便施加影响力、掌握权力。高权力需求者对政治感兴趣，而不像高成就需求者那样关心如何改进自己的工作。

（三）归属需求

受归属激励的人会寻求认可和归属感。亲和需求就是寻求被他人喜爱和接纳的一种愿望。高亲和需求者更倾向于与他人交往，至少是为他人着想，这种交往会给他们带来愉悦感。高亲和需求者喜欢合作而不是竞争的工作环境，希望与其他人有良好的沟通与理解，他们对环境中的人际关系更敏感。有时，亲和需求也表现为对失去某些亲密关系的恐惧和对人际冲突的回避。亲和需求是保持社会交往和人际关系和谐的重要条件。

麦克利兰的亲和需求与马斯洛的情感需求、奥尔德弗的关系需求基本相同。麦克利兰指出，注重亲和需求的管理者容易因为讲究交情和义气而违背或不重视管理工作的原则，从而导致组织效率下降。

四、X理论、Y理论和Z理论

道格拉斯·麦格雷戈（Douglas McGregor）提出了X理论和Y理论，它们代表了一系列员工激励和相应的管理风格。这些理论后来被人们扩展，形成了Z理论。

（一）X 理论

X理论是性本恶理论。该理论假设人们工作完全是为了获得收入。他们没有什么抱负，也不以目标为导向。激励这些人的相应管理风格是一种亲自动手和自上而下的方法。这种管理风格通常出现在生产密集型或劳动密集型环境中，或者出现在存在多层级管理的环境中。X理论认为：

（1）员工天生不喜欢工作，只要有可能，他们就会逃避工作。

（2）由于员工不喜欢工作，因此必须对他们采取强制措施或惩罚办法，迫使他们实现组织的目标。

（3）只要有可能，员工就会逃避责任，安于现状。

（4）大多数员工喜欢安逸，没有雄心壮志。

（二）Y 理论

Y理论是性本善理论，相对理想化。该理论假设人们有将工作做好的内在动机，因为激励这些人的相应管理风格具有个性化的教练特点，鼓励创造和讨论。这种管理风格经常出现在富有创造性的环境和知识工作者环境中。Y理论认为：

（1）员工视工作如休息、娱乐一般自然。

（2）如果员工对某项工作做出承诺，他们会进行自我指导和自我控制，以完成任务。

（3）一般而言，每个人不仅能够承担责任，而且会主动承担责任。

（4）绝大多数人都具备做出正确决策的能力，而不是只有管理者才具备这一能力。

（三）Z 理论

亚伯拉罕·马斯洛的Z理论从超验维度看待工作。该理论认为，在工作中，个人的动机是自我实现、价值观和更强的使命感。在这种情境下，最佳管理风格是一种可培养洞察力、具有意义的管理风格。威廉·大内（William Ouchi）的Z理论侧重通过创造关注员工及其家人福利的终身工作激励员工。这种管理方式旨在提高生产率、员工士气和满意度。平均、民主是Z型组织的核心，信任是基础，亲和是纽带，合作是宗旨，进而产生的是员工对组织的忠诚。

第四节　变革模型

许多项目都包含不断变化的制度、行为、活动和文化。管理这种类型的变革需要考虑如何从当前状态过渡到未来所期望的状态。有许多模型描述了成功的变革管理所必需的活动。以下提供了变革模型的5个示例。

一、组织变革管理

《组织变革管理实践指南》一书介绍了一个变革生命周期框架，如图6-6所示。它基于一系列变革管理模型中的常见要素，这些要素通过一系列反馈闭环相互关联。

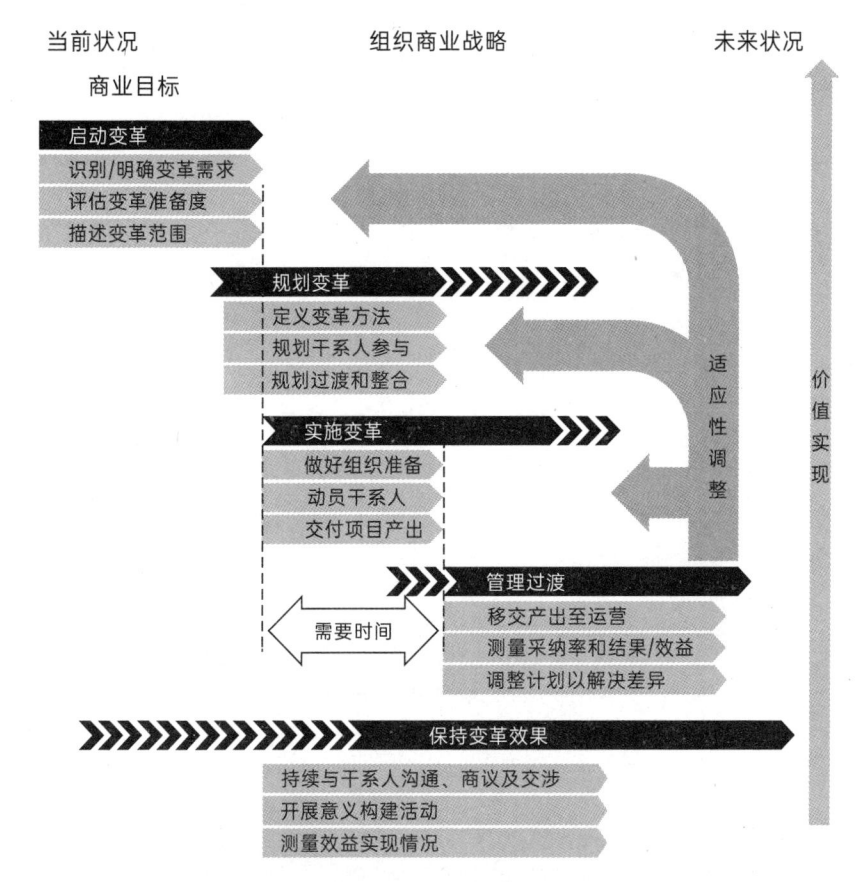

图6-6　变革生命周期框架

（一）启动变革

该要素侧重确定理由，以帮助人们了解为什么需要变革，以及如何使未来状态变得更好。所以，启动变革的目标就是把组织的战略计划转变成符合干系人需求和期望的有形目标。为了实现这一目标，在启动变革阶段需要做好以下3项工作。

（1）识别/明确变革需求：确定对变革的需求，明确为实现持续增长和保持竞争优势所需取得的业绩。

（2）评估变革准备度：评估那些将受变革影响或变革所需的组织系统、结构、文化和人员的准备度。

（3）描述变革范围：明确变革的预期结果，定义成功变革所需开展的活动。

（二）规划变革

确定活动有助于人们为从当前状态过渡到未来状态做好准备。通过明确"做什么"和"怎么做"规划变革，以便把相关的人员、过程、技术、结构和文化事宜都整合进项目组合、项目集或项目的整体计划中。无缝整合变革计划（怎么做）和项目组合、项目集或项目计划（做什么）很重要，这样可以保证只存在一份计划。为了实现规划变革阶段的目标，需要做好以下3项工作。

（1）定义变革方法：使变革方法与组织文化保持一致。

（2）规划干系人参与：识别将受变革影响或对变革有利益诉求的所有内外部干系人，规划他们持续参与变革的方式。

（3）规划过渡和整合：规划为实现目标及把变革成果融入商业运营所必需的全部活动。

（三）实施变革

该要素侧重那些能表明未来状态的能力，对这些能力进行检查以确保它们能够产生预期的影响，并将它们作为应对措施进行必要的改进或调整。规划、实施和过渡过程是相互交叉的。这进一步说明变革是一个迭代的过程。实施变革关注如何成功地向商业运营交付项目产出。为了实现实施变革阶段的目标，需要做好以下3项工作。

（1）做好组织准备：识别所需的具体支持，开展支持活动。

（2）动员干系人：告知干系人变革的最终目标，使他们能够积极参与，影响变革决策的制定。

（3）交付项目产出：变革举措要交付的项目产出可以是产品、服务和成果。

（四）管理过渡

该要素会考虑如何满足与未来状态实现后可能出现的变革相关的需要。这个过渡过程把变革举措与日常的商业运营联系起来。需要采取措施，为组织长期保持变革的效果创造条件。在管理过渡阶段需要做好以下3项工作。

（1）移交产出至运营。在变革过程中，随着项目成果的交付，需要开展过渡过程，把新能力整合到日常的商业运营中。

（2）测量采纳率和结果/效益。在商业层面对变革的结果进行考核。不仅要考核产品结果，还要考核业绩结果。

（3）调整计划以解决差异。所有变革举措都有一定程度的不确定性和模糊性。因此，团队需要经常调整变革计划，以适应环境的变化或演进。

（五）保持变革效果

该要素旨在确保新的能力能够得以保持，而以前的过程或行为得以停止。任何变革举措的成功都在于为组织及其干系人实现价值。因此，必须通过一些超出项目和项目集的传统工作范围的持续性活动保持变革的效果，典型做法如下。

（1）持续与干系人沟通、商议及交涉：与干系人的双向沟通及磋商有利于巩固变革成果。

（2）开展意义构建活动：持续开展对话和社交活动，让人们理解正在发生的事情。

（3）测量效益实现情况：从变革对组织的影响的视角考核变革的成功程度。

二、ADKAR®模型

杰夫·希亚特（Jeff Hiatt）开发了ADKAR®模型，该模型重点关注个人在适应变革时所经历的5个连续步骤，如图6-7所示。

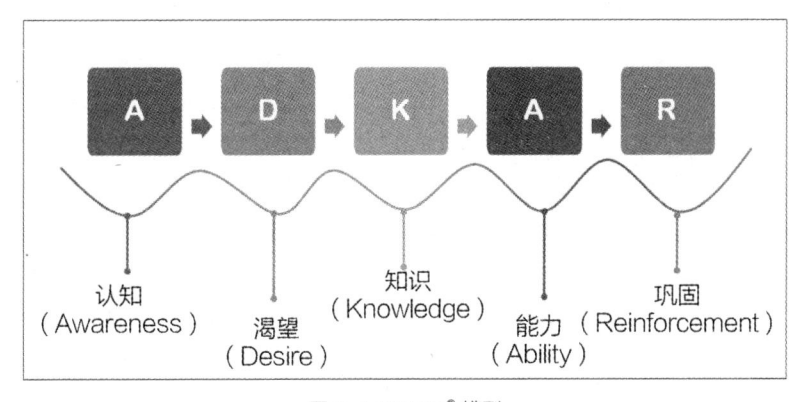

图 6-7 ADKAR® 模型

第一步：认知。该步骤回答了为什么需要变革。

第二步：渴望。一旦人们知道了为什么需要变革，就会有参与和支持变革的渴望。

第三步：知识。人们需要了解如何变革。这包括了解新的过程和体系，以及新的角色和职责。知识可以通过培训和教育传授。

第四步：能力。知识来自实践，应根据需要获得专业知识和帮助。

第五步：巩固。巩固可为维持变革提供支持，具体方法包括奖励、认可、反馈和测量。

接下来通过一个生活中的减肥实例来说明ADKAR®模型实操。

认知（A）：张小姐早上起床称了一下体重——70千克。但是相对她的身高而言，健康的体重应该在45千克左右。从数据上看，她已经严重超标了。在这一环节，张小姐意识到自己体重超标的事实。但认知归认知，她可能依然会像往常一样，该吃吃，该喝喝，不做任何控制。

渴望（D）：张小姐参加公司年度体检，医生告诉她患有中度脂肪肝，如果不减肥，将转变成重度脂肪肝，而且患糖尿病、高血压等疾病的概率会很大。在这一环节，张小姐意识到了问题的严重性。因此，她打算采取减肥行动了。

知识（K）：张小姐打算调整自己的饮食结构，再配合运动来减肥，但她对健康的饮食方法和科学的运动方法一无所知。于是，她购买了相关书籍，关注了很多减肥博主的视频号，也参加了很多健康饮食及科学运动的讲座。她开始知道怎样打造适合自己的健康饮食及科学运动计划。在这一环节，张小姐掌握了健康减肥的必要知识，但她真的能够将它们应用到日常生活中并坚持下来吗？

能力（A）：张小姐开始采取行动，一日三餐按照她制订的健康饮食计划执行，并且每天按照计划进行科学运动。张小姐风风火火地开始了她的科学减肥之旅，至于是否能持之以恒，让我们拭目以待。这一步很棒，张小姐开始将知识转化为行动。

巩固（R）：张小姐非常自律，并且不断地通过PDCA评估优化自己的饮食结构和运动方式。几个月过去了，她发现健康饮食和科学运动已经成为一种习惯。她的体重也开始有了明显的变化，渐渐降到标准体重，脂肪肝也改善了。至此，"健康饮食+科学运动"已经成了一种固化的习惯，张小姐的减肥行动取得了显著的成果。张小姐也因为自己的努力改变而感到非常高兴，并且计划一直持续下去。

以上实例表明，通过执行ADKAR®模型中的5个步骤，可以有效地规划个人和组织的变革。

使用ADKAR®模型将有助于个人和组织有效地实施新的变革，也有助于诊断和识别现有变革失败的问题点，从而采取纠正措施。模型中的每一步都概述了个人和组织的变革成功旅程，并提供了一个结果导向的变革管理活动。例如，有人对变革的必要性没有形成认知，则需要制订一个沟通计划来提升其对变革必要性的认知。这种结果导向的方法将提高变革成功的概率。

三、领导变革八步法

约翰·科特（John Kotter）在《领导变革》一书中介绍了面向转型组织的领导变革八步法，这是一种自上而下的方法。在这种方法中，变革的需求和方法源于组织的最高层，然后通过组织的管理层向下传达给变革接收者。这8个步骤如下。

（一）营造紧迫感

评估市场和竞争现状，找出并讨论当前的、潜在的危机与重大的机会，从而确定推动变革所需的潜在威胁和机会。也许危机已经到了眼前，人们却无动于衷，为什么呢？可能是过去的辉煌经历让人们滋生了自满情绪。在这种情况下，任何变革措施都没有用，除非能够激发人们的危机感和紧迫感。

该怎么营造紧迫感呢？有两个办法：一个是走出去，另一个是找差距。

走出去，就是到市场中去，到客户和供应商那里去，听听他们的真实想法，看看市场正在发生的变化。

找差距，主要是做各种比较，与竞争对手比，与客户的期望比，与巅峰时的自己比，以制造足够大的心理落差，激发大家的斗志。

（二）组建强大的联盟

要确定变革领导者。变革的领导者未必是组织的领导者。变革的领导者应该是具有影响力的人，他们的角色、专业知识、社会和政治重要性各不相同。

领导团队需要4类人，可以称为"四有"人才，即有权、有才、有德、有力。有权的人通常是关键人物，可以消除变革的障碍。有才，特别是有专业特长的人，能够提供各种信息、专业意见，帮助团队正确地做决策。有德指有良好的信誉和口碑，这种人可以影响持怀疑和观望态度的人。有力指有领导者，尤其是经验丰富的领导者，有助于推进变革进程。

把人们聚集到一起，不等于形成了团队。要组建团队，还需要两个基础条件：一个是相互信任的关系，另一个是拥有共同的目标。

（三）创建变革愿景

确定对变革至关重要的价值观，然后创建简短的愿景陈述，以对变革进行概述。接下来，确定实现愿景的策略。

科特说："愿景是一幅未来的画面，明确地解释了应该为这样的未来努力的理由。"清晰且得到广泛认同的愿景，可以让所有人停止争论。但实际情况比较复杂，很多组织并不缺少愿景规划，但是好像没有什么用。这就引出了一个重要问题：什么样的愿景才是有效的？

（1）愿景应该是可想象的、容易解释的。让愿景变得有效的一个方式就是5分钟内说清楚愿景与人们的关系。

（2）愿景应该是值得做的、可行的。有效的愿景除了描绘长期蓝图，还要设定里程碑，也就是阶段性目标。

（3）愿景不仅需要足够聚焦，还要有一定的灵活性。聚焦可以告诉人们该做什么、不该做什么，灵活性可以让人们跟上环境的变化。

（四）沟通愿景

在整个变革过程中沟通愿景，并在组织的各个方面应用该愿景。高层管理人员和变革联盟应始终如一地沟通愿景，并说明变革的紧迫性和收益。

只有被组织绝大多数人理解和认同的愿景，才能释放巨大的力量。从沟通角度看，应该围绕3个控制点，采取有力的行动。第一个控制点是沟通内容，简单、形象化的内容更容易传播；第二个控制点是沟通方式，最高效的沟通方式是重复再重复；第三个控制点是以身作则，行动是愿景落地最有力的证明。

（五）清除障碍

所有变革都有障碍。障碍有时是过时的流程，有时是不合理的组织结构，有时是抗拒变革的人。不管怎样，所有障碍都需要清除。怎么清除组织障碍？一般来说，需要以授权为目标，做3个动作，分别是调结构、转制度、练本领。

（1）调结构：组织结构的本质是权力的配置系统，包括决策权、用人权和签字权。对结构进行调整，就是重新分配权力。

（2）转制度：重点是人力资源制度。

（3）练本领：新的目标、岗位、业务，需要新的能力。组织必须提供合适的、持续的培训，帮助管理者和员工获得新的知识与技能。

（六）创造短期成果

确定可快速且容易取得的成果，并对此公开表扬鼓励，为变革提供动力和支持。短期成果的效果是巨大的，它会让所有人相信，为愿景付出是值得的、有效的，从而激励更多的人参与其中。

那么，如何取得短期成果呢？认真对短期成果做系统的规划，以成果为中心，贯彻"五有"计划：有目标、有时间、有行动、有负责人、有检查。通过强有力的管理，确保行动能够有实际效果。

（七）促进深入变革

取得短期成果后，组织需要确立持续改进的目标。日益严峻的竞争环境让部门之间的相互依赖不断增强。例如，建立以客户为中心的组织，要求各个流程、各个部门必须以更快的速度、更低的成本、更紧密的协作来满足客户的需求。

这样的大趋势意味着变革绝不是局部的改造，而是"革组织系统的命"。实施一项改革措施根本没有用，可能要同时推进20项行动才有用。那么，同时运作多个项目时该怎么办呢？科特认为需要具备以下两个条件。

（1）高管负责总体领导工作。

（2）尽可能把管理权下放。

（八）巩固企业文化中的变革

确保变革更深层次地融入文化：继续沟通愿景，讲述成功故事，认可组织中体现变革和赋予变革权力的人，并继续为变革联盟提供支持。

文化指组织的行为规范和共同的价值观。如果组织文化与变革愿景不协调，就会让变革倒退。那么，如何破除文化的阻碍呢？科特的回答简单明了：升级组织文化。塑造新文化需要满足以下两个条件。

（1）要尊重文化的延续性，将好的基因和价值观保留下来。

（2）只有成功地改变行为，并且产生实际的绩效，人们才会相信行为改变是有益的，从而体会到行为背后的文化力量。

四、维吉尼亚·萨提亚的变革模型

维吉尼亚·萨提亚（Virginia Satir）开发的变革模型展示了人们如何经历和应对变革。其目的是帮助项目团队成员了解自己的感受，更高效地实施变革。维吉尼亚·萨提亚的变革模型有6个阶段，如图6-8所示。

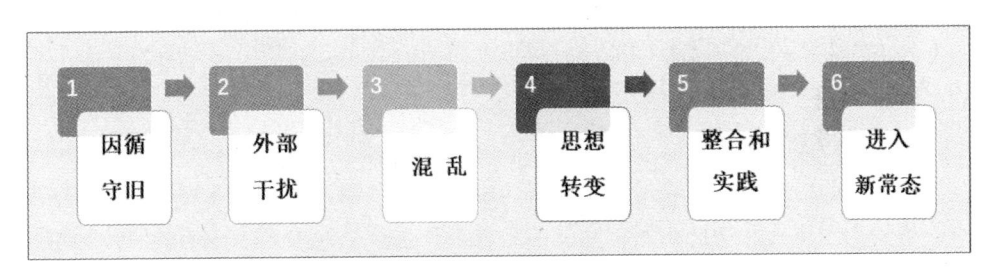

图6-8 维吉尼亚·萨提亚变革模型的6个阶段

（一）因循守旧

在初始阶段，人们对所有的事情都感到熟悉，所有的事情都可以归类为"一切照旧"。对某些人来说，"一切照旧"可能会很好，因为他们知道该期待什么。而对其他人来说，这种状态可能会让他们感觉有些老套或厌倦。在此阶段，人们不考虑变革，因为他们觉得不需要。因此，在这一阶段，重要的是激发创造力和学习敏捷性，以便人们可以"开箱即用"地思考并发现任何变革的可能性。

（二）外部干扰

在这一阶段发生了改变现状的事情，可以是新技术、新流程或新项目，使人们日常的工作方式发生变革。引入变革后，通常有一段时间人们会非常抵制，他们的绩效也会下滑。这是情况不佳的第一个迹象，此时需要明确变革原因，设定目标，并确定变革后的价值。这也是该模型中最困难的部分，通常的结果是进入下一阶段——混乱。

(三) 混乱

在这一阶段，人们处于陌生的领域。他们不再感到舒适，绩效下降到最低水平。他们的情感、行动和行为也是不可预测的。有些人可能感到焦虑，有些人可能保持沉默，还有些人可能感到兴奋。当试图找到办法了解情况时，混乱能让人们富有创造力。他们尝试各种想法和行为，以了解哪些想法和行为会产生积极的效果。在这一阶段，情绪占主导地位，总会有负面反应，生产力总会下降。向前迈进的唯一方法是建立一个倾听框架：提出问题并考虑实施支持系统。

(四) 思想转变

到了这一阶段，人们需要提出有助于他们了解情况的想法。他们开始寻找摆脱混乱的办法并应对新的现实，然后工作绩效开始提高。

(五) 整合和实践

在这一阶段，人们尝试实施新的想法或行为。人们可能会遭遇挫折和一段时间的反复试验，但最终他们会了解哪些有效、哪些无效。人们的生产力开始提高。此时此刻组织需要提供支持，确保在遇到问题后尽快解决，从而提高绩效，并且绩效通常高于外部因素出现之前的水平。在这一阶段，实践是关键，可确保人们形成新的习惯和知识。

(六) 进入新常态

在这一阶段，人们习惯了新的环境，他们的绩效稳定下来。最终，新的现状成为正常的工作方式。在此阶段，重要的是检查和监视变革对组织性能的总体影响，让人们吸取经验教训，并为将来做好准备。

五、转变模型

威廉·布里奇斯（William Bridges）在他的《转变之书：结束，是重生的起点》一书中提出的转变模型可以让人们了解组织变革发生时个人的心理状况。这一模型区分了变革和转变。变革是情境性的，无论人们能否完成转变，都会发生变革，如上大学、找工作、换城市、结婚、生子、出国、退休等。转变是一个心理过程，人们逐渐接受新情况的细节，以及随之发生的变革。转变是人们为了将发生的变革整合到自己的生活中，所必须经历的心理再定向和自我再定义。

只有从生命的角度看待人们在变化中所需要的任何内在转变，将其视为一种从死亡到重生的更新过程，而不是一次项目管理或质量控制，才有可能驾驭转变，抱着开放的心态迎接变化，进而带来人生的全面提升。大家需要意识到，人的发展不是机械的，机械如果在运行的时候出现状况，只能说明运转失灵，如果分崩离析，那基本等于寿终正寝。如果你的车散架了，它就100%"死亡"了。但是，人如果

"崩解"了，却可能是一次全新的、更宏大的开始。你过去的经历和身份在转变之前也许是一堆废铁，却可能在转变之后，重组成一个变形金刚。转变就是有这么大的力量，因此要正视它的价值和地位。

该模型识别了与变革相关的3个转变阶段。

（一）结束阶段

变革会在这一阶段被引入。它通常与恐惧、愤怒、沮丧、不确定性、否认和抵制有关。

每个转变都由一个结束开启。如果说真的有能打开转变之门的钥匙，那就是结束。瓶子不清空就倒不进新酒，旧的不去，新的永远来不了。因此，你必须学会面对结束，迎接结束，甚至拥抱结束，无论是一份工作、一段关系、一个梦想，还是一个人生阶段。

审视你正在或需要放下什么，并接纳这种丧失感，是结束阶段必然经历的过程。因为你已经对生活周遭的环境产生认同，你通过关系和角色来定义自己，无论是喜欢还是不喜欢。这全部的关系和存在，形成了你的一个概念。这就等于在结束的同时，你要放下自我认同和一部分自己。例如，工作后就要放下学生的身份；确定恋爱关系后，就要放下单身的身份；子女离家后，就要放下相当一部分父母的身份。你不再是一个学生，一个单身党，一个父亲或母亲，这部分的你在相当程度上将被清空，以便使转变发生，让崭新的你填满你的生命。

（二）过渡阶段

变革会在这一阶段发生。在某些情况下，人们可能会对变革感到沮丧、不满、困惑和焦虑。随着人们学习新的工作方法，生产率可能会下降。在其他情况下，人们可能会变得非常有创造力、创新性，对尝试新的工作方法充满热情。

过渡阶段是一个让人"莫名其妙"的阶段，难道不是结束之后就有了新的开始吗？并不是。好不容易结束了，接下来却是一个不尴不尬的过渡阶段。

人们常常以为之所以进入过渡阶段，一定是因为有一些地方没安排好，一些地方没接上，所以被迫临时将就一下。就像你下一份工作要两个月之后才能入职，所以你只好先休息一段时间；或者你要去旅行，第一班火车明天早上才出发，所以你只好在酒店将就一晚。

有一部日剧叫作《悠长假期》，讲的是女主角失业后，把失业后的过渡阶段当作给自己放的长假，经过调整，最终重新找到自我，以崭新的状态面对人生。过渡阶段看似尴尬，却是转变过程中至关重要的阶段，是真正连接过去和未来的桥梁。这是一个过去已经结束而未来还未开始的时期，就像一个人一呼一吸之间的间隔，是一个极其自然的过程。呼气之后，身体要做一些调整，然后准备好再接受新鲜的空气。这些调整虽然细微，却至关重要。你可以试试看，如果你一直保持呼气的姿势和状态，就会发现吸下一口气会是一件多么困难的事情。

因此，如果没有良好的过渡，新的事物和体验就难以展开，或者在展开的过程中会遇到重重阻力，白白浪费机会。甚至可以说，没有过渡阶段的转变基本无法成功。

（三）新的开始阶段

此时，人们会接受甚至拥抱变革。人们越来越擅长新的技能和工作方式。人们往往愿意学习，并因变革而充满活力。

真正的重生取决于内部重组，而不是外部变化，当你和深层的渴望结盟时，自身会产生巨大的积极性，甚至可以克服原来无法克服的困难，这时候你自然会拥有一个新的开始。这是一个自然的过程，是不以个人意志为转移的。

要想拥有一个成功的新开始，理解使你自我怀疑的内在事物非常重要。是什么让你自我怀疑？不知道你在生活中有没有这样的逃避心态：对任何新的挑战都想逃避，总想因循守旧，回到舒适区，用熟悉的、自以为安全的方式做每件事。在第三个阶段，需要正视这种心态。

结束阶段是你与过去的自己和环境分离的阶段，过渡阶段是在新旧交替之间进行内部调整的阶段，新的开始阶段则是你塑造新自我、新旅程的阶段。在整个转变过程中，你需要认识到结束阶段和过渡阶段的必要性，并接纳其带来的空虚感和丧失感，允许转变过程有机地发生，从而过渡到崭新的开始。

在这里需要说明的是，很多时候无论是外部事件还是内部转变，都不一定是线性发展的。也就是说，你可以在几个阶段之间来回跳转，时而前进，时而后退。当然在开始的时候，你可能更多地趋近结束，而在后期的时候，你可能更多地趋近新的开始。

在这3个不同的阶段，人们会出现不同的情绪反应，经历不同的心路历程。例如，在结束阶段，人们会出现悲伤、生气、震惊、否认的情绪；在过渡阶段，人们往往会有讨价还价的行为；在新的开始阶段，人们开始接纳新事物，对工作产生新的兴趣，并表现出一些积极的行为。

莎士比亚说："这个世界就是一个大的舞台，我们芸芸众生只不过是一些演员，有时候我们上场，有时候我们退场，在一生中，我们扮演了许许多多不同的角色。"所以，你要认识到，在人生、组织的不同阶段，你的任务是不一样的，要及时调整好自己，准备开始新的生活，为更好的生活而努力。

在变革中你该做些什么？做对的事情，不管是为你自己还是为他人。相信在人生的各个阶段，你都有机会成长和发展，变革中的成长一定会让你更有魅力，更加坚毅。所以，永远记住要做对的事情，哪怕你是企业的一名普通员工，也要记得尽心尽责，做对的事情。

第五节　复杂性模型

项目处于模糊的状态，需要多个系统之间进行交互，效果往往不确定。复杂性是一项需要应对的挑战。以下描述的两种模型提供了理解复杂性并确定如何在复杂的环境中做出决策的框架。

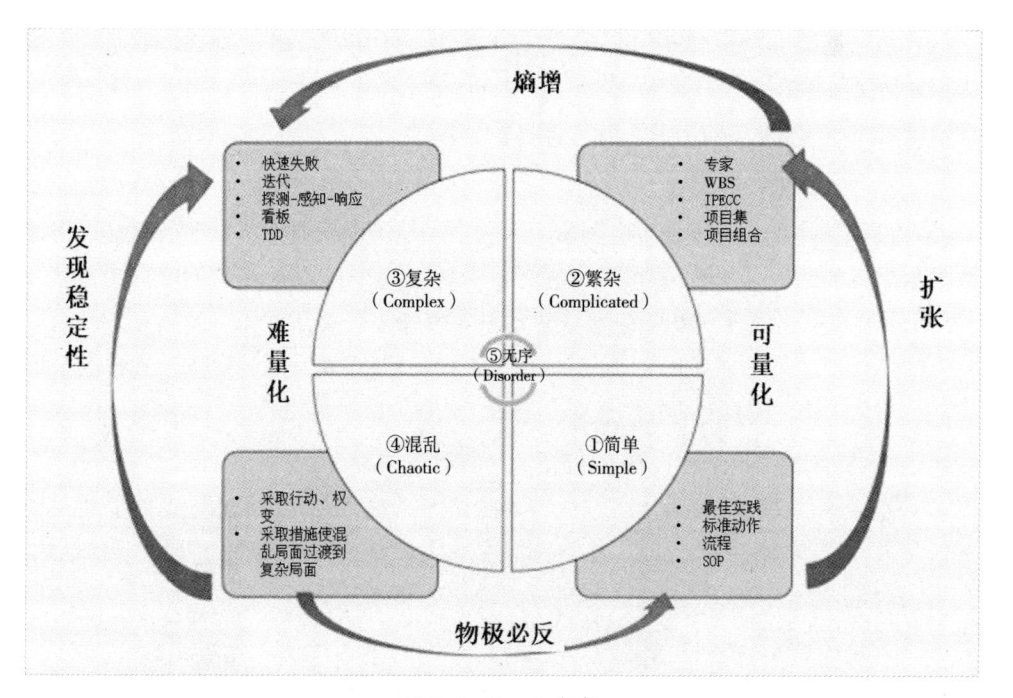

一、Cynefin框架

Cynefin框架（肯尼芬框架）是一个概念性框架，最早由威尔士学者达夫·史诺登（Dave Snowden）于1999年提出，用于管理和组织战略领域。它以人、体验、情境之间的关系为基础，用于诊断因果关系，以此辅助决策。该框架提供了5个问题和决策情境，如图6-9所示。

图6-9　Cynefin框架

(一) 简单 (Simple)

在这种情境下,因果关系显而易见,模式重复并保持稳定,应对方法是感知—分类—响应。管理者可以对事实进行评估和分类,运用最佳实践做出决策。但要对情况变化保持警惕,避免受限于固有的观念和想法。

(二) 繁杂 (Complicated)

在这种情境下,因果关系明确,但并非人人都可以看到,应对方法是感知—分析—响应。需要对事实进行调查、分析、评估。正确答案可能不止一个,选择较好的做法即可。管理者要摒弃"最佳方案"的思维模式,避免陷入"分析瘫痪"。

(三) 复杂 (Complex)

绝大多数创新组织都处于此种情境之下。复杂的关系中包括未知因素。没有明显的原因与结果,也没有明显的正确答案。因果关系只能被回溯,不能提前预知。人们无法找到正确答案,但可以发现启示性的模式,从而找到解决方案。

在复杂的情境中,人们应该探测环境、感知情况并以行动予以响应。人们采用了新兴的实践:复杂的情境因针对多种刺激因素做出反应而发生变化,曾经有效的做法可能在下次不再奏效。这些新兴的实践允许反复进行"探测—感知—响应"循环。

管理者需要创建一个有利于探索的环境,鼓励创意和创新,快速进行试验,重视迭代、反馈和响应,让一些模式自然浮现,然后从中做出选择。在这种情境下,如果管理者强制推进行动计划,很容易导致失败。

(四) 混乱 (Chaotic)

在这种情境下,没有系统级别的因果关系,原因与结果并不明确。情况过于迷惑,仅靠等待无法了解情况,方法是行动—感知—响应。第一步是采取行动,尽力稳定局面,然后感知到某处存在稳定性,并采取措施使混乱局面过渡到复杂局面。在处理危机的同时,抓住机会进行创新。在摆脱混乱情境之后,要停止指挥的管理方式,避免出现"崇拜领导"的现象。

(五) 无序 (Disorder)

如果因果关系不属于以上任何一种,就认为系统处于无序状态。无序的关系缺乏明确性,可能需要将其分解为较小的部分,而这些部分的情境与上述4个情境中的一个有联系,然后采取与各情境相适应的决策方式,同步处理。简单与混乱之间只有一线之隔,骄傲自满将导致失败。

Cynefin框架有助于识别行为,如探测、感知、响应、行动和分类,这些行为会影响变量之间的关系并提供行动指导。Cynefin框架能够帮助管理者理解其所处情境的特点，灵活调整自己的领导方式，学习接受事物的复杂性，拥抱变化。

二、Stacey矩阵

拉夫尔·史泰西（Ralph Stacey）开发的Stacey矩阵类似Cynefin框架，它从两个维度来确定项目的相对复杂性。

（1）针对可交付物提出的需求的相对不确定性。

（2）用于创建可交付物的技术的相对不确定性。

基于这两个维度的相对不确定性，项目被分为简单型、烧脑型、棘手型、混乱型和模糊型，如图6-10所示。复杂程度是影响项目裁剪方法和实践的一个因素。

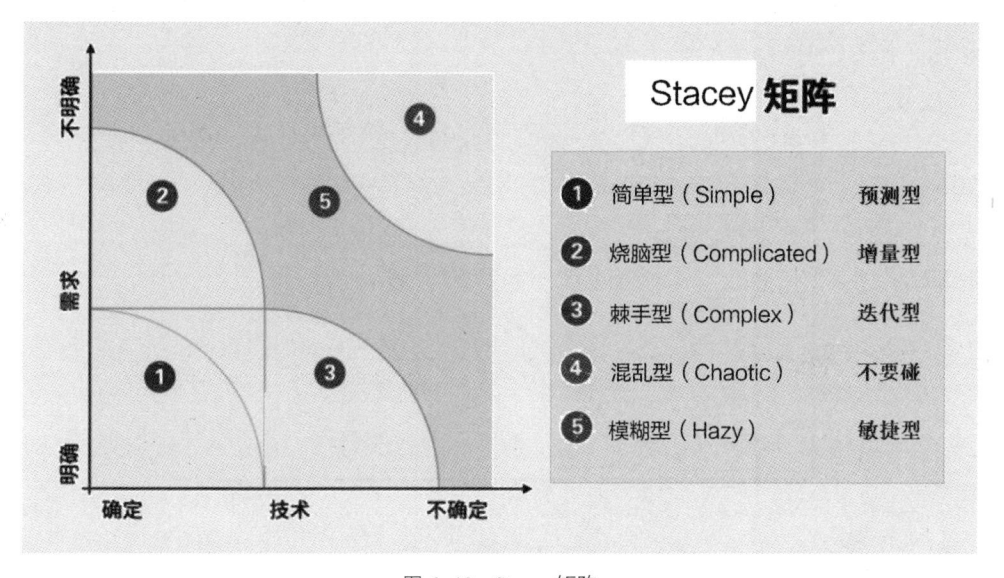

图 6-10　Stacey 矩阵

- 简单型：最适合采用预测型开发方法，不仅需求明确，技术也明确，因此需要提前做计划。
- 烧脑型：技术很确定，但需求不明确，可以采用增量型开发方法，分成多个阶段交付，减少推倒重来的风险。
- 棘手型：需求明确，但技术不确定，也就是说不知道怎么实现，这类项目叫作复杂的项目。此类项目只能摸索着来，推荐用迭代型开发方法。
- 混乱型：需求不清楚，怎么实现也不清楚，这类项目叫作处于混乱状态的项目。对于这类项目尽量别碰，基本会失败。
- 模糊型：需求不清楚，怎么实现也不清楚，属于模糊型项目。需求和实现方案都不明确，最好用敏捷型开发方法，适应性强，灵活机动，拥抱变化。

第六节　项目团队发展模型

项目团队会经历不同的发展阶段。了解团队在发展过程中所处的阶段有助于项目经理为项目团队及其成长提供支持。以下介绍的两个模型说明了项目团队如何经历不同的阶段从而成为高绩效项目团队。

一、塔克曼阶梯

布鲁斯·塔克曼（Bruce Tuckman）创建了塔克曼阶梯，将团队发展的阶段表述为形成阶段、震荡阶段、规范阶段和成熟阶段，后来又增加了第五个阶段——解散阶段，如图6-11所示。

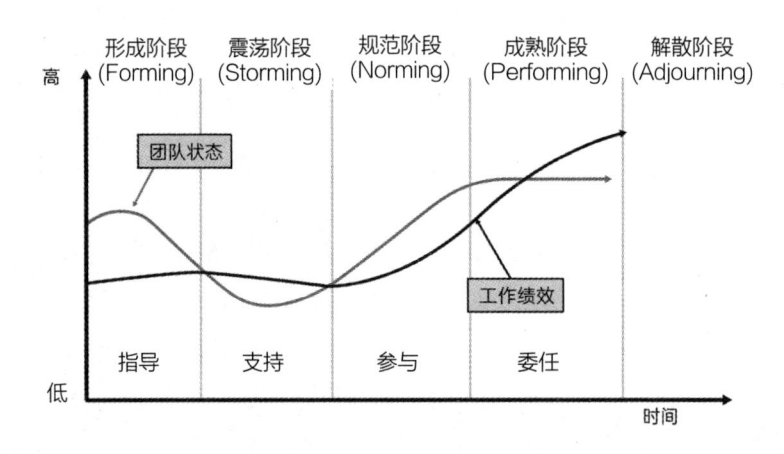

图 6-11　塔克曼阶梯

（一）形成阶段

此阶段的特点是团队成员相互认识，彼此独立客气，不一定开诚布公。团队成员聚到一起，相互了解对方的姓名、在项目团队中的地位、技能组合，以及其他相关背景信息。这可能发生在开工会议上。

此时，团队成员的角色和职责还不清晰，因此领导者的影响十分重要，通常使用指令型领导风格。这个阶段可能会持续一段时间，在此期间，团队成员开始一起工作，尝试了解新同事。

（二）震荡阶段

此阶段的特点是团队成员不合作、不开放，有不同的观点和意见，冲突较多。团队成员会运用各种方法为自己谋取在团队中的地位。在这个阶段，人们的个性、优点和弱点开始显现出来。大家以不同的方式工作，有不同的个性，矛盾层出不穷，主要包括团队成员之间的矛盾、团队成员与项目经理之间的矛盾、团队规则与企业规则之间的矛盾。这时候团队领导者最好让矛盾和分歧充分暴露出来，将各种冲突公开，并且学会倾听、理解和调整。震荡阶段可能会持续一段时间，也可能会相对较快地结束。

有时，团队成员会由于方向不明确和工作任务分配不公平而变得沮丧。团队领导者必须及时解决这些问题，并向整个团队清晰地传达解决方案。该阶段通常采用教练型领导风格。

（三）规范阶段

此阶段的特点是团队成员开始相互信任，协同工作，项目团队开始作为一个集体运行。此时，团队成员知道各自在团队中的地位，以及自己与所有其他成员之间的关系和互动方式。大家开始解决彼此之间的分歧，欣赏其他成员的优点，尊重领导者的权威，开始合作。随着工作的推进，大家可能会遇到一些问题，但这些问题会很快得到解决。项目团队也会采取行动，团队成员能够彼此交往，寻求帮助，并提供建设性的反馈意见，更加坚定地完成团队目标和获得自我成就。这个阶段通常采用参与型领导风格。

总体来说，团队的智慧高于个人智慧。当团队真正学习的时候，不仅团队能获得出色的绩效，个人的成长速度也比在其他学习方式下要快。

（四）成熟阶段

此阶段的特点是团队成员组织有序，相互依靠，项目团队平稳高效地运行。此时项目团队开始走向成熟，团队成员之间能够产生协同效应。通过合作，团队成员可以完成更多工作，并生产出高质量的产品。团队成员之间相互鼓励，积极提出自己的意见和建议，也对别人提出的意见和建议做出积极的评价与反馈。团队领导者能够将更多的工作授权给团队成员完成，并将大多数精力放在开发各个团队成员的潜力上。团队成员相处愉快，享受作为团队的一员。

这一阶段，团队的效率达到了巅峰状态，通常采用放任型领导风格。这时最重要的是建立团队业绩和个人绩效相结合的考评体系，最大限度地调动团队成员的积极性。

（五）解散阶段

项目团队完成工作，然后解散，去处理其他事务。如果团队成员之间建立了良好的关系，一些团队成员可能会对离开项目团队感到难过。同时，解散阶段证明了项目具有临时性这一特征。

此模型中的项目团队文化开始处于形成阶段，并在其他发展阶段不断演进。虽然此模型显示了一个线性进展的过程，但项目团队可能会在这些阶段之间来回反复。此外，并非所有项目团队都能达到成熟阶段，有些甚至无法达到规范阶段。

二、Drexler-Sibbet团队绩效模型

艾伦·德雷克斯勒（Allan Drexler）和大卫·西贝特（David Sibbet）开发了团队绩效模型，并在《史上最简单的问题解决手册》一书中提到该模型。该模型共有7个步骤。第1~4步描述了建立项目团队的各个阶段，第5~7步则涵盖了项目团队的可持续性和绩效，如图6-12所示。

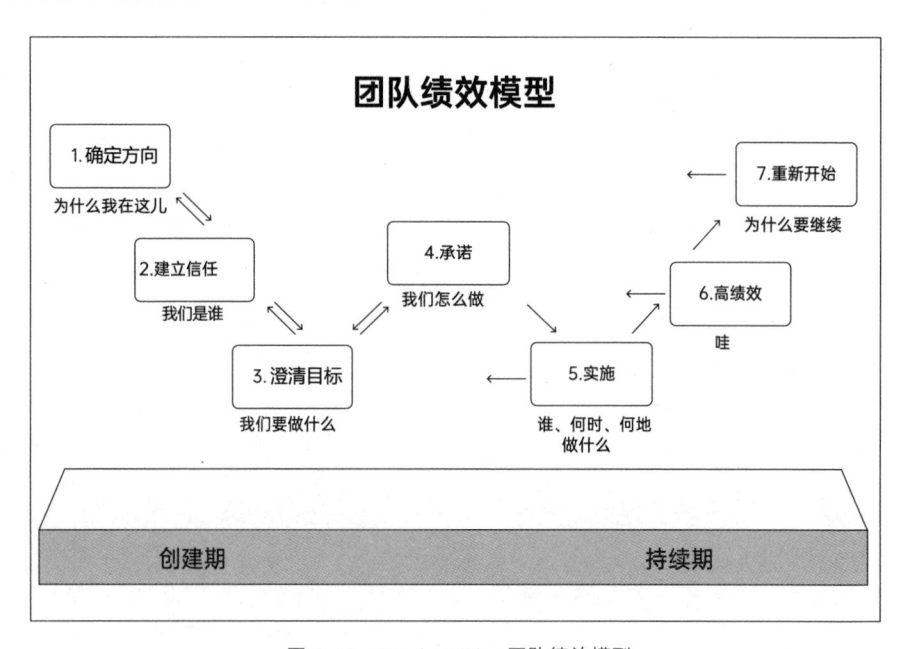

图6-12 Drexler-Sibbet 团队绩效模型

（一）确定方向

"确定方向"回答了"为什么我在这儿"这个问题。在这一阶段，项目团队会了解项目的目的和使命。这通常发生在开工会议上，或者记录在商业论证、项目章程或精益创业画布中。

（二）建立信任

"建立信任"回答了"我们是谁"这个问题。这一阶段阐明了谁会加入项目团队，以及每个人会带来什么样的技能和能力。它还可能包括未加入项目团队但对项目团队有影响的关键干系人的信息。

(三) 澄清目标

"澄清目标"回答了"我们要做什么"这个问题。在这一阶段，项目团队详细阐述了高层级的项目信息。这可能包括进一步了解干系人的期望、需求、假设条件和可交付物的验收标准。

(四) 承诺

"承诺"回答了"我们怎么做"这个问题。在这一阶段，项目团队开始制订实现目标的计划。这可能包括里程碑进度计划、发布计划、高层级预算、资源需求等。

(五) 实施

高层级计划会被分解为更详细的层级，如详细的进度计划或待办事项列表。项目团队开始共同努力生成可交付物。

(六) 高绩效

项目团队合作一段时间后，团队成员的绩效达到了很高的水平。他们可以很好地协同工作，无须太多监督，并且项目团队会产生协同效应。

(七) 重新开始

"重新开始"是应对项目团队或项目变更的阶段。可交付物、干系人、环境、项目团队领导者或团队成员资格可能会发生变化。这会使项目团队考虑过去的行为和行动是否仍然合适，或者项目团队是否需要返回到之前的某个阶段，以重新设立期望和合作方式。

以组建家庭为例，采用Drexler-Sibbet团队绩效模型分析如下。

第1步：确定方向。找到合适的人生伴侣，如三观、兴趣爱好、人际圈子等相同。

第2步：建立信任。相互磨合，相互信任。

第3步：澄清目标。例如，10年内在这座城市买房买车。

第4步：承诺。制订计划，一步步达成目标，可以分阶段执行，先努力买车，再努力买房。

第5步：实施。作为一个家庭，分工可以更明确一点，如一方更多地负责挣钱，另一方更多地负责照顾家人。

第6步：高绩效。完成买房买车的目标。

第7步：重新开始。下一步，可以为这个家庭设置一个更大的目标，继续为美好的生活努力奋斗。

第七节　其他模型

下面介绍5种模型，它们涵盖了广泛的主题。

一、冲突模型

冲突在项目中很常见。如果处理得当，冲突可以是健康的和富有成效的。它可以提升项目团队成员之间的信任度，提升他们对成果的承诺。对冲突的恐惧会限制沟通和创造力。但冲突也可能是不健康的。不恰当地解决冲突可能会导致不满、缺乏信任、士气和积极性下降。肯·托马斯（Ken Thomas）和拉尔夫·基尔曼（Ralph Kilmann）基于他们的工作成果提出了一个冲突模型。该模型通过重点关注个人之间的相对权力和维持良好关系的愿望，描述了以下6种解决冲突的方法。

（一）面对/解决冲突

面对冲突是指将冲突视为要解决的问题。当冲突双方之间的关系很重要，并且每一方都对另一方解决问题的能力有信心时，就会采用这种解决冲突的方法。

（二）合作

合作涉及将与冲突有关的多种观点包含进来。合作的目标是了解各种观点，从多个角度看待事情。当参与者之间已建立信任并且有时间达成共识时，这是一种有效的方法。项目经理可以引导项目团队成员采用这种解决冲突的方法。例如，在项目开展过程中，一位关键技术专家不配合，项目经理主动与专家见面，了解情况并制订解决方案。此时，项目经理采用的冲突解决方法就是合作。

（三）妥协

在某些冲突中，冲突各方都不会完全满意。在这些情况下，寻求妥协是最佳方法。妥协涉及给予和接受的意愿。这使冲突各方都能得到他们想要的东西，并避免冲突升级。当冲突各方拥有平等的"权力"时，通常会采用这种方法。项目经理可能会与技术经理就项目团队成员是否可以参与项目工作达成妥协。例如，两位团队成员就项目中的两项活动A、B的优先级发生争执。一个人认为A、B两项活动应该并行开展，另一个人认为应该完成A后再执行B。经过沟通，最终决定先开展A，当A完成30%时，再开展B，既节省了时间，又降低了风险。

（四）缓和/包容

当实现总体目标比解决分歧更重要时，缓和和包容是有用的方法。这种方法可使各方之间的关系保持和谐，并产生善意。当冲突各方之间的职权或权力存在差异时，也会使用这种方法。例如，当与发起人有分歧时，这种做法可能是适当的。由于发起人的地位高于项目经理或项目团队成员，而项目经理或项目团队成员希望与发起人保持良好的关系，因此采取包容的姿态可能是合适的。

（五）强迫

在没有足够的时间合作或解决问题时，会使用强迫这种方法。在这种情况下，一方会强迫另一方接受自己的意愿。因为强迫的一方比另一方拥有更大的权力。如果存在需要立即解决的健康和安全方面的冲突，可以采用强迫这种方法。例如，按照项目进度，施工人员必须在今天18时前登高作业，完成所有的设备安装。16时突然电闪雷鸣，暴雨在即，不宜登高作业。小张说明天再安装剩余的设备，小王说今天必须完成所有设备的安装。此时项目经理果断采纳了小张的意见，这种解决冲突的方法就是强迫。

（六）撤退/回避

有时问题会自行消失，有时讨论会变得激烈，对此人们需要一个冷静期。在这两种情况下，撤退是适当的方法。在无法取胜的情况下也会使用撤退方法，如遵守监管机构的某一要求，而不是质疑该要求。

二、谈判模型

谈判模型有很多，其中一个是史蒂芬·科维（Steven Covey）的"双赢思维"原则。这一原则适用于所有互动场景，而不只适用于谈判，但此处是以谈判为背景进行阐述的。在谈判中，可能会有不同的结果。

（一）双赢

这是最佳结果，每个人都对此感到满意。

（二）赢—输/输—赢

这描述了一种竞争的观点，即为了赢得谈判，让其他人输掉谈判。这也可能源自殉道士的观点，即为了让他人获胜，有的人选择输掉谈判。

（三）双输

本来谈判双方可能会实现双赢，但当竞争压过合作时，就会出现这种结果。在这种情况下，每个人的结局都会变得更糟。

当存在以下情况时，通常会出现双赢的局面。

（1）个性：参与的各方都很成熟，表现出正直的品质，并认为每个人都有足够的价值。

（2）信任：双方相互信任，就如何运作达成一致意见，并勇于担责。

（3）方法：各方都愿意从对方的角度看待当前的情形。各方共同努力识别关键的问题和顾虑，确定可接受的解决方案，并确定实现可接受的解决方案的选项。

三、规划模型

巴利·玻姆（Barry Boehm）开发了一种模型，该模型比较了为降低风险而制订计划所投入的时间和精力，包括与过度规划相关的延迟和其他成本。通过花费更多时间进行提前规划，许多项目可以减少不确定性、疏忽和返工。但花在规划上的时间越长，获得投资回报所需的时间就越长，失去的市场份额也越大，而且在交付成果时情况发生变化的可能性也越大。该模型旨在帮助人们确定最佳规划投入量，有时被称为"最佳结合点"。每个项目的最佳结合点都不相同。总体而言，没有所谓的"正确"的规划投入量。这一模型表明，如果超过一定的限度，额外的规划会适得其反。

四、过程组

项目管理过程可以按逻辑分组，分为项目管理输入、工具和技术、输出。为了满足组织、干系人和项目的需要，会对它们进行裁剪。

过程组不是项目阶段。在项目生命周期的每个阶段，各个过程组会相互作用。所有这些过程都有可能在一个阶段内发生。在一个阶段或生命周期内，各个过程可能会迭代发生。过程迭代的次数和过程之间的相互作用因具体项目的需要而有所不同。采用基于过程的方法的项目可以将以下5个过程组作为组织结构。

（一）启动

启动是定义一个新项目或现有项目的一个新阶段，授权开始该新项目或新阶段的一组过程。制定项目章程并识别干系人是启动过程组的两个重要过程。

（二）规划

规划是明确项目范围，完善目标，为实现目标而制定行动方案的一组过程，包括制订项目管理计划、项目范围管理计划、项目进度管理计划、项目成本管理计划等过程，为在整个项目中如何管理范围、进度、成本等提供指南和方向。

（三）执行

执行是完成项目管理计划中确定的工作，以满足项目需求的一组过程。执行过程组产生工作绩效数据，为偏差分析和趋势分析提供第一手客观数据。这些数据也是生成工作绩效信息和工作绩效报告的重要基础信息。

（四）监控

监控是跟踪、审查和调整项目进展与绩效的一组过程。该过程组识别任何计划需要变更的领域，并启动相应的变更。监控过程组贯穿整个项目生命周期，对项目实际绩效数据和项目管理计划进行比较，评估项目绩效，发现偏差时按照变更管理

(五) 收尾

收尾是正式完成或结束项目、阶段或合同时所执行的过程。

这些过程组与交付方法、应用领域（如市场营销、信息服务和会计领域）或行业（如建筑、航空航天和电信行业）相互独立。在基于过程的方法中，一个过程的输出通常是另一个过程的输入，或者是项目或项目阶段的可交付物。例如，在规划过程组中生成的项目管理计划和项目文档（如风险登记册、假设日志等）是执行过程组的输入，在执行过程组中会对相关工件进行更新。

五、凸显模型

凸显模型与干系人有关。凸显指突出、显著或被视为重要的。这一模型是由罗纳德·K. 米切尔（Ronald K. Mitchell）、布拉德利·R. 阿拉尔（Bradley R. Agle）和唐纳·J. 伍德（Donna J. Wood）提出的。这几位作者根据以下3个变量表示干系人的身份：施加影响的权力、与项目之间关系的合法性、要求参与项目的紧急程度。在凸显模型中，也可以用邻近性取代合法性，以便考察干系人参与项目工作的程度。凸显模型适用于复杂的大型干系人社区和存在复杂的内部关系网络的干系人社区。凸显模型可用于确定已识别干系人的相对重要性，如图6-13所示。

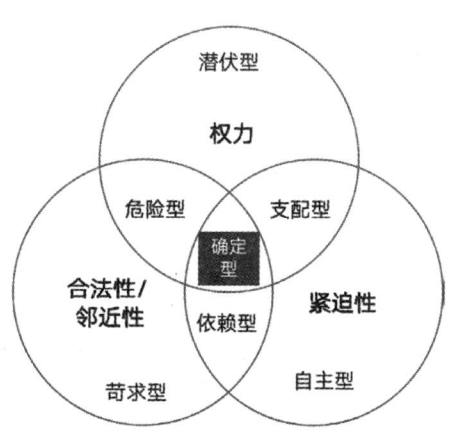

图 6-13　凸显模型

第八节 跨绩效域应用的模型

不同的模型可用于不同的项目绩效域。虽然项目、干系人和组织环境的需求决定了采用哪些模型，但某些绩效域更有可能使用特定的模型。表6-1列出了各种模型最有可能应用的绩效域，但项目经理和项目团队负有为其项目选择合适的模型的最终责任。

表6-1 各种模型最有可能应用的绩效域

模型	团队	干系人	开发方法和生命周期	规划	项目工作	交付	测量	不确定性
情境领导力模型								
情境领导力® Ⅱ	×				×			
OSCAR 模型	×				×			
沟通模型								
跨文化沟通	×	×		×	×			
沟通渠道的有效性	×	×		×	×			
执行鸿沟和评估鸿沟		×				×		
激励模型								
双因素理论	×			×	×			
内在动机与外在动机	×			×	×			
需求理论	×			×	×			
X 理论、Y 理论和 Z 理论	×			×	×			
变革模型								
组织变革管理		×		×	×			
ADKAR® 模型		×		×	×			
领导变革八步法		×		×	×			
维吉尼亚·萨提亚的变革模型		×		×	×			
转变模型		×		×	×			
复杂性模型								
Cynefin 框架			×	×	×	×		×
Stacey 矩阵			×	×	×	×		×
项目团队发展模型								
塔克曼阶梯	×				×			
Drexler-Sibbet 团队绩效模型	×				×			
其他模型								

续表

模型	绩效域							
	团队	干系人	开发方法和生命周期	规划	项目工作	交付	测量	不确定性
冲突模型	×	×			×			
谈判模型		×		×	×	×		
规划模型			×	×	×			
过程组				×	×	×	×	
凸显模型		×		×	×			

第七章
常用方法

方法是获得成果、输出、结果或项目可交付物的方式。本章介绍的方法通常用于支持项目工作。还有很多方法本章没有提及，要么是因为它们在项目管理中的使用方式与在其他学科中的使用方式相同（如访谈、焦点小组、核对单等），要么是因为它们不常用于广泛的项目（这些方法仅适用于特定行业）。

许多方法都与它们所要达到的目的相关（如估算或数据收集），因此它们都会呈现在某个分组中。其他方法则与所涉活动的类型有关，如会议和分析小组中使用的方法。

本章的内容并非旨在描述如何使用某种方法。这些描述是高层级的介绍，更详细的信息可从许多来源（包括PMIstandards+™）获得。

第一节　数据收集和分析方法

数据收集和分析方法是为了加深对某种情况的了解而收集、评定和评估数据及信息的方法。数据分析的输出可以用某个工件加以组织与呈现。此处所述的数据收集和分析方法及第八章所述的工件通常用于为决策提供依据。

一、备选方案分析

备选方案分析用于评估已识别的选项，以便选择使用哪个选项来执行项目工作。备选方案的类型主要有以下几种。

（1）独立方案：各方案是独立的，具有可加性。是否采用独立方案，只取决于方案自身的经济性，如净现值法、IRR法等。

（2）互斥方案：各方案之间具有排他性，在各方案中只能选择一个。互斥方案的选择一般指从满足资源要求的众多备选方案中挑选一个最有利的方案，且最有利的方案要达到或超过基准收益率。

（3）相关方案：甲方案的实施与否会影响乙方案的实施，需要综合考虑各个方案的效果。

（4）混合方案：独立方案与互斥方案混合的情况。

二、假设条件和制约因素分析

假设条件指没有证据证明其正确、真实或确定的因素。制约因素指对项目、项目集、项目组合或过程的执行有影响的限制性因素。这种分析旨在确保将假设条件和制约因素整合到项目计划和文件中，并且使它们之间保持一致性。

每个项目及其项目管理计划的构思和开发都基于一系列假设条件，并受一系列制约因素的限制。这些假设条件和制约因素往往已被纳入范围基准和项目估算。进行假设条件和制约因素分析，可以探索假设条件和制约因素的有效性，确定其中哪些会引发项目风险。从假设条件的不准确、不稳定、不一致或不完整中，可以识别威胁。通过清除影响项目或过程执行的制约因素，可以创造机会。

三、标杆对照

标杆对照指将实际或计划的产品、流程和实践与其他可比组织的产品、流程和实践进行比较，这种比较可识别最佳实践，形成改进意见，并为绩效考核提供依据。

标杆对照的对象可以是企业的竞争对手、行业内外的一流企业或跨行业的最佳实践。对照层次可以分为战略层、操作层和管理层。在项目的质量管理中，通常会采用标杆对照来规划质量。

四、商业合理性分析

商业合理性分析与授权项目或决策有关，或者与证明项目或决策的合理性有关。以下分析的成果经常用于商业论证，以证明项目的商业合理性。

（一）投资回收期

投资回收期指项目投资多长时间能回本，通常以月或年为单位，时间越短越好。计算投资回收期时，通常要把建设期计算在内。假设项目A和项目B都需要一次性投入5万元，都是当年投产，当年就能产生收益。项目A的投资回收期是2年，项目B的投资回收期是3年。从投资回收期来看，项目A优于项目B。

（二）净现值

现值指未来的钱在"现在"这个时点的价值。净现值（Net Present Value，NPV）指收入的现值减去支出的现值所得的数值，即收入现值–支出现值。NPV越大越好。

NPV充分考虑了货币的时间价值。一般认为钱是越来越不值钱的，所以收钱要尽量早，支出要尽量晚。要把货币的时间价值考虑进去，就需要采用贴现现金流法。净现值法就是一种贴现现金流法，贴现就是打折的意思。

假设你今天有100元，存入银行，年利率为10%，一年后你有110元，2年后你有121元。净现值法刚好相反。如果有人两年后向你还款121元，假定贴现率为10%，那么这笔钱在价值上只相当于今天的100元。

项目都是今天投资，未来获取收益的。为了把未来的收益和今天的投资做比较，必须把未来的钱折算成今天的钱。通常贴现率采用业界通用贴现率或金融机构的利率。基于货币有时间价值的假设，如果不经折算，不同时间点的钱就不具有可比性。

假设以贴现率10%来计算，项目A的NPV为12 309元，项目B的NPV为23 112元。从NPV的角度来看，项目B优于项目A。

（三）内部收益率

内部收益率（Internal Rate of Return，IRR）又称内部报酬率，是项目NPV等于0时的贴现率，是净现值法的特殊应用。和NPV类似，IRR也是越大越好。

如果贴现率为10%，项目A和项目B的NPV都大于0，说明项目A和B的IRR肯定高于10%。假设贴现率为15%，两者NPV依然大于0。假设贴现率为20%，两者NPV均小于0。这就说明项目A和项目B的IRR为15%～20%。如果通过计算机软件最终计算出项目A的IRR为16.88%，项目B的IRR为18.23%，则从IRR的角度来看，项目B优于项目A。

（四）投资回报率

投资回报率（Return on Investment，ROI）是初始投资的回报百分率，计算方法是先计算出所有净收益的预计平均值，然后用该预计平均值除以初始成本。投资回报率越高越好。

假设项目A在3年内的年均利润是15 000元，项目B在3年内的年均利润为14 000元，两者的年均投资额都是10 000元，那么项目A的投资回报率是15%，项目B的投资回报率是14%。从ROI的角度来看，项目A优于项目B。

值得注意的是，ROI没有考虑货币的时间价值。

（五）成本效益分析

成本效益分析是一种比较项目成本与其带来的收益的财务分析方法。把可以量化的各种效益和成本都量化，然后计算总效益和总成本之比，值越大越好。各种商业合理性分析方法的对比如表7-1所示。

表 7-1 各种商业合理性分析方法的对比

商业合理性分析方法	定义	对项目的含义
投资回收期	收回项目成本的时间，通常把建设期也计算在内	时间越短越好
净现值	按照一定的贴现率将未来的钱折算成现在的钱，净现值 = 收入现值 – 支出现值	值越大越好
内部收益率	项目净现值等于 0 时的贴现率，是净现值法的特殊应用	值越大越好
投资回报率	项目年均利润与投资额之比	值越大越好
成本效益分析	项目总效益与项目总成本之比	值越大越好

通常情况下，在实际项目中做商业合理性分析时，会综合考虑各种因素，最终做出决策。

五、核查表

核查表是在收集数据时用作核对清单的计数表格，又称计数表。核查表可用于收集数据并将其分为多个类别，也可用于创建直方图和矩阵。在开展检查以识别缺陷时，用核查表收集属性数据特别方便。例如，某汽车制造项目在质量控制过程中发现的缺陷数量相关数据用核查表表示如表 7-2 所示。

表 7-2 缺陷数量相关数据　　　　　　　　　　　　　　　单位：个

缺陷	7月1日	7月2日	7月3日	7月4日	合计
小划痕	1	2	2	2	7
大划痕	0	1	1	3	5
弯曲	3	3	3	1	10
标签错误	5	2	2	2	11
颜色配错	2	1	1	4	8
缺少组件	1	2	2	1	6

六、质量成本

质量成本包括整个产品生命周期内所产生的以下所有成本：为预防产品或服务不符合要求而进行的投资；为评估产品或服务是否符合要求而产生的成本；因产品或服务未达到要求而带来的损失。

与项目有关的质量成本包含以下一种或多种成本。

（1）一致性成本：包含预防成本和评估成本。预防成本是指因预防特定项目的产品、可交付物或服务质量低劣而导致的相关成本。评估成本是指因评估、测量、审计和测试特定项目的产品、可交付物或服务而导致的相关成本。

（2）非一致性成本：包含内部失败成本和外部失败成本。非一致性成本是因产品、可交付物或服务与干系人的需求或期望不一致而导致的相关成本。

在投资额外的预防/评估成本时，发现既无益处又不具备成本效益，这就是最优质量成本。有关模型表明，最优质量成本能够在预防成本和评估成本之间找到恰当的投资平衡点，以规避失败成本。质量成本如图7-1所示。

	预防成本	评估成本
一致性成本： 为规避失败而花费的资金	• 培训 • 设备 • 正确的做事时间	• 测试 • 审查 • 抽样检查
	内部失败成本	外部失败成本
非一致性成本： 由于失败而花费的资金	• 设备返工 • 报废	• 企业信誉损失 • 失去客户信任 • 失去项目

图7-1　质量成本

七、决策树分析

可使用决策树在若干备选行动方案中选择一个最佳方案。在决策树中，用不同的分支代表不同的决策或事件，即项目的备选路径。每个决策或事件都有相关的成本和单个项目风险（包括威胁和机会）。决策树分支的终点表示沿特定路径发展的最后结果，可以是负面或正面的结果。在决策树分析中，通过计算每条分支的预期货币价值，选出最优路径。

例如，某单位想实现企业效益升级，有建设新厂和改造老厂两种方案。采用决策树进行分析，如图7-2所示。可以看到，建设新厂的预期货币价值（Expected Monetary Value，EMV）为3 600万元，改造老厂的预期货币价值为4 600万元，3 600万元＜4 600万元，所以改造老厂收益更大，是更优的选择。

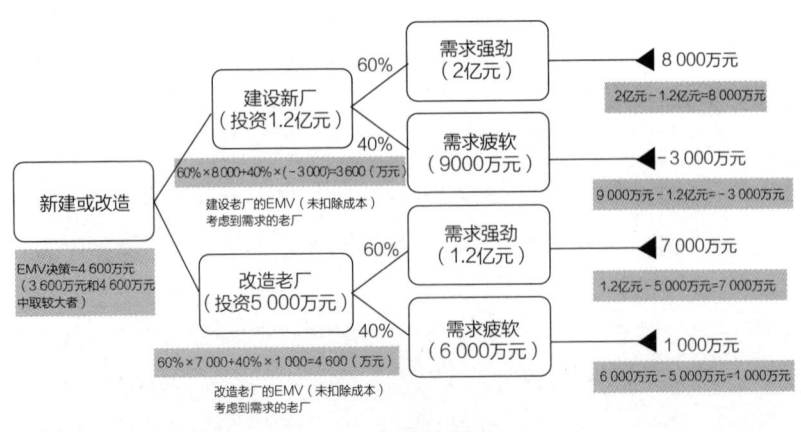

图7-2　决策树分析示例

八、挣值分析

挣值分析是一种分析方法，它使用一组与范围、进度和成本相关的测量指标，以确定项目的成本和进度绩效。它针对每个工作包和控制账户，计算并监测以下3个关键指标。

（一）计划价值

计划价值（Planned Value，PV）是为计划工作分配的经批准的预算，它是为了完成某项活动或WBS的某个组成部分，不包括管理储备。项目的总计划价值就是项目的完工预算（Budget at Completion，BAC）。

（二）挣值

挣值（Earned Value，EV）是对已完成工作的测量值，用该工作的批准预算来表示，是已完成工作的经批准的预算。

（三）实际成本

实际成本（Actual Cost，AC）是在给定期限内，因执行某项活动而实际发生的成本。

例如，一个项目要求10天修路1 000米，且工作量平均分配给每一天。为完成这项工作，经批准的预算总金额是1万元。第5天末，经测量发现实际修路600米，花费的成本为6 500元。基于目前的项目开展情况，测量指标如下。

BAC=10 000元：项目的总金额。

PV=5 000元：第5天末按计划应该修路500米，对应的金额为5 000元。

EV=6 000元：第5天末实际完成修路600米，600米对应的计划价值是6 000元。

AC=6 500元：第5天末的实际成本是6 500元。

基于以上绩效测量指标，可以进行偏差分析与计算，如成本偏差（Cost Variance，CV）、进度偏差（Schedule Variance，SV）、成本绩效指数（Cost Performance Index，CPI）、进度绩效指数（Schedule Performance Index，SPI）。

$CV=EV-AC$。表示挣值与实际成本之间的偏差。本例中，第5天末已完成的工作对应的批准预算金额为6 000元，实际成本为6 500元，所以CV就是-500元，即超出预算500元。通常情况下，如果CV为正值，表示成本节约；如果CV为负值，表示成本超出预算；如果CV为0，表示按计划成本进行，既没有超出预算，也没有节余。

$SV=EV-PV$，表示挣值与计划价值之间的偏差。本例中，第5天末已完成的工作对应的批准预算金额为6 000元，第5天末计划完成的工作对应的批准预算金额为5 000元，所以SV是1 000元，表示进度超前。通常情况下，如果SV为正值，表示进度超前；如果SV为负值，表示进度落后；如果SV为0，表示按计划进行，进度既没有超前，也没有落后。

CV和SV能够表明项目成本和进度的绝对偏差，但无法说明偏差的程度。例如，一个投资20亿元的项目超出预算1 000元和一个投资1万元的项目超出预算1 000元，性质肯定是不同的；一个工期为10年的项目其进度比计划进度落后1天和一个工期为10天的项目其进度比计划进度落后1天，性质显然也是不同的。所以，除了使用CV和PV表示成本和进度的绝对偏差，还需要使用CPI和SPI表示成本和进度的相对偏差。

CPI=EV/AC，表示挣值与实际成本之间的比值，它能够清楚地表明项目实际成本高于或低于项目计划成本的百分比。本例中，第5天末已完成的工作对应的批准预算金额为6 000元，实际成本为6 500元，所以CPI是0.92，小于1，说明超出预算。通常情况下，如果CPI大于1，表示成本节约；如果CPI小于1，表示成本超出预算；如果CPI等于1，表示按计划进行，成本既没有超出预算，也没有节余。

SPI=EV/PV，表示挣值与计划价值之间的比值。本例中，第5天末已完成的工作对应的批准预算金额为6 000元，第5天末计划完成的工作对应的批准预算金额为5 000元，所以SPI是1.2，大于1，表示进度超前。通常情况下，如果SPI大于1，表示进度超前；如果SPI小于1，表示进度落后；如果SPI等于1，表示按计划进行，进度既没有超前，也没有落后。

九、预期货币价值

EMV是以货币形式表示的成果估算价值。它用于对不确定性（如风险）的价值进行量化，或者对不一定等同的备选方案的价值进行比较。EMV的计算方法是将事件发生的概率与事件发生时的经济影响相乘。举例如下：

一个项目如果采用A方法，有60%的可能获利1 000万元，对应的EMV就是：

$$1000 \times 60\% = 600（万元）$$

机会的EMV表示为正值。

一个项目如果采用B方法，有40%的可能赔本1 000万元，对应的EMV就是：

$$-1000 \times 40\% = -400（万元）$$

威胁的EMV表示为负值。

十、预测

预测是根据已有的信息和知识，对项目未来的情况和事件进行的估算或预计。经常使用定性预测法、定量预测法、因果预测法和经济预测法对成本和进度进行预测。

定性预测法使用主题专家的意见和判断，省时省力，简单快速。它往往依赖主题专家个人（或群体）的经验、能力和水平，其标准常常因人而异，往往带有主观性。

定量预测法使用模型，即用过去的信息预测未来的绩效。定量预测法通常工作量大，花费的人力、物力和时间较多，但预测结果往往比较准确，较少受主观因素的影响，准确性取决于模型的成熟度和基础数据的可靠性。

因果预测法和经济预测法（如回归分析）可以确定对未来结果产生重大影响的变量。

十一、影响图

影响图是对变量与成果之间的因果关系、事件的时间顺序及其他关系的图形表示，如图7-3所示。影响图是不确定条件下制定决策的图形辅助工具。它将一个项目或项目中的一种情形表现为一系列实体、结果和影响，并展示它们之间的关系和相互影响。

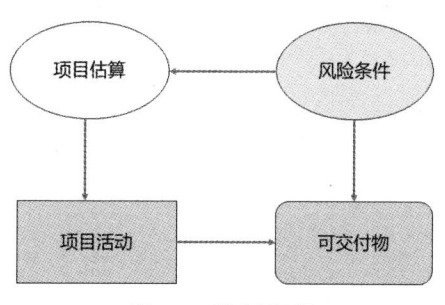

图 7-3　影响图示例

十二、生命周期评估

生命周期评估是用于评价产品、过程或系统的总体影响的工具。它包括生成项目可交付物的所有方面，从可交付物中使用的材料来源到其分配和最终处置。

十三、自制或外购分析

自制或外购分析是收集和整理有关产品需求的数据，并对诸如采购产品与内部制造产品等可选的备选方案进行分析的过程，用于确定某项工作或可交付物是由项目团队自行完成，还是从外部采购。做出自制或外购决策时应考虑的因素包括组织当前的资源配置及其技能和能力、对专业技术的需求、承担永久雇佣关系的意愿，以及对独特技术专长的需求，还要评估与每个自制或外购决策相关的风险。

在自制或外购分析中,可以使用投资回收期、ROI、IRR、NPV、BCA或其他分析技术,确定某种产品或服务是应该在项目内部自制,还是从外部购买。

例如,某项目需要一种零件,如果由公司内部自制,需要购买一台6 000元的专用设备,每自制一个零件的成本为12元。如果外购,当购买数量大于2 000件时,单价为14元;当购买数量小于2 000件时,单价为15元。此时就需要进行自制或外购分析,具体如下。

假设购买数量为2 000件,那么:

自制成本=6 000+12×2 000=30 000(元)。

外购成本=2 000×14=28 000(元)。

在不考虑其他因素的条件下,因为外购成本偏低,所以该零件应该采用外购的方法。当然,实际项目运作中考虑的因素往往更复杂。

十四、概率和影响矩阵

概率和影响矩阵是把每个风险发生的概率及一旦发生对项目目标的影响映射起来的一种表格。在常见的概率和影响矩阵中,会同时列出机会和威胁,以正面影响定义机会,以负面影响定义威胁。概率和影响可以用描述性术语(如很高、高、中、低和很低)或数值来表达。如果使用数值,可以把两个数值相乘,得出每个风险的概率-影响分值,据此在每个优先级组别内排列单个风险的相对优先级。

在图7-4中,深灰色区域是需要重点讨论、制定风险规避方案的风险,浅灰色区域是需要持续关注的区域,一旦转变成深灰色,就需要按深灰色区域的方法处理。

		威胁					机会				
概率	0.90 很高	0.05	0.09	0.18	0.36	0.72	0.72	0.36	0.18	0.09	0.05	很高 0.90	概率
	0.70 高	0.04	0.07	0.14	0.28	0.56	0.56	0.28	0.14	0.07	0.04	高 0.70
	0.50 中	0.03	0.05	0.10	0.20	0.40	0.40	0.20	0.10	0.05	0.03	中 0.50
	0.30 低	0.02	0.03	0.06	0.12	0.24	0.24	0.12	0.06	0.03	0.02	低 0.30
	0.10 很低	0.01	0.01	0.02	0.04	0.08	0.08	0.04	0.02	0.01	0.01	很低 0.10
		很低 0.05	低 0.10	中 0.20	高 0.40	很高 0.80	很高 0.80	高 0.40	中 0.20	低 0.10	很低 0.05	
				消极影响					积极影响			

图7-4 概率和影响矩阵示例

十五、过程分析

过程分析是对开展活动的步骤和程序的系统性审查。过程分析可以识别过程改进机会,同时检查在过程期间遇到的问题、制约因素,以及非增值活动,从而对过程进行改进。

十六、回归分析

回归分析是通过考察一系列输入变量及其对应的输出结果，建立数学或统计关系的一种分析技术，用于提高未来项目的绩效。通常情况下，散点图用于测定两个因素之间是否存在相互关系，回归分析则用于将这种关系以数学或统计关系表示出来。散点图如图7-5所示，其中图7-5（c）表示因变量和自变量之间呈正相关，将假设表示成公式为$y=ax$，该公式就是回归分析的一种应用和表示方法。

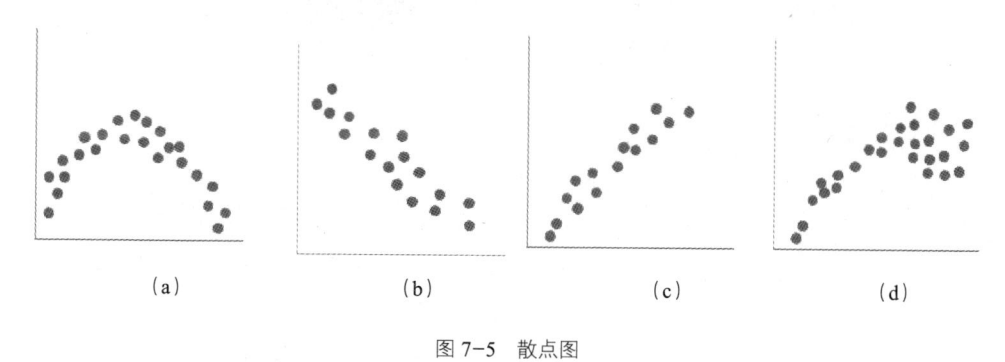

(a)　　　　　(b)　　　　　(c)　　　　　(d)

图 7-5　散点图

十七、储备分析

储备分析用于评估项目风险的数量，以及进度和预算的储备量，以确定这些储备是否足以应对剩余的风险。储备有助于将风险降低到可接受的水平。

在项目规划期间，储备分析用于确定项目所需的应急储备和管理储备。在进行持续时间或成本估算时，需要考虑应急储备，以应对进度或成本方面的不确定性。应急储备用来应对已经接受的已识别风险，与"已知–未知"风险相关，需要合理估算，用于完成未知的工作量。应急储备可取活动持续时间估算值或成本估算值的某一百分比或某一固定的时间段，也可把应急储备从各个活动中剥离出来并汇总。随着项目信息越来越明确，可以使用、减少或取消应急储备。

当然，也可以估算项目进度管理或成本管理所需要的管理储备。管理储备是为管理控制的目的而特别留出的进度或成本，用来应对项目范围中不可预见的工作。管理储备用来应对影响项目的"未知–未知"风险，它不包括在进度基准或项目预算中，但属于项目总持续时间或总成本的一部分。依据合同条款，使用管理储备可能需要变更进度或成本基准。

在整个项目执行期间，可能发生某些单个项目风险，对预算和进度应急储备产生正面或负面的影响。此时，储备分析是指在项目的任一时点比较剩余应急储备与剩余风险，从而确定剩余储备是否仍然合理。可以用各种图形（如燃尽图）来显示应急储备的消耗情况。

十八、根本原因分析

根本原因分析用于确定引起偏差、缺陷或风险的根本原因。一项根本原因可能会引起多项偏差、缺陷或风险。可以问题陈述（如项目可能延误或超支）为出发点，探讨哪些威胁可能导致该问题，从而识别出相应的威胁；也可以收益陈述（如提前交付或低于预算）为出发点，探讨哪些机会可能有利于实现该收益，从而识别出相应的机会。根本原因分析通常会使用5Why法或石川图法。

十九、敏感性分析

敏感性分析旨在将项目结果的变化与定量风险分析模型中要素的变化建立关联，以确定哪些单个项目风险或其他不确定性来源对项目成果的潜在影响最大。

敏感性分析的结果通常用龙卷风图来表示，如图7-6所示，图中标出了定量风险分析模型中的每项要素与其能影响的项目结果之间的关联系数。这些要素可包括单个项目风险、易变的项目活动或具体的不确定性来源。每个要素按关联强度进行降序排列，形成典型的龙卷风形状。

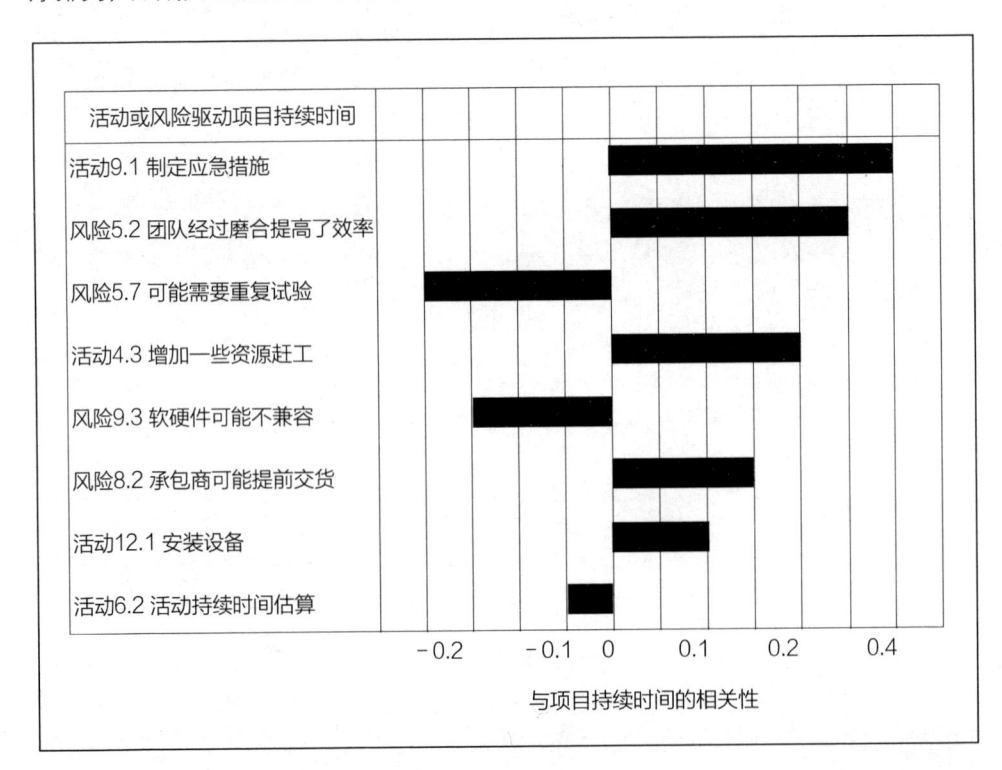

图 7-6 龙卷风图示例

二十、模拟

模拟是定量风险分析技术的一种，它通过模型来表明各种不确定性因素的综合影响，从而评估这些因素对目标的潜在影响。最典型的模拟方法是蒙特卡罗模拟，蒙特卡罗这个名字因摩纳哥著名的赌场而得名。它使用计算机软件的多次迭代来识别风险和不确定性的潜在影响，以发现某一决定或做法可能导致的一系列成果的概率分布情况。

在定量风险分析中，可以使用模型来模拟单个项目风险和其他不确定性来源的综合影响，以评估它们对项目目标的潜在影响。对成本风险进行蒙特卡罗分析时，使用项目成本估算作为模拟的输入；对进度风险进行蒙特卡罗分析时，使用进度网络图和持续时间估算作为模拟的输入。开展综合定量成本-进度风险分析时，同时使用这两个输入。其输出是定量风险分析模型。

使用计算机软件的数千次迭代来运行定量风险分析模型。每次运行都要随机选择输入（如成本估算、持续时间估算或概率分支发生频率）。每次运行的输出构成了项目可能结果（如项目结束日期、项目完工成本）的区间。典型的输出包括：表示模拟得到特定结果的次数的直方图，表示获得等于或小于特定数值的结果的累积概率分布曲线（S曲线）。蒙特卡罗成本风险分析得到的S曲线示例如图7-7所示。

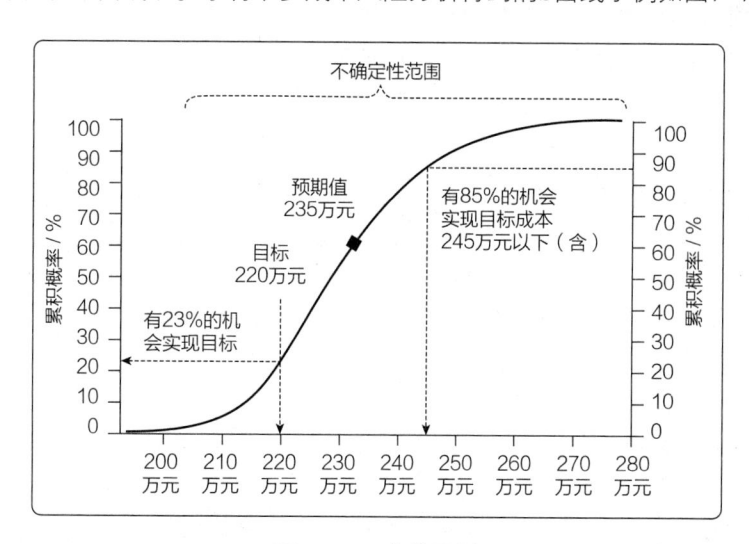

图7-7 S曲线示例

二十一、干系人分析

干系人分析通过系统收集和分析与干系人有关的各种定量及定性信息，确定在整个项目开展期间应该考虑哪些人的利益。干系人分析会产生干系人清单和关于干系人的各种信息，如干系人在组织内的位置、在项目中的角色、与项目的利害关系、期望、态度（对项目的支持程度），以及对项目的兴趣。干系人与项目的利害关系包括但不限于以下几个方面。

（1）兴趣：个人或群体会受到与项目有关的决策或成果的影响。

（2）权利（合法权利或道德权利）：国家的法律框架可能已就干系人的合法权利做出了规定，如职业健康和安全；道德权利可能涉及保护历史遗迹或环境的可持续发展。

（3）所有权：个人或群体对资产或财产的法定所有权。

（4）知识：专业知识有助于更有效地达成项目目标和组织成果，或者有助于了解组织的权力结构，从而有助于为项目做出贡献。专业知识还可以为项目提供资金或其他资源，包括人力资源，或者以无形的方式为项目提供支持。例如，宣传项目目标，或者在项目与组织权力结构及政治之间起到缓冲作用。

二十二、SWOT分析

可以使用SWOT分析对一个组织、项目或方案的优势、劣势、机会和威胁进行评估。在识别风险时，它将内部产生的风险包含在内，从而拓宽风险的范围。首先，关注项目、组织或一般业务领域，识别组织的优势和劣势。其次，找出组织优势可能为项目带来的机会及组织劣势可能造成的威胁，还可以分析组织优势能在多大程度上克服威胁，组织劣势是否会妨碍机会的产生。SWOT分析如图7-8所示。

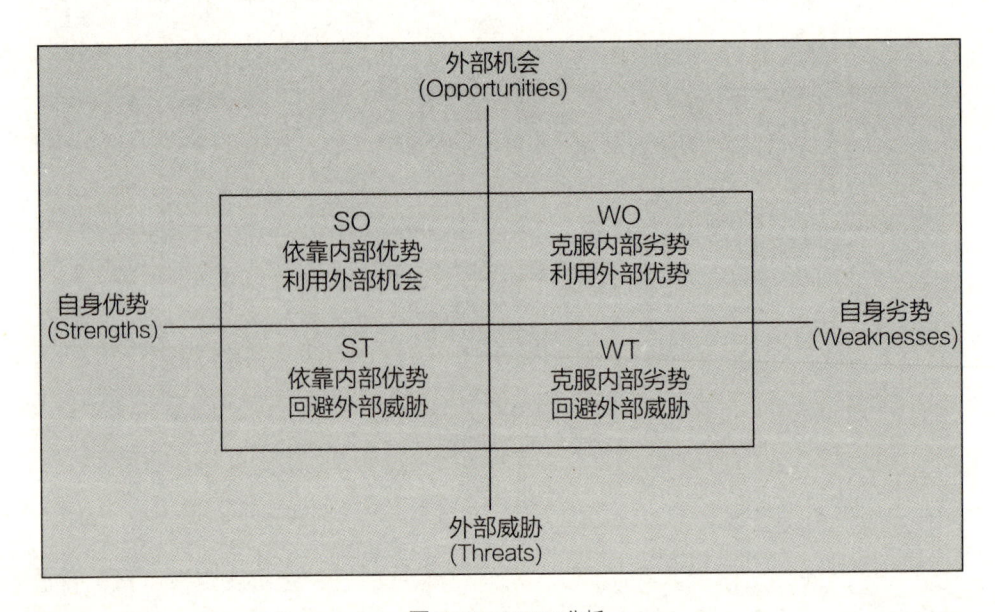

图 7-8　SWOT 分析

二十三、趋势分析

趋势分析利用数学模型，根据历史数据预测未来结果，旨在审查项目绩效随时间的变化情况，以判断绩效是正在改善还是正在恶化，并决定是否需要采取纠正或预防措施。趋势分析是项目监控阶段的重要工作。

通常情况下，项目经理对执行过程组的工作绩效数据进行分析，查看是否有偏差。趋势分析则是根据偏差分析的结果预测未来的绩效，如预测项目的进度是否会延误。如果延误，项目经理可以提前意识到可能出现的问题并采取措施。应该在足够早的项目时间点进行趋势分析，使项目团队有时间分析和纠正任何异常情况，并根据趋势分析的结果提出必要的预防措施及建议。

二十四、价值流图

价值流图是一种精益方法，用于记载、分析和改进为客户生产产品或提供服务所需的信息流或物流，如图7-9所示。

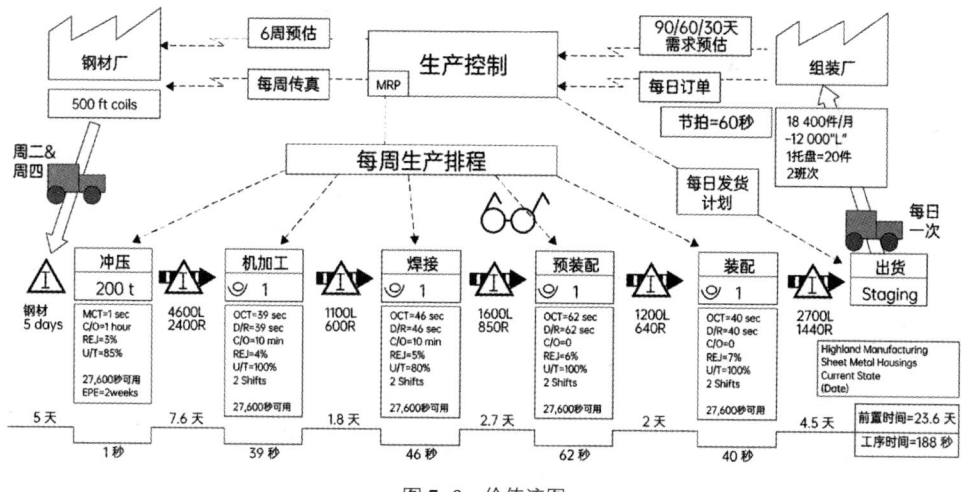

图 7-9 价值流图

二十五、偏差分析

偏差分析用于确定实际绩效与基准的差异及产生差异的原因，涉及持续时间估算、成本估算、资源使用、资源费率、技术绩效和其他测量指标。可以在每个知识领域针对特定变量开展偏差分析。在项目监控过程中，可以通过偏差分析对成本偏差、时间偏差、技术偏差和资源偏差进行综合分析，了解项目的总体偏差情况并进行趋势分析，这样便于采取合适的预防或纠正措施。

二十六、假设情景分析

假设情景分析可对各种情景进行评估，预测它们对项目目标的影响（积极的或消极的）。假设情景分析就是对"如果情景×出现，情况会怎样"这样的问题进行分析，基于已有的进度计划，考虑各种各样的情景。例如，推迟某主要部件的交货日期，延长某设计工作的时间，或者加入外部因素（如罢工或许可证申请流程发生变化等）。可以根据假设情景分析的结果，评估项目进度计划在不同条件下的可行性，为应对意外情况的影响而编制进度储备和应对计划。

第二节　估算方法

估算方法用于对某一项目的工作、时间或成本进行近似估算。

一、亲和分组

亲和分组指根据相似程度，将各项内容归入相似的类别或组合。常见的亲和分组包括T恤尺码和斐波纳契数列。

斐波那契数列，又称黄金分割数列，指的是这样一个数列：0、1、1、2、3、5、8、13、21、34……在数学上，斐波纳契数列以递归的方法定义，即

$$F(0)=0, F(1)=1, F(n)=F(n-1)+F(n-2)\ (n\geq 2, n\in N^*)$$

二、类比估算

类比估算使用相似活动或项目的历史数据，评估某一活动或项目的持续时间或成本。类比估算以过去类似项目的参数值或属性（如范围、成本、预算、持续时间、规模、质量和复杂性等）为基础，估算未来项目的同类参数或指标。

这是一种粗略的估算方法，有时需要根据项目在复杂性方面的已知差异进行调整，在项目详细信息不足时，就经常使用类比估算来估算项目持续时间。相对于其他估算技术，类比估算通常成本较低、耗时较短，但准确性较差。类比估算可以针对整个项目或项目中的某个部分进行，也可以与其他估算方法联合使用。

如果某一活动与以往的活动是本质上而不是表面上类似，并且从事估算的项目团队成员具备必要的专业知识，那么对其进行类比估算最可靠。

三、功能点估算

功能点估算是对信息系统中业务功能数量的估算。功能点估算用于计算软件系

统的功能规模测量。它基于客观的外部应用接口和主观的内部应用复杂度，以及总体的性能特征。

功能点估算的具体过程如下。

（1）识别估算功能单元的类型。

（2）计算每种类型的复杂度。

（3）计算总体调整前的功能点数。

（4）根据调整因子对功能点数进行调整。

四、多点估算

当单个活动估算存在不确定性时，多点估算通过应用最可能估算、最乐观估算和最悲观估算的平均值或加权平均值评估成本或工期，因此多点估算又称三点估算。

假设采用多点估算对项目成本进行估算，需要估算最可能成本、最乐观成本及最悲观成本。具体如下。

最可能成本（CM）：对所需工作和相关费用进行比较现实的估算，得到的活动成本为60万元。

最乐观成本（CO）：基于活动的最好情况估算，得到的成本为56万元。

最悲观成本（CP）：基于活动的最差情况估算，得到的成本为70万元。

基于活动成本在3种估算值区间内的假定分布情况，使用公式来计算预期成本（CE）。两种常用的公式是三角分布和贝塔分布，其计算公式分别如下。

三角分布：CE =（CO + CM + CP）/3=（60+56+70）/3=62（万元）。

贝塔分布：CE =（CO + 4CM + CP）/6=（56+4×60+70）/6=61（万元）。

多点估算基于多点的假定分布计算期望成本，并说明期望成本的不确定区间。

五、单点估算

单点估算涉及使用数据来计算一个可反映最佳估算的值。

六、参数估算

参数估算指基于历史数据和项目参数，使用某种算法来计算成本或持续时间。它利用历史数据之间的统计关系和其他变量（如建筑施工中的平方英尺）来估算成本、预算和持续时间等活动参数。把需要实施的工作量乘以完成单位工作量所需的工时，即可计算出持续时间。

例如，对于电缆铺设项目，将电缆的长度乘以铺设每米电缆所需的工时。如果所用的资源每小时能够铺设25米电缆，那么铺设1 000米电缆的持续时间是40（1 000÷25）小时。

参数估算的准确性取决于参数模型的成熟度和基础数据的可靠性。参数进度估算或成本估算可以针对整个项目或项目中的某个部分，并可以与其他估算方法联合使用。

七、相对估算与绝对估算

相对估算可用于创建估算，它源自在考虑人力投入、复杂性和不确定性的基础上针对类似工作进行的对比。相对估算不一定基于成本或时间的绝对单位。故事点是相对估算经常使用的一种无单位的测量方法。

绝对估算使用实际数字来估算具体信息。人力投入的绝对估算可能显示为120小时的工作。假设每个工作日工作8小时，一名全职员工可以在15个工作日内完成工作。

绝对估算很具体，而相对估算是与其他估算相对比的结果。相对估算只在特定情况下有意义。相对估算的其中一种形式是计划扑克牌。在计划扑克牌中，开展工作的项目团队会就交付价值所需的人力投入达成共识。

八、故事点估算

故事点估算涉及分配项目团队成员实施用户故事所需的抽象但相关联的人力投入的点数。它可使项目团队在考虑项目复杂性、风险和人力投入的前提下了解故事的难度，如图7-10所示。

第一种估算方法以（a）为基准作为1个故事点，估算（b）的故事点数为3；第二种估算方法以（c）为基准作为1个故事点，估算（b）的故事点数为2。对于同样的（b），因为基准不同，估算的故事点数就有差异，所以故事点估算是一种相对估算。

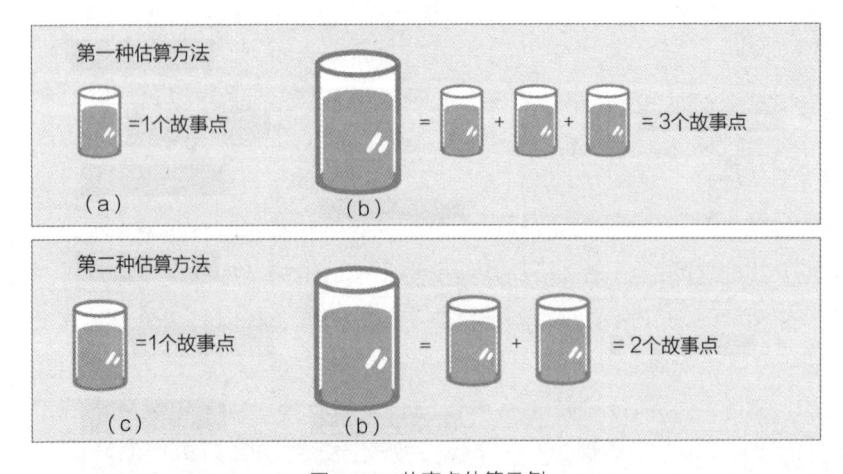

图7-10 故事点估算示例

每个团队都有自己的能力。对一个团队而言，在使用故事点估算时，在给定时间内能够完成的故事点数量是唯一的。

九、宽带德尔菲估算

宽带德尔菲估算是德尔菲估算的一种变化形式，即由主题专家会完成多轮估算，每轮估算完成之后与项目团队展开讨论，直至达成共识。在宽带德尔菲估算中，那些提出了最高估算和最低估算的人会解释自己的理由，然后每个人都重新估算。该过程会不断重复，直到所有人的估算接近一致。计划扑克牌是宽带德尔菲估算方法的一种变化形式。

宽带德尔菲估算可用来收集关于项目规模的准确估算，缺点是相比常用估算技术（如类比估算等），它将占用更多的精力。

第三节 会议

会议是吸引项目团队和其他干系人参与的重要方式，它是整个项目的主要沟通方式。

一、待办事项列表细化会议

在待办事项列表细化会议上，项目团队会以渐进明细的方式编制待办事项列表，并（重新）明确其中各事项的优先级，确定在即将到来的迭代中完成的工作。

在细化会议上，产品负责人可以向团队介绍故事的创意，让团队了解故事中潜在的挑战或问题。产品负责人可以使用以下几种方法准备待办事项列表细化会议。

（1）鼓励团队的开发人员、测试人员、业务分析人员和产品负责人开展合作，一起讨论和撰写故事。

（2）把整个故事的概念呈现给团队。团队进行讨论，并根据需要将其细化为多个故事。

（3）与团队成员一起寻找各种方法来探索和撰写故事，确保所有的故事都足够"小"，以便团队能源源不断地交付成果。考虑每天至少完成一个故事。

（4）团队通常有一个目标，就是每周用不超过1小时的时间来为下一批工作细化故事。团队希望把时间尽可能花在工作上，而不是花在计划上。如果团队需要每周花1小时以上的时间来细化故事，产品负责人可能会过度准备，或者团队可能缺乏评估和细化工作所需的一些关键技能。

二、投标人会议

投标人会议也称承包商会议、供应商会议或投标前会议。在准备招标或建议书之前，与潜在供应商举行会议，以确保所有潜在供应商对本次采购要求（如技术要求和合同要求等）都有清楚且一致的理解。对供应商所提问题的答复可能作为修订条款添加到采购文件中。

在投标人会议上，应遵循公平、公正、公开的原则，做到以下几点。

（1）所有潜在供应商都应得到同等对待，保证招标结果公平。

（2）所有潜在供应商都应得到相同的采购文档。

（3）潜在供应商应该公开提问，使其他潜在供应商也能听到答复。

（4）防止投标方私下向买方提问，因为他们可能不愿意当着竞争对手的面提问。

三、变更控制委员会会议

变更控制委员会（Change Control Board，CCB）负责审查变更请求，并做出批准、否决或推迟的决定。大部分变更会对时间、成本、资源或风险产生一定的影响，因此评估变更的影响也是会议的基本工作。此外，在会议上可能还要讨论并提议所请求变更的备选方案。最后，将会议决定传达给提出变更请求的责任人或小组。此会议也称变更控制会议。

CCB 也可以审查配置管理活动。应明确规定 CCB 的角色和职责，并经干系人一致同意后，记录在变更管理计划中。CCB 的所有决定都应记录在案，并向干系人传达，以便其知晓并采取后续行动。

对所有的变更请求都需要实施整体变更控制，但不是所有的变更请求都要提交到 CCB。通常情况下，如不涉及基准的变更，由项目经理审批即可；如涉及基准的变更，则需要提交 CCB 审批。某些特定的变更请求，在获得 CCB 的批准之后，可能还需要得到客户或发起人的批准，除非他们本身就是 CCB 的成员。项目变更请求示例如表 7-3 所示。

表 7-3 项目变更请求示例

项目名称：			日期：	
客户名称：			客户联系方式：	
项目经理：				
变更需求信息				
变更请求者：	客户名称：		需求日期：	
变更描述：				

续表

范围影响:

质量影响:

资源影响:

成本影响:

进度影响:

评估信息			
评估者姓名:		角色:	
交付物名称:			
推荐的措施:	批准□		拒绝□
评估者注释:			

日期:

审批信息			
审批者姓名:		角色:	
交付物名称:			
审批意见:	批准□		拒绝□
审批者注释:			

审批者签名: 日期:

项目经理信息:

签名: 日期:

四、每日站会

每日站会是简短的协作会议。在会议期间，项目团队会审查前一天的进展，宣布当天的计划，并强调遇到或预见的任何障碍。该会议也称每日例会。

开发团队的每位成员在每日站会中都会陈述下列3项内容，这些内容能够促进团队成员之间的合作。

（1）昨天，我完成了什么工作？

（2）今天，我准备做什么工作？

（3）我遇到的问题或障碍是什么？

在Scrum实践中有一个规则：每日站会时间不能超过15分钟。如果超过，将占用开发团队的工作时间。可以利用一些小道具来保证会议不会超时。例如，让团队成员用一只手托起一包500页的A4打印纸，直到托不动为止，在保证发言质量的同时还能保证不超过会议时间。为保证每日站会简捷有效，Scrum团队应遵循以下准则。

（1）任何人都可以参加每日站会，但只有开发团队成员可以发言。其他干系人可以出席会议，但是不能干扰团队成员发言。

（2）会议只关注当前的工作。Scrum团队应该只讨论已完成的和即将开始的工作，或者在这些工作中遇到的问题和障碍。

（3）开会是为了促进团队交流合作，而不是为了解决问题。开发团队和Scrum主管负责在当天移除障碍。

（4）为防止会议变成解决问题的专题会，Scrum团队可以在白板上创建一个列表来跟踪需要立即处理的问题，会后马上处理它们。

（5）每日站会结束后立刻召开一个专题会来解决问题。有些Scrum团队每天都召开这个专题会，有些则根据需要召开。

召开每日站会是为了促进团队成员之间平等地交流与合作，而不是为了让其他所有人向其中一人（如Scrum主管或产品负责人）汇报项目运行状态。项目运行状态会体现在每天结束时的冲刺待办事项列表中。

因为每日站会的时间非常短，所以会议必须准时开始。Scrum团队通常会让迟到的人接受一些有趣的惩罚（如做俯卧撑、捐献团队建设资金或实施其他惩罚措施）。Scrum团队可以要求参会人员站着而不是坐着。站着开会能让人们更想快一点结束会议并开始一天的工作。

每日站会对于让团队成员每天集中精力执行正确的任务是十分有效的。因为团队成员当众做出了承诺，所以他们一般不会推脱责任。每日站会还可以保证Scrum主管和团队成员快速处理障碍。这个会议非常有用，可用于任何项目，是识别潜在威胁和机会的一个来源。

五、迭代规划会议

迭代规划会议用于澄清待办事项列表中各事项的详细信息、验收标准，以及实现迭代承诺所需的工作投入。此会议也称冲刺规划会议。

一个冲刺指一段确定的迭代时间，在敏捷项目中，限制会议时间的实践方法有时也称"时间盒技术"。用时间盒技术限制会议时间，可以确保开发团队有足够的时间创建产品。在这段时间内，开发团队持续创建一组特定的产品功能。在冲刺开始时召开迭代规划会议，在冲刺期间召开每日站会，在冲刺结束时进行演示/评审和回顾。Scrum示例如图7-11所示。

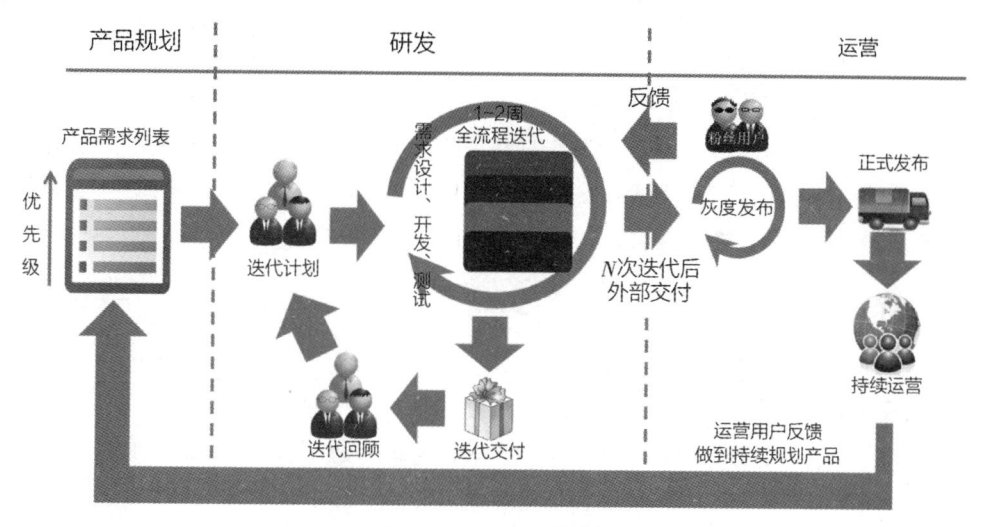

图 7-11　Scrum 示例

迭代规划会议分为两个阶段：第一阶段分析和评估产品待办事项列表，排列优先级，设定冲刺目标并为冲刺选择用户故事；第二阶段将用户故事分解为任务，并估算用户故事点数。

六、迭代审查会议

迭代审查会议是在一次迭代结束时举行的，旨在展示在该迭代期间完成的工作。此会议也称冲刺审查会议。

七、开工会议

开工会议是在项目开始执行时举行的会议，项目团队成员和其他关键干系人会聚在一起，正式设定期望、达成共识并开始工作。它会确立项目、阶段或迭代的开始时间。

开工会议通常意味着规划阶段的结束和执行阶段的开始，旨在传达项目目标，获得团队对项目的承诺，以及阐明每个干系人的角色和职责。开工会议可能在不同的时间点举行，具体取决于项目的特征。

（1）对于小型项目，通常由同一个团队开展项目规划和执行工作。在这种情况下，项目在启动之后很快就会开工（规划过程组），因为执行团队参与了规划。

（2）对于大型项目，通常由项目管理团队开展大部分规划工作。在初始规划工作完成、开发（执行）阶段开始时，项目团队中的其他成员才参与进来。在这种情况下，将随同执行过程组的相关过程召开开工会议。

（3）对于多阶段项目，通常在每个阶段开始时都举行一次开工会议。

八、经验教训会议

经验教训会议用于识别和分享在项目、阶段或迭代过程中获得的知识，更新经验教训知识库和组织过程资产，重点关注如何提高项目团队的绩效。除了产生优秀的做法和非常有利的结果，此会议还可以讨论原本可以处理得更好的事情。

九、规划会议

规划会议用于创建、制订或审核计划，并获得项目团队对计划的承诺。

项目团队可以举行规划会议来制订进度管理计划、成本管理计划、质量管理计划或风险管理计划等。项目经理也可以和职能经理一起举行规划会议，以估算每项活动所需的资源、支持性活动、团队资源的技能水平，以及所需材料的数量。参会人员可能包括项目经理、项目发起人、选定的项目团队成员、选定的干系人、进度计划负责人或执行负责人，以及其他必要人员。

十、项目收尾会议

在项目收尾会议上，发起人、产品负责人或客户对交付范围进行最终验收。此会议表明产品交付工作已完成。

十一、项目审查会议

项目审查会议是在项目或过程结束时开展的活动，旨在评估状态，评估所交付的价值，并确定项目是否已准备好进入下个阶段或移交至运营。

十二、发布计划会议

发布计划会议是确定发布或改变产品、可交付物或价值增量的高层级计划，如图7-12所示。

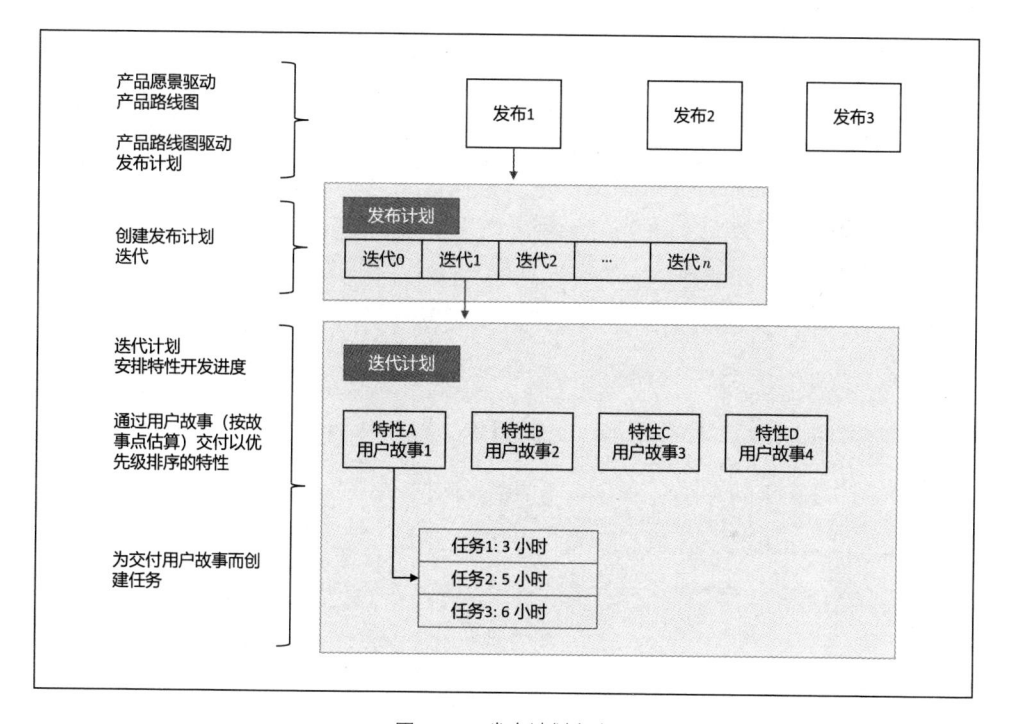

图 7-12 发布计划会议

适应型进度计划会采用增量规划的形式，基于价值路线制订计划，包括产品愿景、产品路线图、发布计划和迭代计划。发布计划是价值路线图的第三阶段，为团队提供了一个中期目标。一次发布是多次迭代集中交付工作的一个成果，这常常是对市场、业务和客户产生影响的标志性时刻。制订发布计划一般有以下4个步骤。

（一）确定优先级

大部分项目以2~6个月为一个发布周期，一般以产品开发线路图来规划发布计划。优秀级可以是未来几个发布要关注的重点，可以是产品待办事项列表中的主题，也可以是必须包含的功能。MoSCoW法是一种常用的排列优先级的方法。

MoSCoW法可以在项目管理、软件开发中使用，以便开发人员、产品经理、客户对每个需求的重要性达成共识。

为什么要在项目管理中使用MoSCoW法呢？因为项目是由一群临时的组织在时间、成本、范围的约束下进行的一项临时性工作。人性总是贪婪的，项目管理也是如此，做加法容易，做减法难。而一些项目失败的原因往往在于范围蔓延，常常项目一开始便人为地、不假思索地加入很多功能，美其名曰"全面"，最终什么都做不好，发起人、项目组、用户都苦不堪言。目标太多，时间太紧，配置跟不上，团队的注意力也分散。

（二）确定迭代长度

确定优先级之后，团队成员需要一起选择一个合适的迭代长度，一般建议1~4周。一旦固定了迭代长度，项目实施期间就不能随意更改。一个发布计划包含两次或多次迭代，如图7-13所示。

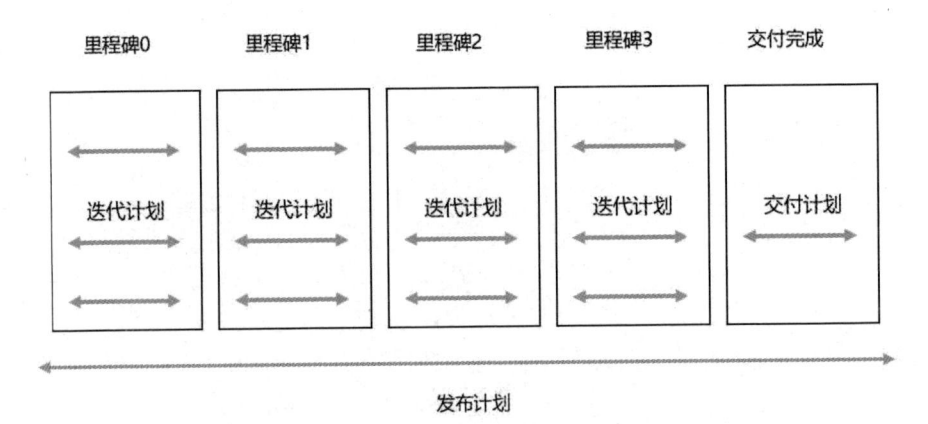

图7-13 迭代长度

（三）从用户故事到工期

这里要介绍一个概念——团队速度。团队速度指团队在一次迭代中能完成的工作量。在前1~2次迭代中观察，粗略计算出在不受干扰的环境下团队平均能完成的故事数量。经过2~4次迭代，速度稳定后，迭代完成的用户故事数量就是团队速度，据此可大致推算出工期。

注意，团队速度是团队内部衡量工作量的标准，不与其他团队做比较，因为每个团队衡量的单位、规模是不一样的。

（四）创立发布计划

将用户故事按照优先级分别分配到每次迭代中，不建议把发布计划保存在计算机或某个系统中，最好以可视化的方式展示出来，让团队成员每天都能看见。如果在迭代的过程中获得任何新的信息，应该不断调整期望和计划。

十三、回顾会议

回顾会议是定期举行的研讨会，参会者探讨工作和结果，以便改进流程和产品。回顾会议是经验教训会议的一种形式。回顾会议可用于识别绩效、项目团队凝聚力等面临的威胁，并可用于寻求改进，还可以帮助项目团队识别相关实践，以便尝试用不同的方式开拓和增加机会。

回顾会议应该讨论以下3个主要问题。
（1）哪些任务做得比较好？
（2）我们想做哪些改变？
（3）我们如何实施这些改变？

十四、风险审查会议

风险审查会议是一种分析现有风险的状态并识别新风险的会议。应该定期召开风险审查会议，以确定风险是否仍处于活跃状态及风险属性（如概率、影响、紧急程度等）是否已发生变化。对风险应对措施进行评估，确定它们是否有效或是否应更新。在会议上可能会识别和分析新的风险，也可能会关闭不再活跃的风险。风险再评估是风险审查会议的一个示例。

风险审查可以是定期项目状态会议的一项议程，也可以召开专门的风险审查会议。在风险审查会议上可以开展与风险审计相关的工作。

十五、状态会议

状态会议是定期举行的会议，旨在交流和分析项目当前进展及绩效方面的信息。通过定期召开状态会议，可以掌握项目的范围、进度、成本、资源、风险及变更等信息，这是进行偏差分析和趋势分析的前提。

十六、指导委员会会议

由资深的干系人组成指导委员会，在会议上为项目团队提供指导和支持，并做出项目团队权限以外的决策。

第四节　其他方法

本节描述的方法用于达成项目的多种目的。

一、影响地图

影响地图是一种战略规划方法，在产品开发期间可以作为组织的可视化路线图，如图7-14和图7-15所示。影响地图回答了以下几个问题。

（1）我们为什么要做这个（Why）？目标是什么？

（2）为了达成目标，需要哪些人（Who）怎样（How）发挥影响？

（3）为此我们需要做什么（What）？

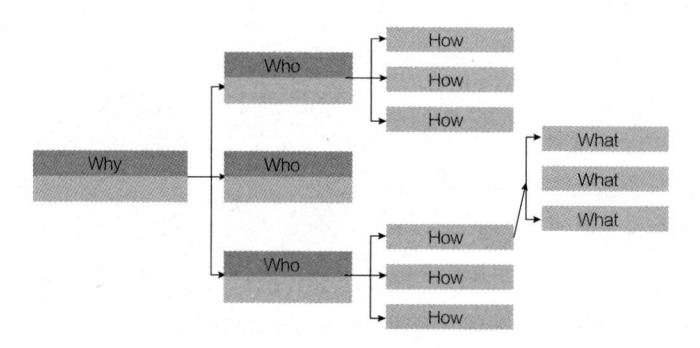

图 7-14　影响地图的组成

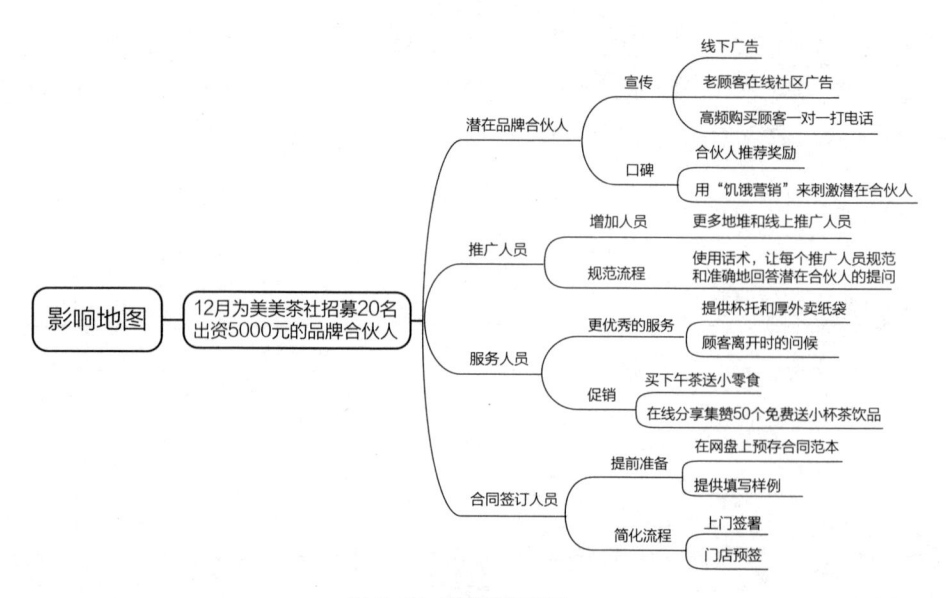

图 7-15　影响地图示例

二、建模

建模是创建对系统、解决方案或可交付物（如原型、示意图或故事板）的简化表示法的过程。通过确定信息中的差距、沟通错误的方面或额外需求，建模有助于进一步分析问题。

原型法是一种典型的建模方法，指在实际生产预期产品之前，先生产该产品的模型，并据此征求用户对需求的早期反馈。原型包括微缩产品、计算机生成的二维和三维模型、实体模型或模拟。原型是有形的实物，可以让干系人体验最终产品的模型，而不是仅限于讨论抽象的需求描述。原型法支持渐进明细的理念，需要经历从模型创建、用户体验、反馈收集到原型修改的反复循环。在经过足够的反馈循环之后，就可以通过原型法获得足够的需求信息，从而进入设计或生产阶段。

三、净推荐值

净推荐值是对客户将某组织的产品或服务推荐给他人的意愿的一种测量指数。该数值可用于衡量客户对组织产品或服务的总体满意度，以及客户对品牌的忠诚度。

客户忠诚度是组织利润增长的关键因素，正确对待客户是提高客户忠诚度的重要途径。净推荐值可以有效地量化客户忠诚度，反映组织产品或服务的使用者（或组织内部的管理者）将组织及其产品或服务推荐给他人的意愿。

净推荐值等于推荐者所占的百分比减去批评者所占的百分比，表示如下。

净推荐值=（推荐者数/总样本数）×100%—（批评者数/总样本数）×100%

你可以问客户一个问题："您是否愿意将我们的产品或服务推荐给您的朋友或同事？"

让客户根据自己愿意推荐的程度打分（0~10分），根据得分情况划分客户忠诚度的3个范畴。

（1）推荐者（9~10分）：具有狂热忠诚度的人，他们会继续购买你们组织的产品或服务并推荐给其他人。

（2）被动者（7~8分）：总体满意但并不狂热的人，他们会考虑其他竞争对手的产品或服务。

（3）批评者（0~6分）：对产品或服务的使用体验并不满意或对你们没有忠诚度。

净推荐值计算公式的逻辑是推荐者会继续购买你们的产品或服务并推荐给其他人以加速你们组织的成长，批评者则能破坏你们组织的名声，并阻止你们组织的成长。

四、优先级模型

优先级模型用于确定项目组合、项目集、项目的组件及需求、风险、特性或其他产品信息的优先级，如卡诺模型等。

卡诺模型是东京理工大学教授狩野纪昭发明的对用户需求进行分类和优先级排序的有用工具，以分析用户需求对用户满意度的影响为基础，体现了产品性能和用户满意度之间的非线性关系。

卡诺模型根据用户满意度和不同属性的功能具备程度两个维度对功能进行分类。一直以来，人们都认为用户满意度是一维的，所以总是不停地给产品增加新功能。然而有些功能不仅不能提高用户满意度，反而会降低用户满意度。随着不同属性功能具备程度的变化，用户满意度也会发生变化。卡诺模型如图7-16所示。

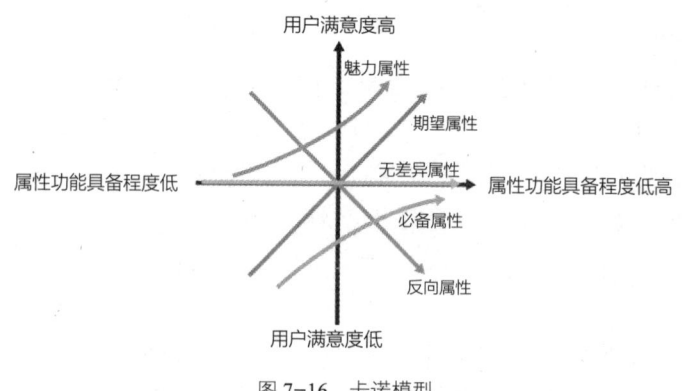

图 7-16 卡诺模型

（1）魅力属性：让用户感到惊喜的属性，如果不提供此属性，不会降低用户满意度；一旦提供该属性，用户满意度就会大幅提高。

（2）期望属性：如果提供该属性，客户满意度会提高；如果不提供该属性，客户满意度会下降。

（3）无差异属性：无论是提供还是不提供该属性，用户满意度都不会改变，用户根本不在意有没有这个属性。这种费力不讨好的属性需要尽力避免。

（4）必备属性：这是用户对产品的基本需求，如果不满足该需求，用户满意度会大幅下降。但是无论如何提高必备属性，客户满意度的提高都有上限。

（5）反向属性：用户根本没有此需求，提供后用户满意度反而会下降。

五、时间盒

限制时间的实践方法称为"时间盒"，如1周、2周或1个月。

（一）时间盒的含义

时间盒的含义可以总结为以下3步：计划、执行和复查。

（1）计划：对时间盒的预期产出、达到目标（时间盒的长度、对技能的要求、预算等）所需要的费用、度量成功的标准达成一致。作为一个指导原则，一般来说这一步占时间盒的10%~15%。

（2）执行：按照计划达成目标，交付预期产出。这一步大约占时间盒的70%。

（3）复查：总结学到了什么，建议或决定下一个时间盒的方向。

（二）时间盒的优点

时间盒具有如下几个优点。

（1）专注。心理学家认为，将结束日期安排为一周之后，比安排为一个月之后的专注效果更好。时间盒被视为打破帕金森定律的一剂良药："如何开展工作？只要有效地填满完成前的这段时间就行。"

（2）提升信任度。无论是迭代还是整个项目，时间盒的另一个价值都来自通过频繁达成小的目标来使团队与外部干系人建立信任。

（3）降低复杂度。通过为期两周的时间盒迭代，团队承担的是可管理的复杂度，做他们力所能及的工作。数据表明，低复杂度的步骤能够提高生产率。

（4）尽早促成难度大的决策和权衡。在一个Scrum项目中，受限于两周的迭代时间盒，在迭代计划会议上，团队和产品负责人将非常认真地考虑将哪些工作纳入迭代中，将哪些推迟。由于每两周就要向客户演示系统，因而制定迭代目标和优先级时就不会含糊不清，干系人也会被迫尽早严肃地考虑优先级。

（5）更好的过程控制。时间盒可以使项目在不受控之前，让风险得到更多的最小化机会。

（6）尽早失败或交付价值。由于时间短，时间盒可以更快地反映失败或更早地交付价值。更快地反映失败可以使项目团队更快地知道是否能达到目标，满足需求。换句话说，如果你不知道何去何从，时间盒可以让你更快地回到起点，尝试其他途径。更早地交付价值，意味着生产出了有用的东西。

（三）使用时间盒时应坚持的原则

（1）固定的可用时间长度，固定的结束日期。

（2）时间盒内的资源保持稳定。

（3）时间盒从来不应作为绩效考核手段。

（4）要定期同步。

（5）要有明确的目标和稳定的范围，减少范围的变动比例。

（6）每个时间盒结束后都有反馈与改进。

第五节 跨绩效域应用的方法

在不同的绩效域，应使用不同的方法。虽然交付方法、产品和组织环境的需求将决定哪些方法最适合特定的项目，但某些绩效域更有可能使用特定的方法。表7-4列出了每种方法最有可能应用的绩效域，但项目经理和/或项目团队负有为其项目选择合适的方法的最终责任。

表7-4 每种方法最有可能应用的绩效域

方法	团队	干系人	开发方法和生命周期	规划	项目工作	交付	测量	不确定性
数据收集和分析方法								
备选方案分析				×	×	×		×
假设条件和制约因素分析				×		×		×
标杆对照						×	×	
商业合理性分析								
投资回收期			×	×			×	
净现值			×	×		×		
内部收益率				×			×	
投资回报率				×			×	
成本效益分析				×				
核查表						×	×	
质量成本				×		×	×	
决策树分析				×				
挣值分析				×			×	
预期货币价值				×				
预测							×	
影响图				×				
生命周期评估				×				
自制或外购分析				×	×			
概率和影响矩阵				×				×
过程分析				×	×			
回归分析				×			×	
储备分析				×	×		×	×
根本原因分析					×	×		
敏感性分析				×	×	×		
模拟				×			×	

续表

方法	绩效域						
	团队	干系人	开发方法和生命周期	规划	项目工作	交付	测量	不确定性
干系人分析		×		×	×		
SWOT 分析				×				×
趋势分析							×	
价值流图				×	×	×		
偏差分析							×	
假设情景分析				×				×
估算方法
亲和分组				×				
类比估算				×				
功能点估算				×				
多点估算				×				
单点估算				×				
参数估算				×				
相对估算与绝对估算				×				
故事点估算				×				
宽带德尔菲估算				×				
会议
待办事项列表细化会议		×		×	×	×		
投标人会议		×		×	×			
变更控制委员会会议					×	×		
每日站会				×	×			
迭代规划会议		×		×	×	×		
迭代审查会议		×			×			
开工会议	×	×			×			
经验教训会议		×		×	×	×		
规划会议				×				
项目收尾会议	×	×			×			
项目审查会议		×			×	×	×	
发布计划会议		×		×				
回顾会议	×				×			
风险审查会议					×			×
状态会议					×		×	
指导委员会会议					×			

续表

方法	绩效域						
	团队	干系人	开发方法和生命周期	规划	项目工作	交付	测量	不确定性
其他方法								
影响地图	×	×		×		×	×	
建模						×		
净推荐值		×					×	
优先级模型		×			×			
时间盒			×	×	×	×		

第八章
常用工件

工件是一种模板、文件、输出或项目可交付物。很多文件或可交付物并未在本章描述，原因可能有以下几个。

（1）它们具有一定的通用性。

（2）它们仅适用于特定行业。

（3）它们是用特定方法创建的结果。例如，虽然成本估算结果是一个重要的工件，但它是用不同的估算方法得出的结果。

本章的内容并非旨在描述如何开发或创建工件。这些描述只是高层级的介绍，因为项目经理和/或项目团队成员需要对这些工件的使用进行裁剪，以满足特定项目的需要。有许多来源（如PMIstandards+™）可提供关于这些工件和其他工件更加详细的信息。

第一节 战略工件

战略工件是在项目开始前或开始时创建的文件，涉及与项目有关的战略、商业或高层级的信息。战略工件通常不会发生变化，但在整个项目开展期间可能会对其进行审查。

一、商业论证

商业论证是指文档化的经济可行性研究报告，用来对缺乏充分定义的所选方案的收益进行有效性论证，是启动后续项目管理活动的依据。商业论证列出了项目启动的目标和理由，有助于在项目结束时根据项目目标来衡量项目是否成功。商业论证是一种商业文件，可在整个项目生命周期中使用。在项目启动之前通过进行商业论证，组织可能会做出继续/终止项目的决策。需求评估通常在商业论证之前进行，包括了解业务目的和目标、问题及机会，并提出处理建议。需求评估结果可能会在商业论证文件中进行总结。商业论证针对的是所提议项目的价值主张，可能包含财务收益和非财务收益。

商业论证的财务测量指标包括但不限于以下几项。

（1）净现值。

（2）投资回报率。

（3）内部报酬率。

（4）回收期。

（5）效益成本比率。

商业论证的非财务目标包括但不限于以下几项。

（1）完成组织从当前状态到将来状态的转移。

（2）履行合同条款和条件。

（3）达到组织战略、目的和目标。

（4）使干系人满意。

（5）可接受的客户/最终用户的采纳度。

（6）将可交付物整合到组织的运营环境中。

（7）满足商定的交付质量。

（8）遵循治理规则。

（9）满足商定的其他成功标准或准则（如过程产出率）。

二、商业模式画布

商业模式画布是把9个关键的模块整合到一张画布中，用一种科学化的、结构化的方式描绘并设计商业模式。商业模式画布不仅可以提供灵活多变的计划，还可以将商业模式中的元素标准化，统筹考虑各个元素之间的相互作用。商业模式画布的9个关键模块如图8-1所示。

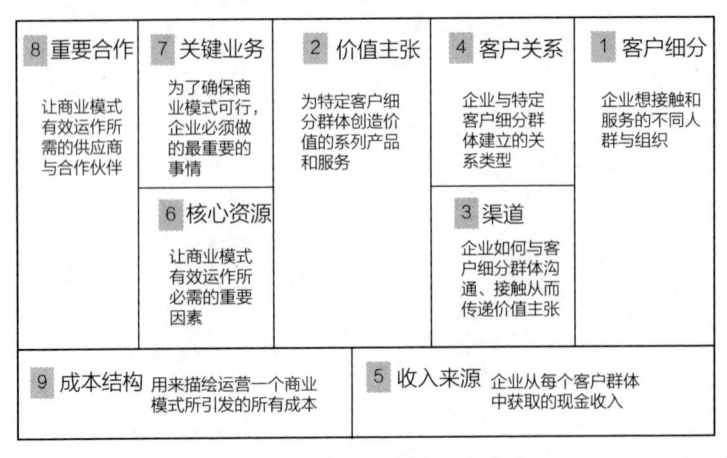

8 重要合作	7 关键业务	2 价值主张	4 客户关系	1 客户细分
让商业模式有效运作所需的供应商与合作伙伴	为了确保商业模式可行，企业必须做的最重要的事情	为特定客户细分群体创造价值的系列产品和服务	企业与特定客户细分群体建立的关系类型	企业想接触和服务的不同人群与组织
	6 核心资源		3 渠道	
	让商业模式有效运作所必需的重要因素		企业如何与客户细分群体沟通、接触从而传递价值主张	
9 成本结构			5 收入来源	
用来描绘运营一个商业模式所引发的所有成本			企业从每个客户群体中获取的现金收入	

图 8-1　商业模式画布的 9 个关键模块

（1）客户细分：你的目标客户。

（2）价值主张：你所提供的产品或服务。

（3）渠道：你和客户如何产生联系，无论是你联系他们还是他们联系你，如实体店、网店、中介、自媒体等。

（4）客户关系：客户接触到你的产品或服务后，你们之间应建立怎样的关系，是一锤子买卖还是长期合作。

（5）收入来源：你将怎样从你所提供的产品或服务中获得收益。

（6）核心资源：为了提供并销售这些产品或服务，你必须拥有的资源，如资金、技术、人才、设备等。

（7）关键业务：商业运作中对企业来说最重要的事情。

（8）重要合作：哪些人或机构可以给予你战略支持，让商业模式有效运作的供应商与合作伙伴是谁。

（9）成本结构：你需要在哪些项目上付出成本。

每个模块都有成千上万种备选方案，需要统筹考虑各模块的元素及其关系，从而确定最佳方案。

三、项目简介

项目简介是项目的目标、可交付物和过程的高层级概述。例如，通过菜多多项目，组织想达到怎样的收益、社会效应，计划产出哪些成果，项目大概的预算、进度、资源、风险等。

四、项目章程

项目章程是由项目启动者或发起人发布的，正式批准项目成立，并授权项目经理使用组织资源开展项目活动的文档。它记录了关于项目和项目预期可交付物的高层级信息，具体包括以下几项。

（1）项目的目的和可测量的项目目标。

（2）项目成功和退出的标准。

（3）项目的高层级需求及可交付物。

（4）项目的审批要求（如由谁对项目成功下结论，由谁签署项目结束文件）。

（5）委派的项目经理及其职责和职权。

（6）发起人和其他批准项目章程的人的姓名和职权。

项目章程可以确保干系人在总体上就主要可交付物、里程碑，以及每个项目参与者的角色和职责达成共识。表8-1是项目章程模板。

表 8-1　项目章程模板

项目标识：

项目名称：设计院项目管理流程再造	日期：20×× 年 7 月 20 日
客户名称：重庆市电信规划设计院公司	客户联系方式：
项目经理：	

审批信息

审批者姓名：		职务：	
意见：	批准□		拒绝□
审批者注释：			
日期：			

项目描述：
项目背景：

项目目标

可识别的成功因素

五、项目愿景说明书

　　项目愿景说明书是对项目的简要、高层级描述，介绍了项目的目的，并激励项目团队成员为项目做出贡献。

所谓愿景，就是做事的初衷，即为什么做这个项目，愿景可以激励项目团队成员。《小王子》一书中有一句名言，在此赠给各位读者朋友："如果你想建造一艘船，先不要把人们采集起来采集木材、分配工作和发号施令，而要引导他们向往浩瀚无垠的大海。"在这句话中，收集木材是"What"，造船是"How"，对大海的向往是"Why"。只有知道了这些，项目团队的能力才能得到最大限度的发挥。

既然项目是为了创造独特的产品、服务或结果而进行的临时性工作，那么项目团队创造的就不是可交付物本身，而是以可交付物为载体，向客户/用户传递一份"爱、惊喜或可靠"。

以菜多多项目为例，团队成员需要收集需求，掌握开发菜多多App的技能，更需要知道他们为什么做这个项目，做这个项目的目的是什么，能给公司和广大用户带来什么好处等。这些元素共同构成了菜多多项目的愿景说明书，如表8-2所示。

表8-2 菜多多项目的愿景说明书

项目背景	生意不好做，公司想转型做垂直类电商，于是打算启动一个新项目，开发菜多多App
项目初衷和目的	对公司而言，面对新的外部环境，因战略转型需要，公司尝试进入新的竞争赛道，为公司创造新的价值增长引擎 对用户而言，菜多多App用起来方便、快捷，又有品质保障，满足了他们采用最好的渠道、买到最好的菜、吃到最可口的佳肴的需求，这种需求的情感表征就是"爱、惊喜和可靠"
项目高层级描述	预算：35万元 团队：从以前的项目中抽调15位精锐成员组成项目团队 进度：7个月内完成菜多多AppV1.0的开发 范围：菜多多App包含注册/登录、首页、分类、搜索、购物车、订单等功能模块 ……

项目经理需要借助良好的沟通表达能力，向项目团队传递美好的愿景，让团队成员尽可能多地掌握项目信息，知其然并且知其所以然，有效地发挥内在自驱力，从而达成项目目标。

六、路线图

路线图提供的高层级时间线描述了里程碑、重要事件、审查活动和决策点。图8-2为菜多多项目的路线图。

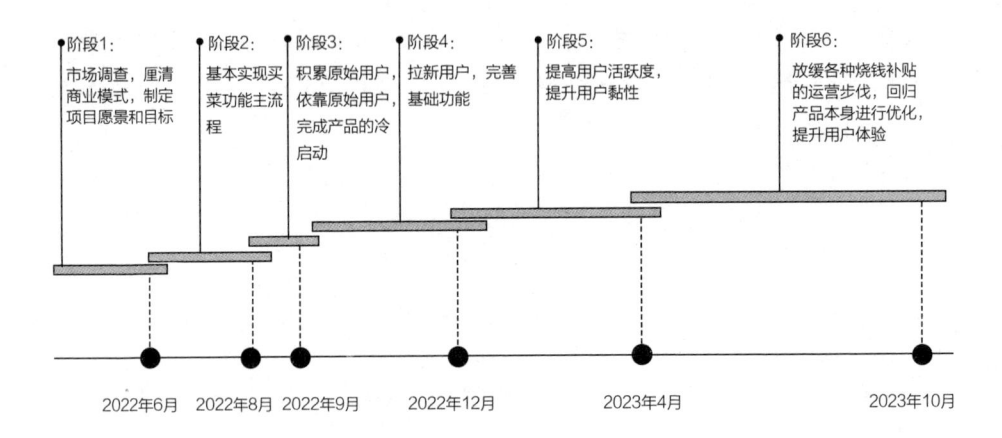

图 8-2 菜多多项目的路线图

第二节 日志和登记册

日志和登记册用于记录项目不断演变的内容。它们会在整个项目进行期间得到更新。日志和登记册这两个词有时可以互换。实践中人们经常用"风险登记册"和"风险日志"这两个词。

一、假设日志

假设日志包含假设条件和制约因素。假设条件是没有证据证明其正确、真实或确定的因素。以菜多多项目为例，通常会假设15位项目成员全部按时到位，直到项目收尾并解散资源。假设条件会随着时间的推移和项目的推进渐进明细。如果假设不成立，则往往伴随着风险。例如，开发人员在项目中途被调到优先级更高的项目，可能会导致项目进度延期。

制约因素是对项目、项目集、项目组合或过程的执行有影响的限制性因素。例如，外部政策、法律法规的要求，项目既定的成本、时间、人员能力等，都是项目的制约因素。制约因素一般事先就知道，只能遵循且无法改变，并且不会随着时间的推移和项目的推进渐进明细。

假设日志记录了整个项目开展期间的所有假设条件和制约因素。

二、待办事项列表

待办事项列表是待完成工作的列表。项目可能有产品待办事项列表、需求待办事项列表、障碍因素待办事项列表等。待办事项列表中的事项会被确定优先级，然后先完成高优先级的工作。待办事项列表示例如图8-3所示。

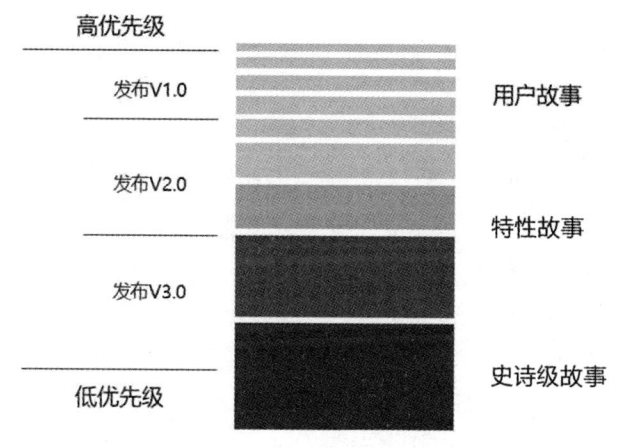

图 8-3　待办事项列表示例

三、变更日志

变更日志是项目开展过程中提交的变更及其当前状态的综合清单。变更可以是对任何正式受控的可交付物、项目管理计划组件或项目文件的修改。在实施整体变更控制的过程中，通过更新变更日志，可以显示哪些变更已经得到批准，哪些变更没有得到批准。

四、问题日志

问题是对项目目标产生影响的当前条件或情形。问题日志可用来记录和监督与尚未解决的问题相关的信息。问题将被分配给责任方进行跟进和解决。

在整个项目的生命周期中，项目经理经常会遇到问题、差距、不一致或意外冲突。项目经理需要采取某些行动加以处理，以免影响项目绩效。问题日志是一种记录和跟进所有问题的项目文件，所需记录和跟进的内容主要包括以下几项。

（1）问题类型。
（2）问题提出者和提出时间。
（3）问题描述。
（4）问题优先级。
（5）由谁负责解决问题。
（6）预计解决日期。
（7）问题状态。

（8）最终解决情况。

五、经验教训登记册

经验教训登记册可用来记录在某一项目、阶段或迭代期间所获得的知识，以便未来将这些知识用于提高团队和组织的绩效。

英国哲学家弗朗西斯·培根说："读史使人明智。"这里的"史"就是一种经验教训登记册，记录了过去的项目成功或失败的做法，让后人领悟其中的道理和真谛，避免重蹈覆辙，也防止因"重复发明轮子"而浪费更多的时间和成本。

例如，菜多多项目在项目启动初期，项目团队通过借鉴以前项目的风险分解结构和风险登记册模板，制定该项目的风险登记册，节省了时间。在项目规划期间，项目团队参考以往项目的项目管理计划框架和模板，编制项目管理计划。在项目执行过程中，项目团队认为大概率会遇到各种冲突、问题和风险，于是规划和实施了对应的解决方案，将这些分别记录在问题日志和风险登记册中。当未来开展类似的新项目时，就能参考该项目的良好实践，以提高新项目成功的概率。

六、风险调整待办事项列表

风险调整待办事项列表包含生产产品所需的工作，以及应对威胁和把握机会的行动，如表8-3所示。

表8-3 风险调整待办事项列表

编号	任务	优先级	故事点	状态	采取的行动
1.1	制定团队章程	1	3	完成	团队共同讨论，建立章程
1.2	明确进度显示工具	2	5	完成	项目经理和团队根据实际情况共同决策
1.3	明确每日站会的基本规则	3	1	进行中	项目经理指导团队成员明确每日站会的目的、意义和规则
2.1	……	4	7	进行中	
2.2	……	5	3	已分配	
3.1	……	6	2	已分配	
3.2	……	7	6	已分配	

七、风险登记册

风险登记册用来记录风险管理过程。风险登记册中的信息主要包括相关风险的负责人、风险概率、影响、评分、应对计划，以及用来获得关于单个风险的高层级理解的其他信息。风险登记册在整个项目开展期间不断更新，如表8-4所示。

表 8-4 风险登记册

项目名称：				日期：			
风险分解矩阵	风险清单			评估影响		措施和计划解决日期	
	风险编号	识别风险	风险责任人	可能性	严重性	风险应对措施	计划解决日期
RBS1级	1.1	测试进度可能延期	张三	0.6	0.3	增加一名测试人员	××年××月××日

八、干系人登记册

干系人登记册会记录与项目干系人有关的信息，其中包括对项目干系人的评估和分类，如表8-5所示。

表 8-5 干系人登记册

项目名称：				日期：			
基本信息			评估信息			干系人分类	
姓名	联系方式	职位	期望	影响力	利益关系	分类	

第三节 计划

计划是提议的实现某种目标的方式。项目团队为项目的各个方面制订计划，并/或将所有这些信息整合到整体项目管理计划中。计划通常是书面文档，但也可能展示在可视的或虚拟的白板上。

一、变更控制计划

变更控制计划是项目管理计划的一个组件，用以创建变更控制委员会，记录其职权，并说明如何实施变更控制系统。

项目由人实施，且为人实施。人类行为是一个复杂的系统，存在各种不同的侧面。同一个项目，每个人的看法不同，甚至同一个人在不同的时间对同一项目的看法也不同，再加上内外部环境的变化和影响，变更在项目的生命周期中无处不在。

项目团队成员要积极拥抱变更，理解变更的本质是为项目创造更大的价值，获得竞争优势。值得注意的是，变更需要遵循科学的流程，否则就是无序变更。无序变更最终的结果可能是无法完全实现项目目标，或者项目失控，甚至南辕北辙。

所以，变更控制计划的作用不言而喻。它明确了变更控制委员会的成员及其角色和职责，为项目的变更提供了指南和方向，既可以避免毫无章法的变更带来的不良影响，又可以灵活地响应新的内外部变化，满足干系人和组织的诉求与期望。

二、沟通管理计划

沟通管理计划是项目、项目集或项目组合管理计划的组件，描述了项目信息将如何、何时、由谁来管理和传播。该计划包括如下信息。

（1）相关方的沟通需求。

（2）需要沟通的信息，包括语言、形式、内容和详细程度。

（3）上报步骤。

（4）发布信息的原因。

（5）发布所需信息后，确认已收到或给出回应的时限和频率。

（6）用于传递信息的方法或技术，如备忘录、电子邮件、新闻稿或会议等。

（7）通用术语表，如项目管理计划和项目文件的准确含义。

沟通管理计划还包括项目状态会议、项目团队会议、网络会议和电子邮件等的指南和模板。如果项目要使用项目网站和项目管理软件，则也需要写进沟通管理计划中。表8-6是沟通管理计划模板。

表8-6 沟通管理计划模板

项目标识：

项目名称：		日期：	
客户名称：		客户联系方式：	
项目经理：			
干系人	需要的消息/信息传递渠道	频率	反馈
项目发起人			
项目经理			
项目团队成员			
质量组成员			
其他干系人			

续表

目前的沟通体系
更新沟通计划的方法
其他沟通信息

三、成本管理计划

成本管理计划是项目或项目集管理计划的组件，描述如何规划、安排和控制成本。一般会在成本管理计划中规定以下内容。

（1）计量单位。需要规定人力资源的计量单位，如人时数或人天数，实物资源的计量单位，如米、升、吨，或者货币的单位，如元、万元、美元等。

（2）精确度。要规定成本估算是向上取整，还是四舍五入保留2位或3位小数。例如，估算菜多多项目的成本是34.918 75万元，向上取整就是35万元，四舍五入保留2位小数就是34.92万元。

（3）准确度。准确度是指成本估算的可变化区间，如±10%，其中可能包括一定数量的应急储备。

（4）控制临界值。规定偏差临界值，监督项目成本绩效。例如，菜多多项目的预算是35万元，如果将项目工作和成本平均分配给7个月，那么每个月刚好完成工作的计划成本是5万元。第一个月月底刚好完成计划的工作，发现实际成本为5.000 001万元，虽然从数字来看成本超支，但如果项目的控制临界值是±3%，那么，只要第一个月的实际成本控制在4.85万~5.15万元，都是允许的。

（5）报告格式。规定各种成本报告的格式和频率，如采用Excel还是PPT格式，按周还是按月汇报。

（6）其他细节，如对战略筹资方案的说明、处理汇率波动的程序、记录项目成本的程序。

四、迭代计划

迭代计划是指当前迭代的详细计划。适应型进度规划采用增量规划的形式，基于价值路线图制订计划，包括产品愿景、产品路线图、发布计划和迭代计划。迭代计划是价值路线图的第四阶段，为团队提供了一个短期目标。

迭代计划是发布计划的进一步细化，只有在迭代时才开始做迭代计划。发布计划以时间为维度，而迭代计划以功能为维度。敏捷有一个重要的实践——冲刺规划会议，即整个团队通过召开冲刺规划会议为下一轮冲刺做计划，会议的内容包括以下几项。

（1）确定待办事项列表中故事的优先级。如果是Scrum实践，则这项任务的负责人是业务负责人。

（2）确定本轮冲刺目标。如果是Scrum实践，则这项任务的负责人是业务负责人。

（3）将用户故事分解为活动。如果是Scrum实践，则这项任务的负责人是开发团队。

（4）认领任务，并估算用户故事点数。如果是Scrum实践，则这项任务的负责人是开发团队。

五、采购管理计划

采购管理计划是项目或项目集管理计划的组件，说明项目团队将如何从组织外部获取物品和服务。采购管理计划主要包括以下内容。

（1）如何协调采购与项目的其他工作，如项目进度计划的制订和控制。

（2）用于管理合同的采购测量指标。

（3）与采购相关的干系人的角色和职责。如果执行组织有采购部门，则项目团队的职权将受到限制。

（4）可能影响采购工作的假设条件和制约因素，如极端天气可能导致快递延迟到货等。

（5）风险管理事项，包括对履约保函或保险合同的要求，以减轻某些项目的风险。

根据每个项目的需要，采购管理计划可以是正式的或非正式的、非常详细的或高度概括的。

六、项目管理计划

项目管理计划是描述如何执行、监督、控制和结束项目的文档，它是一份综合的、经正式批准的计划。如果需要更改项目管理计划，则必须遵守变更管理流程。

在整个项目开展期间，规划将指导项目工作、成果和商业价值的交付。在基于过程的方法中，规划过程组生成的项目管理计划是执行过程组的输入，并在执行过程组不断更新，这也体现了项目管理计划的渐进明细性。

项目管理计划是保证项目成功的重要因素，这与中国人常讲的"凡事预则立，不预则废"的思想不谋而合。PMI的重要思想是，项目执行是被计划管着的，而不是被发起人、指导委员会或PMO管着的。团队成员按照计划开展工作，而不是按照高层领导者的个人意志或思想开展工作。这样，团队成员就不会因为领导者的在或不在而直接影响项目执行的绩效。

项目管理计划需要充分体现各个干系人的需求和期望，并让团队成员参与，获得大家的承诺和认可。只有充分反映了干系人的需要，才能最大限度地获得他们的支持，至少他们不会阻碍项目的正常开展。只有获得了团队成员一致认可的计划，才能让团队成员在执行过程中采取积极主动的态度，迎难而上，避免出现抵触情绪。

例如，在菜多多项目中，假设项目管理计划中没有"菜谱"功能模块，在项目验收时某个关键干系人提出异议，要求必须添加"菜谱"功能模块，否则不予验收通过。此时，虽然可以根据变更管理流程满足这一要求，但是显然已经造成了干系人感知不好，甚至可能会因为添加新的功能模块而造成项目成本超支和进度延迟。越是在项目后期，变更所产生的代价越大。所以，一定要在早期制订项目管理计划的时候就充分考虑所有干系人的需求，即使他们可能持不同的意见。"先小人，后君子"，项目经理应该让矛盾和冲突尽早显现出来，引导大家最终达成一致意见，获得干系人的承诺。团队成员更不例外，他们是执行计划的主要参与者。如果所有团队成员都认为不可能在7个月内完成菜多多项目，那么项目管理计划即使要求7个月完成，也是一个无法实现的计划。一个不切实际的计划，既不能落地，也不利于调动团队成员的工作积极性，反而会影响大家的信心和士气。

七、质量管理计划

质量管理计划是项目或项目集管理计划的组件，描述如何实施适用的政策、流程和指南以实现质量目标。它描述了项目管理团队为实现一系列项目质量目标所需的活动和资源。质量管理计划包括但不限于以下组成部分。

（1）项目的质量标准，如ISO 9000标准等。

（2）项目的质量目标。质量目标需要符合SMART原则，否则在验收时可能会出现歧义或不予通过。例如，菜多多App的可用性、可靠性、故障率、并发数等均需量化，以符合SMART原则。

（3）质量角色和职责。

（4）质量控制和管理活动。

（5）项目使用的工具。

（6）需要进行质量审查的项目可交付物或过程。

表8-7是质量管理计划的模板。

表 8-7　质量管理计划模板

项目标识

项目名称：	日期：
客户名称：	客户联系方式：
项目经理：	

A. 质量方针

B. 质量保证及控制活动

八、发布计划

关于发布计划的相关内容，第七章第三节已有详述，此处不再赘述。

九、需求管理计划

需求管理计划是项目或项目集管理计划的组件，描述将如何分析、记录和管理需求。需求管理计划包括但不限于以下内容。

（1）需求收集：明确收集需求的流程和方法，如访谈、头脑风暴、焦点访谈。

（2）需求记录：明确需求的记录方法，如Word、Excel或项目管理信息系统。

（3）需求分类：菜多多项目采用头脑风暴法收集了大量的需求，采用结构化方法对众多需求进行分类。

（4）需求排序：需求有很多，到底应该先满足哪些需求？是采用MoSCoW法还是采用名义小组技术对需求进行排序？

（5）需求测量指标：需求的验收标准是什么？达到什么标准就认为需求验收通过？

（6）需求跟踪结构：明确用于连接初始需求和可交付物的信息。

表8-8是需求管理计划模板。

表 8-8　需求管理计划模板

项目名称：_____　　　　　　　　　准备日期：_____

需求收集：

分类：

排序：

跟踪：

配置管理：

检验：

十、资源管理计划

资源管理计划是项目管理计划的一个组件，描述如何获取、分配、监督和控制项目资源。资源管理计划包括但不限于以下内容。

（1）识别和获取资源：识别、量化和获取项目所需的团队与实物资源。

（2）角色、职权和职责：角色是某人在项目中承担的职位，如测试工程师、开发工程师等；职权是使用项目资源、做出决策、签字批准、验收交付成果并影响他人开展项目工作的权力；职责是为完成项目活动，项目团队成员必须履行的工作和承担的责任。当个人的职权与职责相匹配时，能更好地开展工作。

（3）项目组织图：以图形的方式展示项目团队成员及其报告关系。

（4）项目团队资源管理：明确如何定义、配备、管理和最终遣散项目团队资源。

（5）培训：针对项目团队成员的培训策略。

（6）团队建设：建设项目团队的方法。

（7）资源控制：依据需求确保实物资源充足可用，并根据项目需求优化实物资源采购方法，包括整个项目生命周期中的库存、设备和其他物品管理信息。

（8）认可计划：给予团队成员哪些认可和奖励，以及何时给予。

十一、风险管理计划

风险管理计划是项目、项目集或项目组合管理计划的组件，说明如何结构化地安排与实施风险管理活动。风险管理计划包括但不限于以下内容。

（1）角色与职责：确定每项风险管理活动的领导者、支持者和团队成员，并明确他们的职责。

（2）资金和时间安排：确定开展项目风险管理活动所需的资金，并制定应急储备和管理储备的使用方案。确定在项目的生命周期中实施项目风险管理的时间和频率，确定风险管理活动并将其纳入项目进度计划。

（3）风险类别：确定单个项目风险的分类方式。通常借助风险分解结构来构建风险类别。

（4）风险偏好和风险临界值：应在风险管理计划中记录项目关键干系人的风险偏好。他们的风险偏好会影响风险管理过程的细节。风险临界值是必须采取措施的起点，风险偏好是愿意冒险的程度，风险承受力是能够承受的最大风险。例如，允许成本超支5%，如果成本超支预计或已经突破5%的临界值，就必须采取预防措施或应急措施。

（5）风险概率和影响的定义：根据具体的项目环境、组织及关键干系人的风险偏好和风险临界值，制定风险概率和影响的定义，如表8-9所示。

表 8-9　风险概率和影响的定义示例

量表	概率	概率定义	对项目目标的影响			影响定义
			时间	成本	质量	
很高	＞70%	0.90	＞6个月	＞500万元	对整体功能影响非常重大	0.80
高	51%～70%	0.70	3～6个月	100万～500万元	对整体功能影响重大	0.40
中	31%～50%	0.50	1～3个月	50.1万～100万元	对关键功能有一定影响	0.20
低	11%～30%	0.30	1～4周	10万～50万元	对整体功能有轻微影响	0.10
很低	1%～10%	0.10	1周	＜10万元	对辅助功能有轻微影响	0.05
零	＜1%	0.00	不变	不变	功能不受影响	0

（6）概率和影响矩阵：此部分内容在第七章第一节已有详述，此处不再赘述。

（7）报告格式：确定如何记录、分析和沟通项目风险管理的结果。在这一部分，描述风险登记册、风险报告，以及项目风险管理过程的其他输出的内容和格式。

（8）跟踪：确定如何记录风险活动，以及如何审计风险的管理过程。

十二、范围管理计划

范围管理计划是项目或项目集管理计划的组件，描述如何定义、制定、监督、控制和确认项目范围。范围管理计划对下列工作的管理过程做出了规定。

（1）制作项目范围说明书。

（2）根据详细的项目范围说明书创建WBS。

（3）确定如何审批和维护范围基准。

（4）正式验收已完成的项目交付成果。

十三、进度管理计划

进度管理计划是项目或项目集管理计划的组件，为制定、监督和控制项目进度建立准则并确定活动。进度管理计划规定了以下内容。

（1）准确度：规定活动持续时间估算的误差（如±10%），以及允许的应急储备数量。假设菜多多项目按照自下而上的方法估算每个活动的持续时间，最终汇总结果是60个自然日。按照10%的误差计算，那么误差是6个自然日，进度基准是66个自然日。

（2）计量单位：规定每种资源的计量单位，如用于计算时间的人时数、人天数或周数，用于计算数量的米、升、吨、千米或立方码。

（3）控制临界值：可能需要规定偏差临界值，用于监督进度绩效。它是在采取某种措施前允许出现的最大差异。临界值通常用偏离基准计划中的参数的某个百分数来表示。假设菜多多App的"首页"功能计划开发时间为8小时，最终进度绩效数据显示实际花费了8.1小时。如果提前给定的控制临界值是±3%，那么实际开发时间为7.76~8.24小时都是允许的，8.1小时的实际开发时间就不能被界定为进度延迟，也不需要为此而采取措施追赶进度。

（4）报告格式：规定各种进度报告的格式和编制频率。例如，应规定菜多多项目是使用Excel还是Word编写，按周还是按月进行进度汇报等。

十四、干系人参与计划

干系人参与计划是项目管理计划的一个组件，描述为促进干系人有效参与项目或项目集的决策和执行所需的策略及行动。

根据干系人参与度评估矩阵，监管机构对接人关二爷和用户刘大虎目前的参与水平为不了解型或中立型。但是项目团队期望的参与水平是支持型，所以需要通过沟通来提升干系人的参与程度。公司老板张大牛的当前参与水平正是团队期望的参与水平，应该定期与其沟通，使其保持良好的参与度。干系人参与度评估矩阵如表8-10所示。

表8-10 干系人参与度评估矩阵

干系人	不了解型	抵制型	中立型	支持型	领导型
关二爷	C			D	
刘大虎			C	D	
张大牛				D、C	

备注：
关二爷：监管机构对接人
刘大虎：用户
张大牛：公司老板

在表8-10中，C代表每个干系人的当前参与水平，D是项目团队评估出来的、为确保项目成功必不可少的参与水平（期望的参与水平）。

十五、测试计划

测试计划描述被测试的可交付物、所做的测试及在测试中使用的流程。它构成了对组件和可交付物进行正式测试的基础。测试计划模板如表8-11所示。

表8-11 测试计划模板

版本号	测试目标	测试方法	测试要点	测试人员	开始标准	完成标准	计划完成日期

第四节　层级图

层级图从高层级信息开始，将其渐进地分解为较多层级的详细信息。较高层级的信息包括处于较低或附属层级的所有信息。当人们了解了更多有关项目的信息后，层级图通常会被渐进明细地分解为较多层级的详细信息。

一、组织分解结构

组织分解结构（Organizational Breakdown Structure，OBS）是对项目组织的一种层级描述，展示了项目活动与执行这些项目活动的组织单元之间的关系。WBS展示项目可交付物的分解结构，OBS则按照组织现有的部门、单元或团队排列，并在每个部门下列出项目活动或工作包。开发部只需要找到其所在的OBS位置，就能看到自己的全部项目职责。OBS示例如图8-4所示。

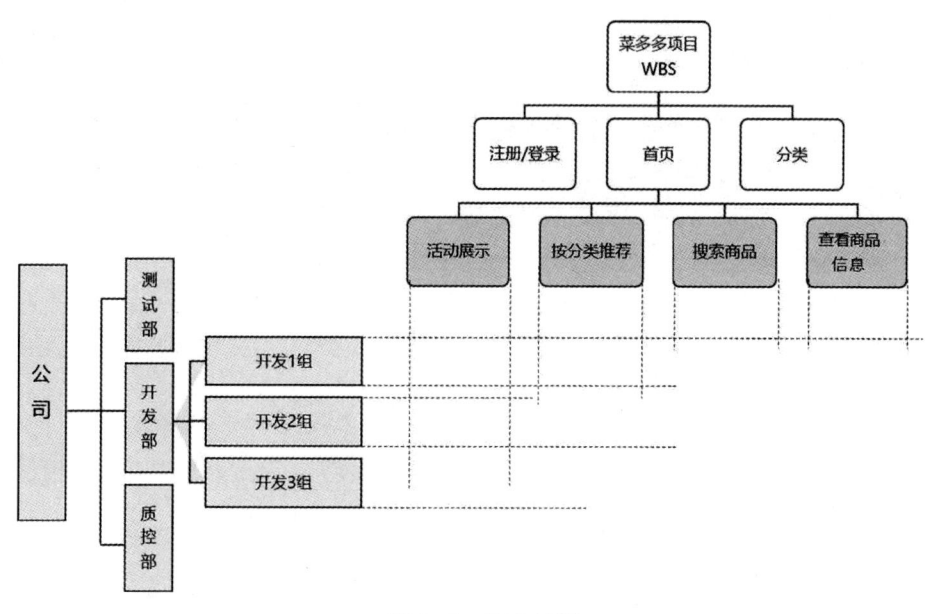

图 8-4　OBS 示例

二、产品分解结构

产品分解结构（Product Breakdown Structure，PBS）反映了产品组件和可交付物的层级结构。它与WBS的不同之处在于它概述了要构建的产品，而不是要完成的工作。PBS可以让项目团队清楚地了解每个产品组件及可交付物，底层是特定团队成员负责的产品。PBS示例如图8-5所示。

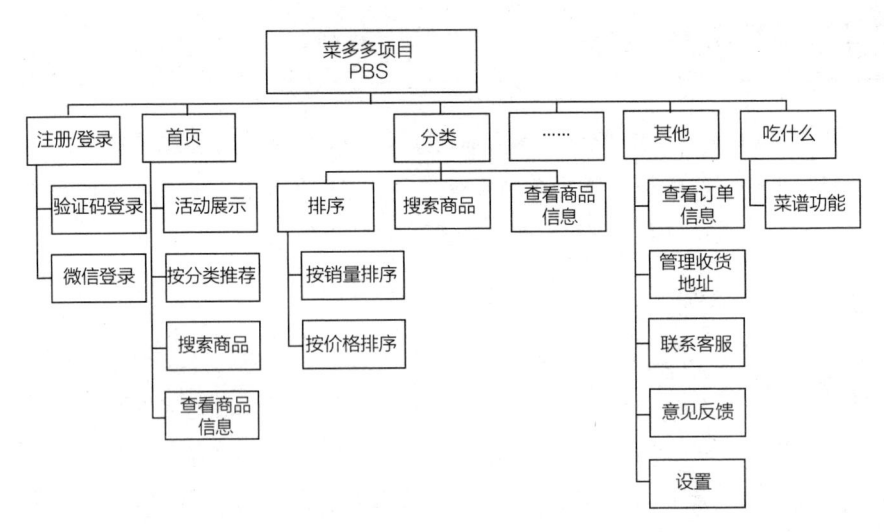

图 8-5 PBS 示例

三、资源分解结构

资源分解结构（Resource Breakdown Srtucture，RBS）反映了资源按类别和类型的层级描述，是项目团队和实物资源的层级列表，用于规划、管理和控制项目工作。每向下一个层级都代表对资源的更详细的描述，直到信息细化到可以与WBS相结合，用来规划和监控项目工作。RBS示例如图8-6所示。

（1）资源类别：如人员、材料和设备。

（2）资源类型：资源的等级，如高级开发工程师、中级开发工程师等。

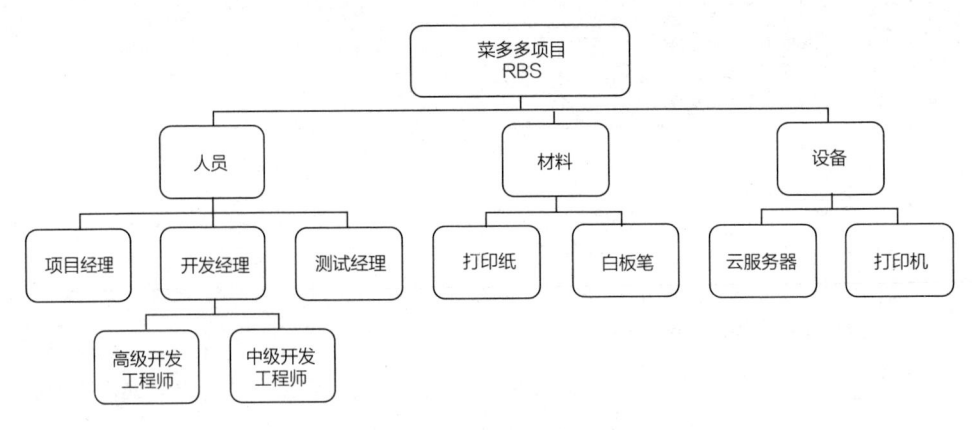

图 8-6 RBS 示例

四、风险分解结构

风险分解结构是对潜在风险来源的层级描述,并对风险进行分类。常见的风险分类结构如表8-12所示。

表 8-12 常见的风险分类结构

RBS 0 级	RBS 1 级	RBS 2 级
0. 项目风险所有来源	1. 技术风险	1.1 需求定义
		1.2 估算、假设和制约因素
		1.3 技术
		……
	2. 管理风险	2.1 项目管理
		2.2 项目集/组合管理
		2.3 运营管理
		2.4 提供资源
		……
	3. 商业风险	3.1 内部采购
		3.2 合同条款和条件
		3.3 合伙企业与合资企业
		3.4 供应商与卖方
		3.5 分包合同
		……
	4. 外部风险	4.1 法律法规
		4.2 监管政策
		4.3 地点、设施
		4.4 环境、天气
		……

根据上述分类结构,菜多多项目的风险分解结构示例如图8-7所示。

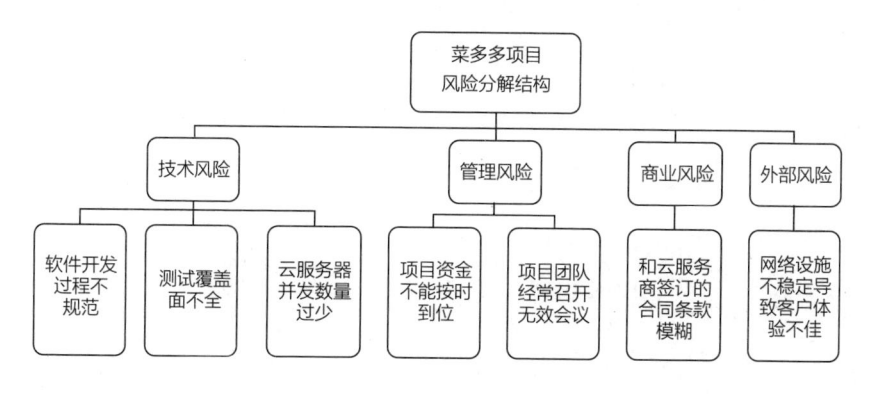

图 8-7 风险分解结构示例

五、工作分解结构

WBS是项目团队为实现项目目标、创建所需可交付物而对需要完成的全部工作范围进行的层级分解。WBS的作用有以下几个。

（1）便于管理。WBS把项目工作分解成较小的、易于管理的多项工作。它是对项目工作的层级分解，每分解到下一层就代表对项目有更详细的定义。分解的程度取决于所需的控制程度，以实现对项目的高效管理。

（2）明确范围。WBS可以帮助团队成员更好地定义项目范围。项目中的每项工作都应包含在WBS中，不包含在WBS中的工作不是项目的组成部分，都不能做。这是WBS的100%原则。

（3）渐进明细。随着项目的推进，团队成员对项目工作的理解和对项目风险的认知越来越充分，WBS也随之不断更新。

WBS是制订进度计划、资源需求、成本预算、风险管理计划和采购管理计划等的重要基础。WBS包含产品范围和项目范围。菜多多项目的WBS除了包含各种技术工作、主要可交付物，还包含项目管理工作。如果有外包工作，则也应该纳入WBS中。常采用自上而下的方法创建WBS，以项目主要可交付物或项目生命周期各阶段作为第二层，如图8-8和图8-9所示。

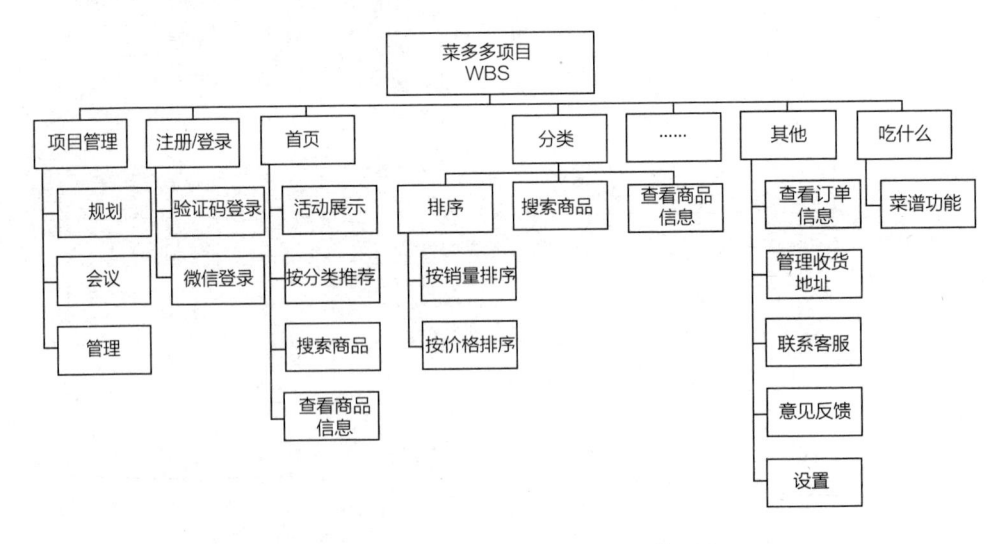

图8-8　WBS：以项目主要可交付物作为第二层

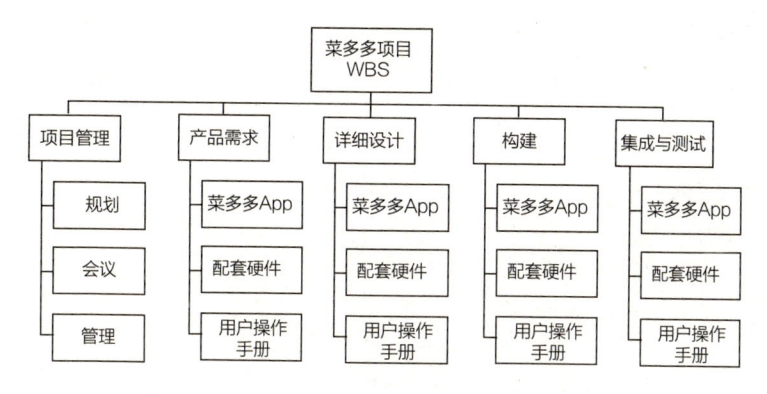

图 8-9 WBS：以项目生命周期各个阶段作为第二层

WBS的底层是工作包，为进行成本、进度和资源信息的逐层汇总提供了层级结构。在创建WBS的过程中，往往会同时生成另一个孪生文件——WBS词典。WBS词典对WBS中的每个要素进行解释，详细说明每个工作包的成本、资源、进度里程碑等。WBS词典模板如表8-13所示。

表 8-13 WBS 词典模板

项目标识：

项目名称：	日期：
客户名称：	客户联系方式：
项目经理：	

WBS 词典信息：

阶段	活动序号	活动名称	估计时长	依赖关系	角色

第五节 基准

基准是考核项目的依据，将实际绩效与基准进行比较，识别偏差。只有通过正式的变更控制程序，获得CCB的批准，才能对基准进行变更。

一、预算

预算是对整个项目、任意WBS组件或任意进度活动所做的经批准的估算。项目预算包含应急储备，不包含管理储备。假设菜多多项目的成本估算为25万元，应急储备为5万元，管理储备为5万元，则菜多多项目的成本基准是30万元，项目预算是35万元。

二、里程碑进度计划

里程碑进度计划用于显示有计划日期的里程碑，是一种进度计划类型。

里程碑一般指重要的时刻或事件。里程碑可以是强制性的，如合同要求或发起人要求，也可以是选择性的，如根据历史信息确定的关键时刻或事件。按照规划绩效域的项目进度计划，菜多多项目应至少有3个里程碑节点：2022年12月31日，完成V1.0；2023年4月30日完成V2.0；2023年10月31日完成V3.0。

三、绩效测量基准

范围基准、成本基准、进度基准整合在一起构成项目的绩效测量基准。据此评估项目的执行情况，将项目实际执行情况和绩效测量基准进行比较，找出偏差，确定偏差是否在可接受范围内。如果超出可接受的范围，就需要通过正式的变更控制程序纠正偏差，使项目重回正轨。

四、项目进度计划

项目进度计划是进度模型的输出，为各个相互关联的活动标注了计划日期、持续时间、里程碑和资源等信息。项目进度计划可与实际结果进行比较。只有通过正式的变更控制程序，获得CCB的批准，才能变更项目进度计划。

五、范围基准

经过批准的项目范围说明书、WBS和WBS词典共同构成项目的范围基准。范围基准确定了项目边界，团队成员做且只做范围基准以内的工作。PMI反对镀金，因为镀金的成本可用于做更有意义的事情，创造更大的价值。范围基准可与实际结果进行比较。只有通过正式的变更控制程序，获得CCB的批准，才能变更范围基准。

第六节　可视化数据和信息

可视化数据和信息是以图表、图形、矩阵和示意图等可视化格式组织及呈现数据与信息的工件。将数据可视化，可使人们更容易理解数据，并将之转化为信息。可视化工件通常是在收集和分析数据后生成的。这些工件有助于决策和确定优先级。

一、亲和图

亲和图是指对大量创意、潜在缺陷或成因进行分组,以便进一步审查和分析。

例如,在某零件制造项目中,首先通过访谈法和头脑风暴法收集所有可能影响产品质量的因素,然后采用亲和图对这些因素按照人的因素、机器因素、物料因素、方法因素、环境因素、其他因素进行结构化分类,进而找到最重要的影响因素,有助于团队成员把注意力和精力集中到这些因素上,从而有效解决问题,提升产品质量和用户感知。某公司产品交期不准亲和图如图8-10所示。

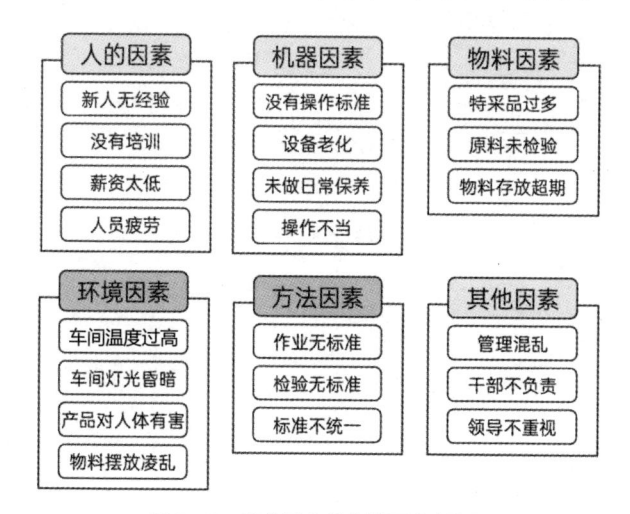

图 8-10　某公司产品交期不准亲和图

二、燃尽图/燃起图

燃尽图/燃起图是时间盒中剩余工作的图形化表示,也可以是产品或项目可交付物已完成工作的图形化表示。

燃尽图表示剩余的工作,燃起图表示完成的工作。它们是进度的两种不同表示方式,可以及时预测项目团队是否能够按时完成工作。通过燃尽图,项目团队能看到尚未完成的工作,团队成员可能会变得沮丧,并且可能因为急于完成工作而达不到验收标准。通过燃起图,项目团队能查看已经完成的工作,这将有助于项目团队执行下一项工作。项目团队可以根据需要自由选择使用一种进度表示方式。

图8-11和图8-12是燃尽图和燃起图示例。项目团队计划交付37个故事点。两幅图中的虚线表示计划剩余/计划完成的故事点数量,实线表示实际剩余/实际完成的故

事点数量。可以看到，在第3天项目团队面临交付风险。

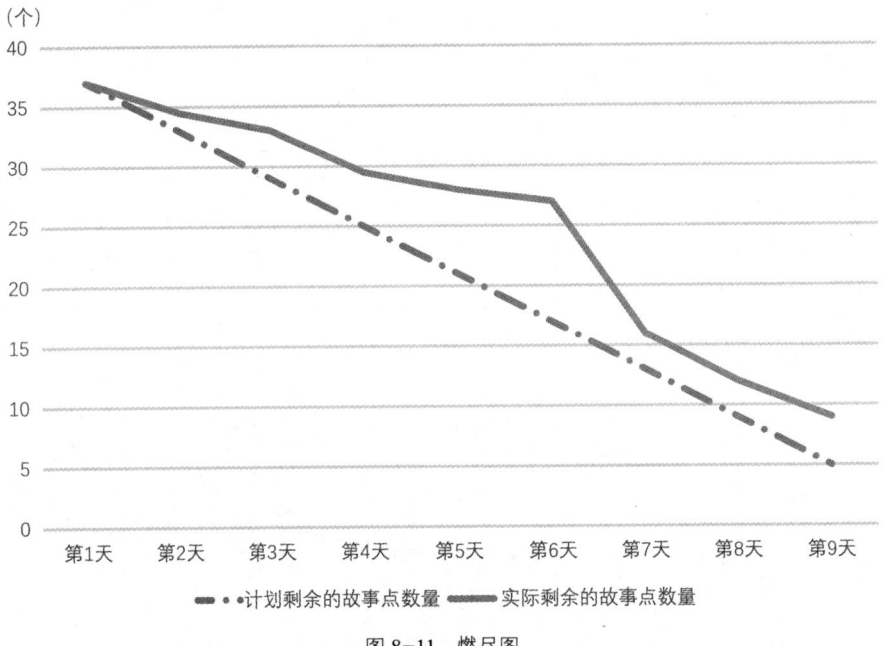

图 8-11　燃尽图

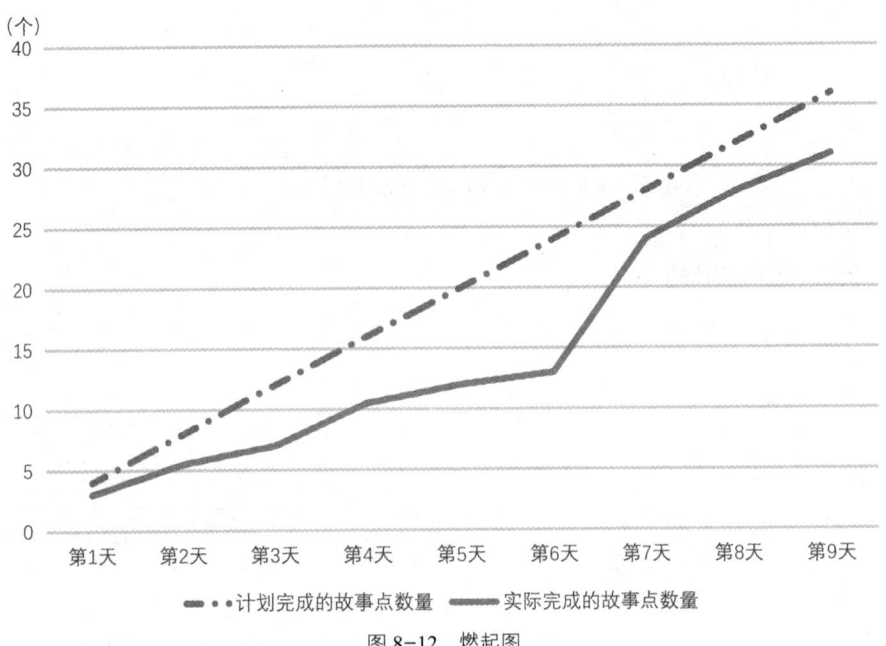

图 8-12　燃起图

三、因果图

因果图是一种用可视化的方式发现问题根本原因的分析方法，又称Why-Why分析图或鱼骨图，由日本管理大师石川馨先生发明，故又名石川图，如图8-13所示。

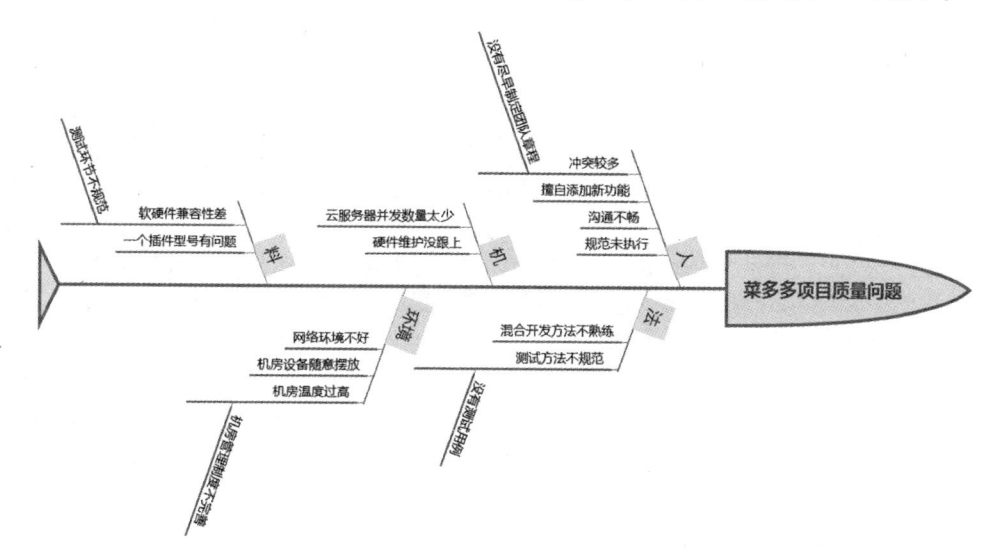

图 8-13　菜多多项目质量问题因果图示例

四、累积流量图

累积流量图可显示一定时间内完成的特性、处于其他开发状态的特性及待办事项列表中的特性。它还可能包含处于中间状态的特性，如已设计但尚未构建的特性、质量保证中的特性或测试中的特性。

在图8-14所示的累积流量图中，项目流程有5种活动状态：队列、分析、开发、测试和部署，灰度依次加深。用累积流量图观察一个项目团队的工作进展时，数值本身不能说明问题，但数值的变化趋势（拓宽或增厚的趋势）会给人们一些预警，告诉人们哪个环节可能遇到了问题或瓶颈。这个时候项目团队需要充分了解情况，识别真正的问题或潜在的风险并采取相应的应对措施。

五、周期时间图

周期时间图可显示一定时间内完成的工作内容的平均周期。周期时间图可以显示为散点图或横道图。

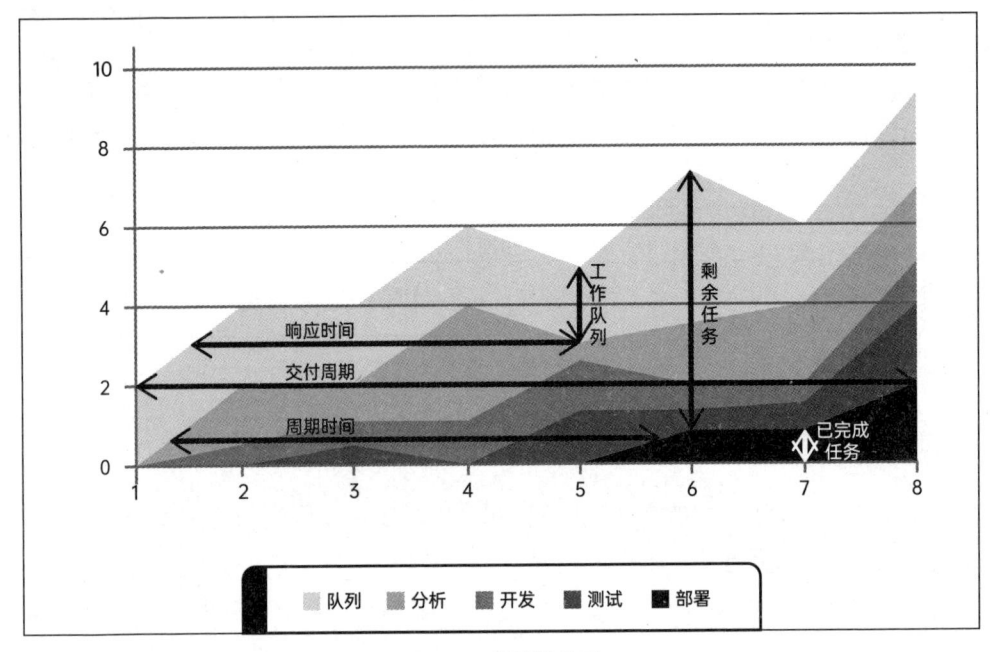

图 8-14　累积流量图

六、仪表盘

仪表盘是显示有关度量指标的大量信息的常见方法。它可显示相对于项目的重要指标所取得的进展或绩效。仪表盘通常以电子方式收集信息并生成用于描述状态的图表。仪表盘通常提供高层级数据概要，并允许对起作用的数据进行深入分析。图8-15提供了一个仪表盘示例。

仪表盘通常包括以信号灯图、横道图、饼状图和控制图显示的信息。对于超出既定临界值的任何测量指标，都可以使用文本解释。

七、流程图

流程图可描述某系统内的一个或多个过程的输入、过程行为和输出，如图8-16所示。通过流程图可以实现以下目的。

（1）可视化工作全流程。
（2）区分增值和非增值业务。
（3）发现流程中存在的问题。
（4）找出问题出现的原因。

组织项目名称						
项目名称和高层级描述						
发起人				项目经理		
开始日期		结束日期			报告日期	
状态	进度		资源		预算	
关键活动	最近的成就		即将取得的关键可交付物		状态	
活动1					已完成	
活动2					已取消	
活动3					有问题	
在正轨	已完成	有顾虑	有问题	已暂停	已取消	未开始
当前的关键风险——威胁和机会；减轻			当前的关键问题——描述			

图 8-15 仪表盘示例

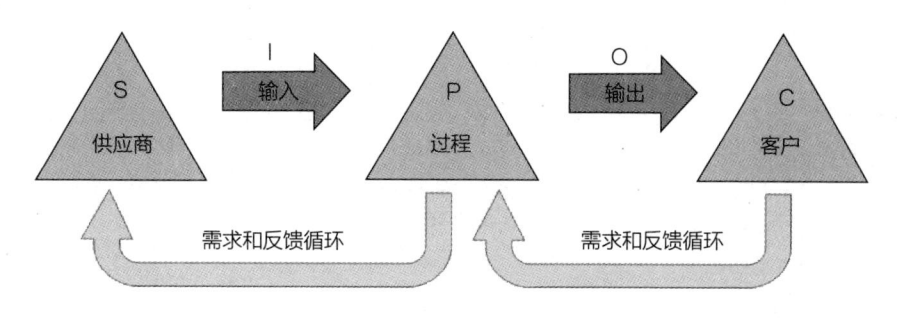

图 8-16 流程图

八、甘特图

甘特图又称横道图，是展示进度信息的一种图，如图8-17所示。纵向列出活动，横向标明日期，用横条表示活动的持续时间，通常用于和管理层进行沟通。

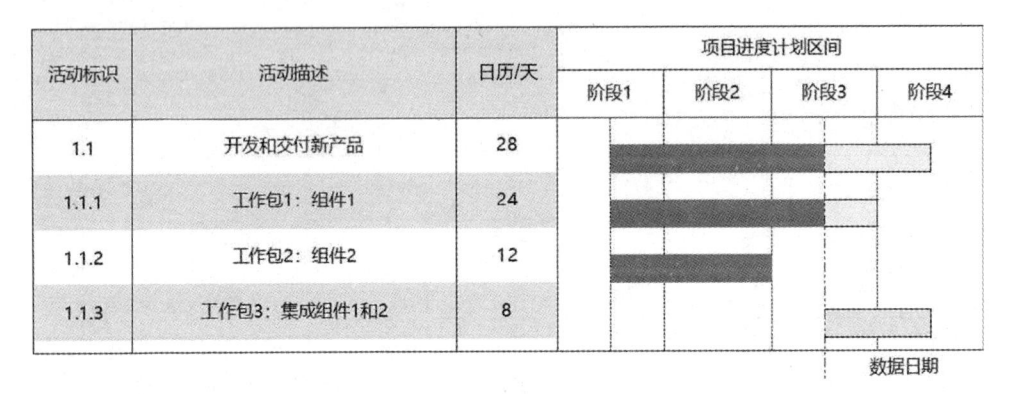

活动标识	活动描述	日历/天	项目进度计划区间			
			阶段1	阶段2	阶段3	阶段4
1.1	开发和交付新产品	28				
1.1.1	工作包1：组件1	24				
1.1.2	工作包2：组件2	12				
1.1.3	工作包3：集成组件1和2	8				

图 8-17 甘特图

九、直方图

直方图是一种展示数字数据的条形图，显示特定情况发生的次数或频率。直方图在质量管理和资源管理领域应用很广。它通过可视化的方式显示可交付物的缺陷数量、缺陷成因、各个过程的不合规次数、所需资源的数量等。这样就可以直观地看出某种特性的分布情况，通过比较条形图的柱高，确定解决问题的方向，抓住问题的本质。

核查表也可以用直方图表示，如图8-18所示。

缺陷	7月1日	7月2日	7月3日	7月4日	合计
小划痕	1	2	2	2	7
大划痕	0	1	1	3	5
弯曲	3	3	3	1	10
标签错误	5	2	2	2	11
颜色配错	2	1	1	4	8
缺少组件	1	2	2	1	6

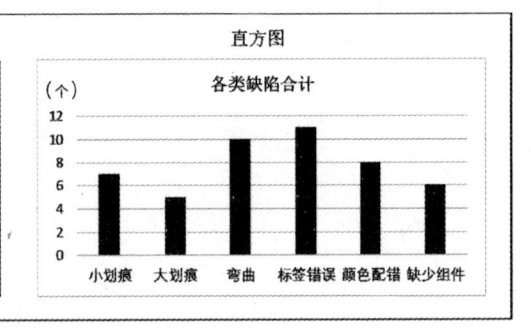

图 8-18 直方图

十、信息发射源

信息发射源也称大型可见图表，是一种可见的实物展示工具，可在不干扰团队的情况下向组织其他成员提供信息，从而实现及时的知识共享。应在人们很容易看到的地方发布信息，而不是将信息仅包含在进度工具或报告工具中。信息发射源应该易于更新，并且应该经常更新。它通常具备"低科技、高触感"的特征，因为它是手动维护的，而不是系统生成的。图8-19显示了与已完成工作、剩余工作和风险相关的信息发射源示例。

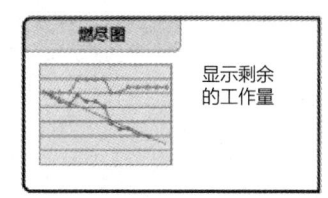

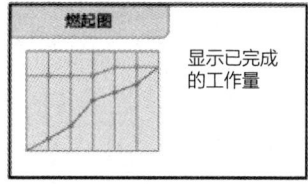

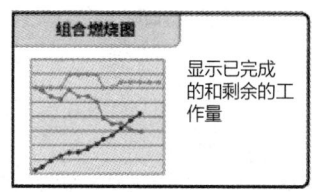

燃尽图	燃起图	组合燃烧图
显示剩余的工作量	显示已完成的工作量	显示已完成的和剩余的工作量

参考编号	风险描述	日期	可能性	影响	风险评级	应对措施	负责人
1	因为政策调整，主要供应商无法按时交货	5月2日	很有可能	高	高	合同中包括惩罚条款；将应急措施纳入进度计划	小王
2	租用的线路提前期超过60天	5月13日	非常不可能	低	低	产生额外的租用费；提前订购租用线路	小张
3	提前开始了用户验收测试导致新系统发布时间延迟	5月14日	不太可能	中等	中等	修改项目进度计划；增加人员	小李

图 8-19　信息发射源示例

十一、提前期图

提前期图可显示随着时间的推移，在工作中已完成事项的平均提前期的趋势。提前期图可以显示为散点图或横道图。

十二、优先级矩阵

优先级矩阵是一个横轴为人力投入、纵轴为价值的散点图，分为4个象限，以便按优先级对内容进行归类，如图8-20所示。

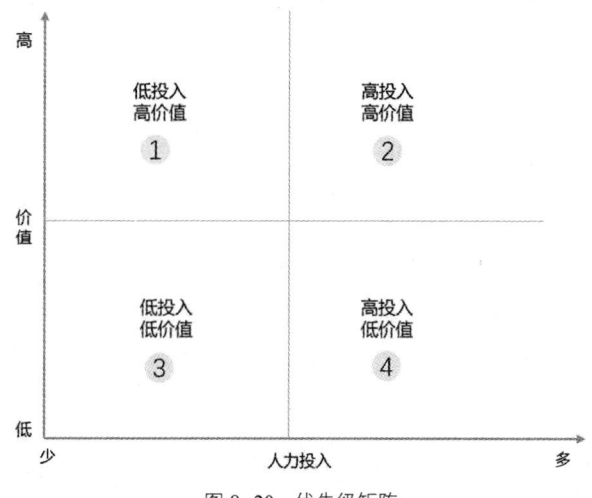

图 8-20　优先级矩阵

十三、项目进度网络图

项目进度网络图（见图8-21）表示项目进度活动之间的逻辑关系（也叫依赖关系）。项目进度网络图可手工或借助项目管理软件来绘制，可包括项目的全部细节，也可只列出一项或多项概括性活动。项目进度网络图应附有简要的文字描述，说明活动排序所使用的基本方法。带有多个紧前活动的活动代表路径汇聚，而带有多个紧后活动的活动则代表路径分支。带有汇聚和分支的活动受到多个活动的影响或能够影响多个活动，因此存在更大的风险。

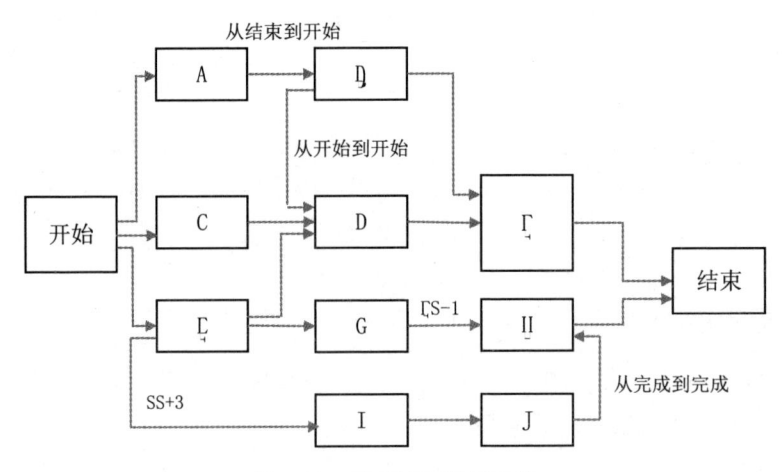

图 8-21 项目进度网络图示例

十四、需求跟踪矩阵

需求跟踪矩阵（Requirement Traceability Matrix，RTM）把产品需求从其来源连接到能满足需求的可交付物。使用RTM，把每个需求与业务目标或项目目标联系起来，有助于确保每个需求都具有商业价值。RTM提供了在整个项目生命周期中跟踪需求的一种方法，有助于确保需求文件中被批准的每项需求在项目结束的时候都能交付。RTM还为管理产品范围变更提供了框架。

RTM的作用有以下几个。

（1）在需求变更、设计变更、代码变更、测试用例变更时，RTM是目前经过实践检验的最有效的变更波及范围影响分析工具。如果不借助RTM，则当发生上述变更时，往往会遗漏某些连锁变化。

（2）RTM是验证需求是否得到满足的有效工具。借助RTM，可以跟踪每个需求的状态，如是否设计了、是否实现了、是否测试了。

表8-14是菜多多项目的RTM，其中列有相关的需求属性。

表 8-14 菜多多项目的 RTM

用户需求项标号	关联标识	用户需求标题	业务需求	可交付物	优先级别	版本	当前状态	测试方法	验收标准
001	1.1	验证码登录	方便且安全	登录/注册	高	1.0	已完成	单元测试和集成测试	用户使用手机号码注册后，输入账号，发送验证码，输入后正常登录
001	1.2	微信登录	方便快捷	登录/注册	高	1.0	已完成	单元测试和集成测试	……
002	2.1	活动展示	向用户直观地展示活动	首页：活动展示	高	1.0	已完成	单元测试和集成测试	……
002	2.2	按分类推荐	方便用户查找商品	首页：按分类推荐	高	1.0	进行中	单元测试和集成测试	……
002	2.3	搜索商品	方便快速搜索商品	首页：搜索商品	高	1.0	进行中	单元测试和集成测试	……
003	3.1	菜谱功能	为用户提供增值服务	吃什么：菜谱功能	中	1.0	已推迟	单元测试和集成测试	……

十五、责任分配矩阵

责任分配矩阵（Responsibility Assignment Matrix，RAM）可用来展示分配给各个工作包的项目资源。在大型项目中，可以制定多个层次的RAM。例如，高层次的RAM可以定义项目团队、小组或部门负责WBS中的哪部分工作，低层次的RAM则可以在各小组内为具体的活动分配角色、职责和职权。RAM能反映与每个人相关的所有活动，以及与每项活动相关的所有人员，确保任何一项任务都只有一个人负责，从而避免职权不清。RACI矩阵是一种常见的责任分配矩阵，用于显示执行、担责、咨询或知情，且与项目活动、决策和可交付物有关的干系人。如果项目团队是由内部和外部人员组成的，RACI矩阵对明确划分角色和职责特别有用。值得注意的是，同一个活动可以有一个或多个执行人、咨询人和知情人，但是只能有一个负责人。RACI矩阵示例如表8-15所示。

表 8-15　RACI 矩阵示例

RACI 矩阵	人员				
活动	小王	小李	小张	小赵	小周
创建 WBS	A	R	I	I	I
定义活动	I	A	R	C	C
提交变更请求	I	A	R	R	C
综合评估变更请求	A	C	I	I	R

注：R——负责；A——担责；C——提供咨询；I——被告知。

十六、散点图

散点图可以显示两个变量之间的关系。将一对数值（x,y）映射到笛卡儿平面上，可视化两个变量之间的关系。

图8-22展示了两个变量之间的相关程度。其中，图8-22（a）~图8-22（d）分别表示两个变量之间没有相关性、弱相关、强相关、高度相关，几乎都是完美的正相关。

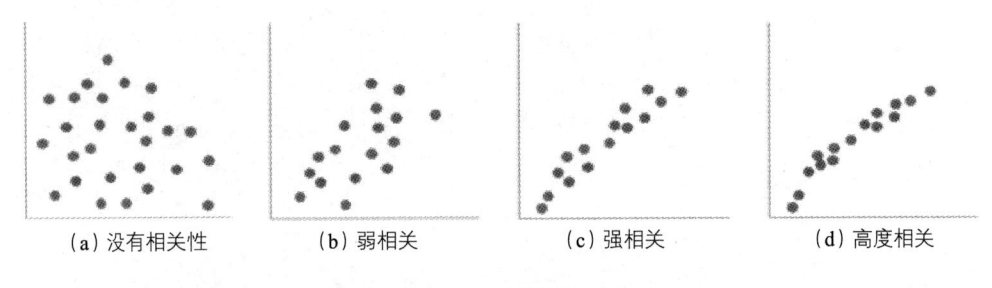

(a) 没有相关性　　(b) 弱相关　　(c) 强相关　　(d) 高度相关

图 8-22　两个变量之间的相关程度

图8-23展示了两个变量之间的相关类型。其中图8-23（a）~（d）分别表示两个变量之间呈曲线相关、负相关、正相关和部分正相关。

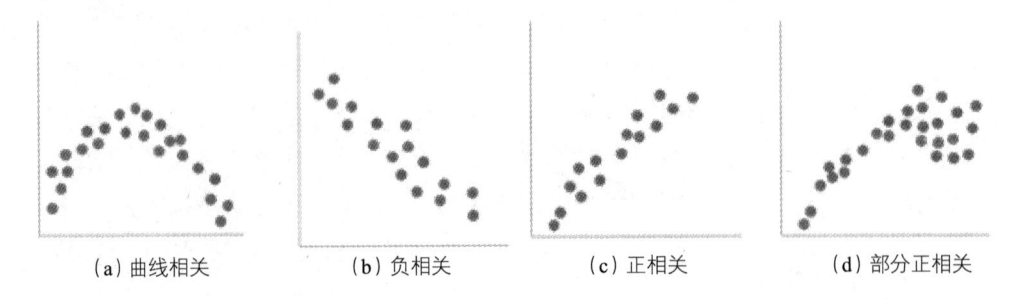

(a) 曲线相关　　(b) 负相关　　(c) 正相关　　(d) 部分正相关

图 8-23　两个变量之间的相关类型

十七、S曲线

S曲线可显示特定时间段内的累积成本。

图8-24是项目预算累积的一个示例。先汇总活动成本估算,得到工作包成本估算。工作包成本估算加上应急储备得到成本基准。成本基准加上管理储备得到项目预算。

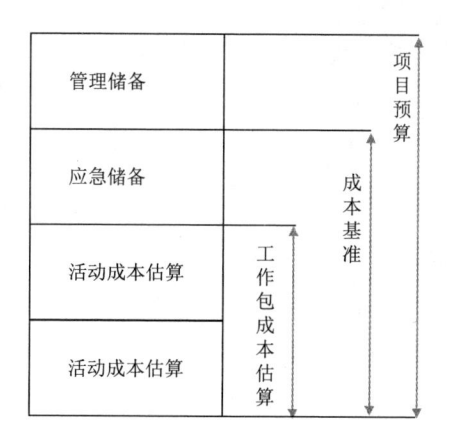

图 8-24　项目预算的累积

由于项目预算与进度活动直接相关,因此可以按时间段分配项目预算,得到一条S曲线,如图8-25所示。

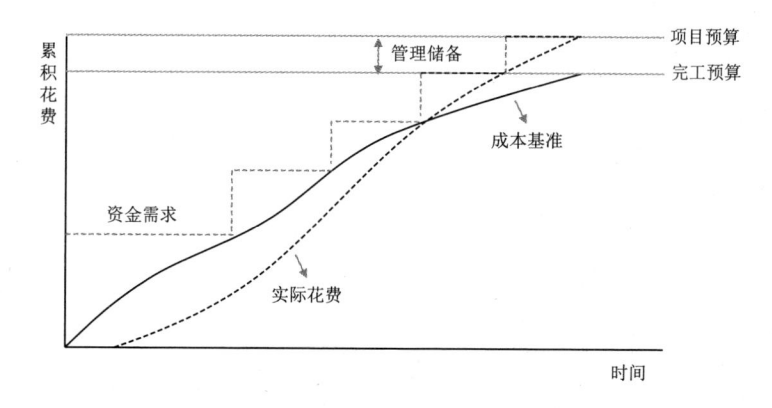

图 8-25　S 曲线

十八、干系人参与度评估矩阵

干系人参与度评估矩阵将干系人当前的参与水平与期望的参与水平进行比较,从而对干系人进行分类。干系人参与水平可分为如下几种。

（1）不了解型：不知道项目及其潜在影响。

（2）抵制型：知道项目及其潜在影响，但抵制项目工作或成果可能引发的任何变更。此类干系人不会支持项目工作或成果。

（3）中立型：了解项目，但既不支持，也不反对。

（4）支持型：了解项目及其潜在影响，并且支持项目工作及成果。

（5）领导型：了解项目及其潜在影响，而且积极参与以确保项目取得成功。

应根据每个干系人当前参与水平与期望参与水平的差距开展必要的沟通，有效引导干系人参与项目。弥合当前参与水平与期望参与水平的差距是监督干系人参与的一项基本工作。

十九、故事图

故事图是一种既定产品所应具备的所有特性和功能的可视化模型，旨在使项目团队对其所创建的产品及创建原因有整体的了解。图8-26是某在线购书网站的故事图示例。

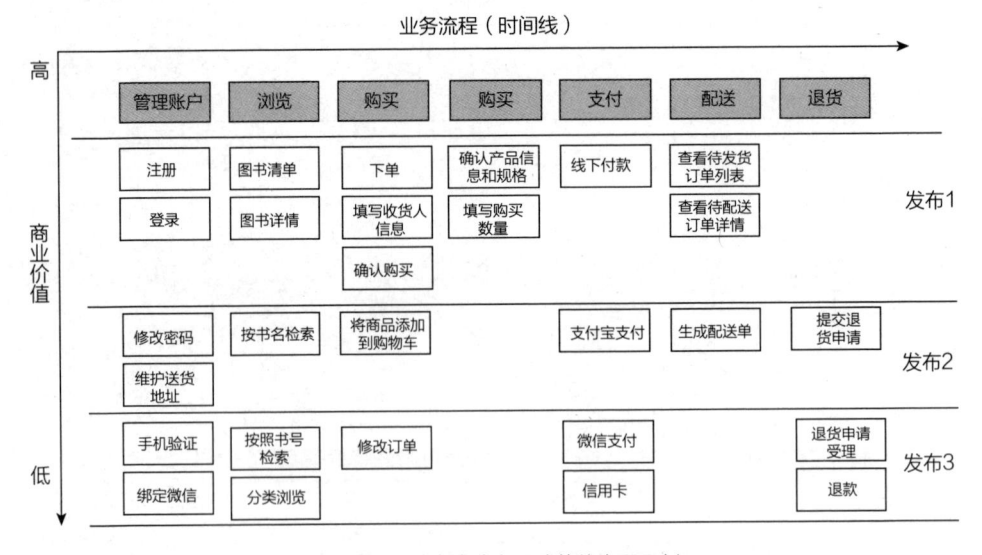

图 8-26　某在线购书网站的故事图示例

二十、产量图

产量图可显示一定时间内验收的可交付物数量。产量图可以显示为散点图或横道图。

如果一个Scrum团队完成了多次冲刺，每次冲刺为期2周，这是一个固定的时间间隔，那么在每个固定的时间间隔内交付的可交付物数量可以表示为验收的用户故事数量，用散点图和横道图表示，分别如图8-27和图8-28所示。

验收的用户故事数量（个）

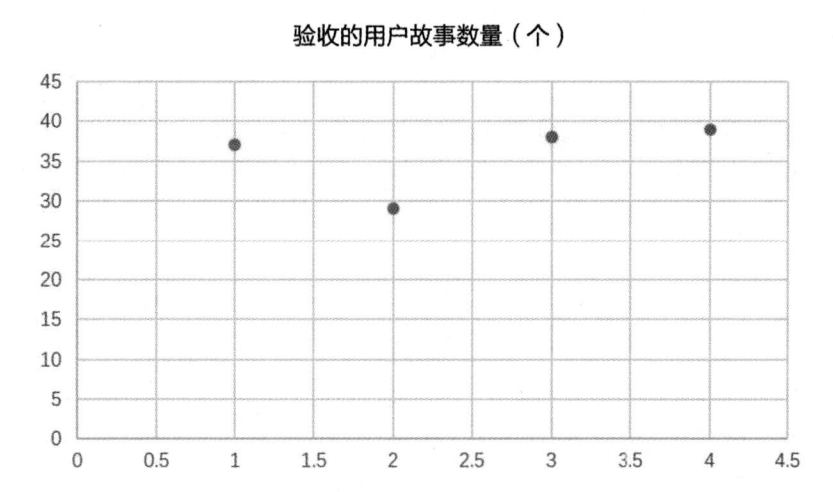

图 8-27　产量图：以散点图表示

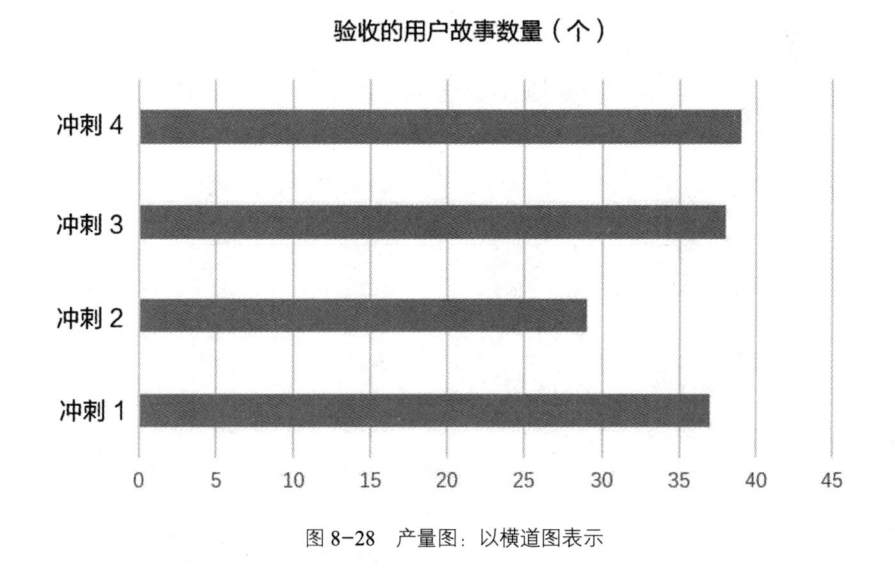

验收的用户故事数量（个）

图 8-28　产量图：以横道图表示

二十一、用例

用例可描述并探讨用户如何与系统交互以实现特定的目标。用例定义了一组实例，每个实例都是系统执行的一系列动作，这些动作可以对参与者产生有一定价值的、能观察到的结果。例如，用菜多多App买菜付款的用例如下。

- 用例1：使用微信付款，付款成功。
- 用例2：使用支付宝付款，付款失败。

二十二、价值流图

价值流图是一种精益企业的方法，用于记载、分析和改进为客户生产产品或提供服务所需的信息流或物流。价值流图可用于识别浪费情况。第七章第三节对价值流图已有详述，此处不再赘述。

二十三、速度图

速度图可跟踪在预先定义的时间间隔内生产、确认和接受可交付物的速度。假设一个Scrum团队完成了多次冲刺，每次冲刺为期2周，这是预定义的时间间隔。团队可以通过查看速度报告预测产品发布和完成日期，从而更准确地规划未来的项目。根据报告所示的先前的冲刺速度，可以实现以下目标。

（1）跟踪团队报告的每次冲刺完成的工作量。

（2）如果团队组成和冲刺持续时间保持不变，可以估计团队在未来的冲刺中能够处理的积压工作量。

图8-29显示了一个Scrum团队在过去4次冲刺中分别完成的用户故事数量。

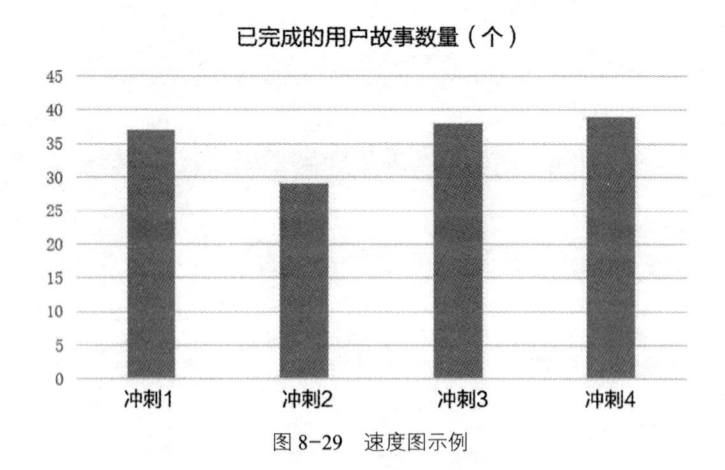

图 8-29　速度图示例

Scrum流程外的人可能会对速度图的性质感到困惑。从管理的角度来看，希望能增加团队工作量，并寻求速度的逐渐提高。但速度图追求的是趋于稳定的平均值。你可能会听到管理层关于如何提高团队速度或追求高于常规冲刺速度的讨论。不要被这些言论误导，并且要提醒每个人，速度跟踪的目的是提高团队预估自己能够持续可靠地完成多少工作的能力。如果随着时间的推移，速度图呈现不断攀升（或下跌）的趋势，说明团队的估算过程存在问题。

第七节 报告

报告是正式的信息记录或摘要。报告可向干系人传达有关信息（通常是摘要级的）。报告通常会提供给对项目状态感兴趣的干系人，如项目发起人、企业所有者或项目管理办公室。

一、质量报告

质量报告可能是图形、数据或定性文件，其中包含的信息可帮助其他过程和部门采取纠正措施，以实现期望的项目质量。质量报告中包括质量管理问题、纠正措施及建议（包括返工、缺陷/漏洞补救、100%检查等），以及在质量控制活动中发现的情况摘要，也可能包括过程、项目和产品改进的建议。

二、风险报告

风险报告提供关于整体项目风险的信息，以及关于已识别的单个项目风险的概述信息。在项目风险管理过程中，风险报告的编制是一项渐进式工作，在整个风险管理过程中不断更新。风险报告的内容包括但不限于以下两项。

（1）整体项目风险的来源：说明哪些是整体项目风险敞口的最重要驱动因素。

（2）关于已识别的单个项目风险的概述信息：如已识别的威胁与机会的数量、某种风险在风险类别中的分布情况、测量指标和发展趋势。

三、状态报告

状态报告提供关于项目当前状态的报告。它可能包括自上次报告以来的项目进展情况，以及对成本绩效和进度绩效的预测。团队成员把执行过程中的工作绩效数据和项目绩效测量基准进行比较，得到项目的成本偏差、进度偏差、成本绩效指数或进度绩效指数，进而预测未来可能发生的情况，如完工尚需估算、完工尚需绩效指数及完工偏差等，并讨论是否相应地调整计划和项目工作。

第八节 协议和合同

协议是定义双方意图的任何文件或沟通结果。在项目中，协议采用的形式有合同、备忘录等。合同是指对双方都有约束力的协议，它强制卖方提供规定的产品、服务或结果，以及强制买方支付相应的费用。合同有不同的类型，如总价合同和成本补偿合同。

一、总价合同

此类合同可以为定义明确的产品、服务或结果设定一个总价。此类合同对买方的风险较小。总价合同包括固定总价合同、总价加激励费用合同和总价加经济价格调整合同等。

（1）固定总价合同。固定总价合同是最常用的合同类型之一。这种合同对买方的风险较小，卖方利润未知，因为货物采购的价格在一开始就已确定，并且不允许改变（除非工作范围发生变更）。政府、企事业单位采购常用固定总价合同。

（2）总价加激励费用合同。总价加激励费用合同为买方和卖方提供了一定的灵活性，允许一定的绩效偏离，并对实现既定目标给予相关的财务奖励（通常取决于卖方的成本、进度或技术绩效）。在这种总价合同中会设置价格上限，高于价格上限的全部成本将由卖方承担。

（3）总价加经济价格调整合同。这种合同适用于两种情况：卖方履约期将持续几年，或者将以不同的货币支付价款。它是总价合同的一种类型，但合同中包含特殊条款，允许根据条件变化，如通货膨胀、某些特殊商品的成本增加（或降低），以事先确定的方式对合同价格进行最终调整。

二、成本补偿合同

此类合同涉及向卖方支付为完成工作而发生的实际成本，外加一笔代表卖方利润的费用。当项目范围定义不明确或经常发生变化时，会采用此类合同。此类合同对卖方的风险较小。成本补偿合同包括成本加奖励费用合同、成本加固定费用合同和成本加激励费用合同。

（1）成本加奖励费用合同。在此类合同下，买方为卖方报销一切合法成本，但只有在卖方满足合同规定的、某些笼统主观的绩效标准的情况下，买方才向卖方支付大部分费用。奖励费用完全由买方根据自己对卖方绩效的主观判断来决定，并且通常不允许卖方申诉。

（2）成本加固定费用合同。在此类合同下，买方为卖方报销因履行合同所发生的一切可列支成本，并向卖方支付一笔固定费用。该费用以项目初始估算成本的某一百分比计算，不关注卖方绩效。除非项目范围发生变更，否则费用金额维持不变。

（3）成本加激励费用合同。在此类合同下，买方为卖方报销因履行合同所发生的一切可列支成本，并在卖方达到合同规定的绩效目标时，向其支付预先确定的激励费用。在此类合同中，如果最终成本低于或高于原始估算成本，则买方和卖方需要根据事先商定的成本分摊比例来分享节约部分或分担超支部分。例如，基于卖方的实际成本，按照80/20的比例分担（分享）超过（低于）目标成本的部分，从而有效刺激卖方提升绩效。

三、工料合同

此类合同规定了固定的费率，但并没有明确的工作说明书。它可用于扩充人员、获得主题专家和任何外部人员的支持。例如，聘请专家进行敏捷培训或聘请律师打官司等，每小时费用固定，但采购内容无法提前明确规定，总价=单价×工时。

四、不确定交付和数量合同

此类合同会规定必须在固定期限内提供不确定数量（但规定了下限和上限）的产品或服务。此类合同可用于建筑、工程或信息技术项目。

五、其他协议

其他协议包括谅解备忘录、协议备忘录、服务水平协议、基本订购协议等。

（1）谅解备忘录是指用于处理较小事项的条约。双方经过协商、谈判达成共识后，用文本的方式记录下来，"谅解"旨在表明"协议双方要互相体谅，妥善处理彼此的分歧和争议"。谅解备忘录的组成内容一般包括合作机会、保密项、协议语言、协议期限、变更、终止、法律适用、其他细节等。

（2）协议备忘录是一种法律文件，是正式合同的前身，在某些司法管辖区也称谅解备忘录或合作协议。该备忘录概述了双方履行或不履行特定行为的意图和关系的范围。

（3）服务水平协议是由服务供应商与用户共同签署的法律文件，其中规定只要用户向服务供应商支付相应的费用，服务供应商就应提供相应的服务。

（4）基本订购协议可以是一个多合同的协议。例如，2019年Alion公司获得美国空军军事云服务协议，这是一个有效期长达5年的多合同的协议。

第九节　其他工件

此处描述的文件和可交付物不适用于前文所述的特定类别，但当用于其他多种目的时，它们是重要工件。

一、活动清单

活动清单会提供一份记录进度活动的表格，包含活动描述、活动标识及足够详细的工作范围描述，以便团队成员了解所需执行的工作。为了确保团队成员对活动清单有一个清晰的了解，往往会借助活动属性文件，对活动清单的内容进行进一步描述，如表8-16所示。

表8-16 活动清单

活动编号	活动名称	活动时长/小时	开始时间	结束时间	资源
1	注册功能开发	3	第1天	第1天	1名中级开发工程师
2	登录功能开发	0.5	第1天	第1天	1名中级开发工程师
3	活动展示功能开发	2	第1天	第1天	1名中级开发工程师
4	微信扫码登录功能开发	2	第1天	第1天	1名中级开发工程师
5	登录测试	0.5	第1天	第1天	1名初级测试工程师
6	活动展示功能开发	4	第2天	第2天	1名中级开发工程师

二、招标文件

招标文件用于向潜在供应商征求建议书。根据所需的产品或服务，招标文件可包括信息邀请书、报价邀请书、建议邀请书。

（1）信息邀请书。如果需要潜在供应商提供关于拟采购产品或服务的更多信息，则可使用信息邀请书。之后一般还会使用报价邀请书或建议邀请书。

（2）报价邀请书。如果需要潜在供应商提供关于如何满足需求和/或需要多少成本的更多信息，则可使用报价邀请书。

（3）建议邀请书。如果项目中出现问题且解决办法难以确定，则可使用建议邀请书。这是正式的邀请书文件，需要遵守与内容、时间表及卖方应答有关的严格的采购规则。

三、度量指标

度量指标可描述某个属性，并规定如何对其进行测量。规划、交付和测量工作之间存在自然的联系，这种联系就是度量指标。制定度量指标包括设定临界值，指明工作绩效是否符合预期，与预期绩效是否有正向或负向偏离的趋势，或者是否不可接受。决定测量什么和多久测量一次，最好的办法是"只测量重要的东西"。

与产品相关的度量指标仅适用于正在开发的可交付物。与进度和预算绩效相关的度量指标通常由组织标准驱动，并与基准或经批准的进度或预算（实际结果将与它们进行比较）相关。

作为规划的一部分，应制定绩效的度量指标、基准和临界值，以及任何测试和评估的流程与程序，从而测量绩效。作为测量绩效域的一部分，度量指标、基准和测试可作为评估实际绩效偏差的依据。

四、项目日历

项目日历可确定进度活动的可用工作日和工作班次。它把可用于开展进度活动的时间段（按天或更小的时间单位）与不可用的时间段区分开来。在一个进度模型中，可能需要采用不止一个项目日历来编制项目进度计划。因为有些活动需要不同的工作时段，所以可能需要对项目日历进行更新。

五、需求文件

需求文件记录了产品需求和管理这些需求所需的相关信息，包括相关的类别、优先级和验收标准。

需求文件描述各种单一需求将如何满足与项目相关的业务需求。只有明确的（可测量和可测试的）、可跟踪的、完整的、相互协调的，且主要干系人认可的需求，才能作为基准。团队成员需要发挥专业能力和沟通能力，将客户/用户抽象的需求转化为具体的、可测量的需求。例如，用户说想要一个方便的、安全的、个性化的买菜类App，这里的"方便的""安全的""个性化"就是抽象的需求，团队成员需要将这种抽象的需求转化成具体的、可测量的需求，如采取"手机号码+验证码"的方式登录，在App中添加菜谱功能等，这就是具体的、可测量的需求。

项目需求文件模板示例如下。

项目需求文件模板

A.项目信息

提供项目名称、客户名称、项目经理及项目发起人等与项目相关的一般信息。

项目名称：		客户名称：	
项目经理：		文件起草人：	
项目发起人：		日期：	

B.项目背景

描述项目的产生背景、决策依据、需要解决的问题等。

C. 项目目标
描述项目的工期、成本、质量、范围等。

D. 项目的阶段/可交付结果
描述项目所处阶段、完成项目任务的主要交付结果等。

E. 主要里程碑事件
描述项目的重大里程碑事件或日期等。

F. 主要资源要求
描述项目需要消耗的资源,包括人力资源、设备、材料、服务等。

G. 项目的风险情况
描述项目面临的主要风险。

H. 项目的接受标准
描述完成项目任务后客户验收产品或服务的标准。

I.项目的假设条件

描述在项目执行过程中,当前不具备,但为了方便制订计划而假设具备的各种条件。

J.项目的制约因素

描述项目执行过程中的各种制约因素,包括执行组织的内外部因素。

六、项目团队章程

项目团队章程记录了项目团队的价值观、共识和工作指南,并对项目团队成员可接受的行为做出了明确规定。尽早认可并遵守明确的规则,有助于减少误解,提高生产力;讨论诸如行为规范、沟通、冲突、决策、会议礼仪等内容,可以让团队成员了解彼此重要的价值观。由项目团队制定或参与制定的项目团队章程可实现最佳效果,所有团队成员都分担责任,确保遵守项目团队章程。可定期审查和更新项目团队章程,确保团队成员始终了解项目团队的基本规则,并指导新成员融入项目团队。表8-17是项目团队章程模板。

表 8-17 项目团队章程模板

团队章程
团队价值观:
沟通指南:
决策标准和过程:
冲突处理过程:
会议指南:
团队共识:

七、用户故事

用户故事可以清晰、有效地定义产品的需求。具体来说，就是需求是什么、为谁完成。通常一个主题包含一组用户故事。

用户故事的三要素是角色、目标、商业价值。

用户故事范本：作为一名×××（角色），我想要×××（功能），以便×××（商业价值/收益）。用户故事示例如图8-30所示。

标题	注册/登录			标题			
作为	刘大虎			作为	<用户/角色>		
我想	在菜多多App上注册新账号，并登录账号			我想	<采取行动>		
以便	我能正常登录，然后购物			以便	<获益>		
		小张					
价值	创建者		估算	价值		创建者	估算

图 8-30 用户故事示例

用户故事应遵循3C原则。

- 卡片（Card）：将故事写在一张卡片上，语言尽量精练。
- 对话（Conversation）：要和用户协商讨论故事细节。
- 确认（Confirmation）：要制定验收标准。

第十节　应用于跨绩效域的工件

虽然交付方法、产品和组织环境将决定哪些工件最适合特定的项目，但某些绩效域更有可能使用特定的工件。表8-18列出了最有可能使用各种工件的绩效域，项目经理和/或项目团队负责为项目选择合适的工件，并对之进行裁剪。

表 8-18　各种工件最适合应用的绩效域

工件	绩效域					
	团队	干系人	开发方法和生命周期	规划	项目工作	交付	测量	不确定性
战略工件								
商业论证		×		×				
商业模式画布		×		×				
项目简介		×		×				

续表

工件	绩效域						
	团队	干系人	开发方法和生命周期	规划	项目工作	交付	测量	不确定性
项目章程		×		×				
项目愿景说明书		×		×				
路线图		×	×	×				
日志和登记册								
假设日志				×	×	×		×
待办事项列表				×	×	×		
变更日志					×	×		
问题日志					×			
经验教训登记册					×			
风险调整待办事项列表				×				×
风险登记册				×	×	×		×
干系人登记册		×						
计划								
变更控制计划				×	×	×		
沟通管理计划		×		×	×			
成本管理计划				×				
迭代计划				×				
采购管理计划				×	×			
项目管理计划		×		×	×			
质量管理计划				×	×	×		
发布计划				×		×		
需求管理计划				×		×		
资源管理计划				×	×			
风险管理计划				×				×
范围管理计划				×		×		
进度管理计划				×	×			
干系人参与计划		×		×				
测试计划				×	×		×	
层级图								
组织分解结构	×	×		×				
产品分解结构				×		×		
资源分解结构	×			×	×		×	
风险分解结构					×			×

续表

工件	绩效域							
	团队	干系人	开发方法和生命周期	规划	项目工作	交付	测量	不确定性
工作分解结构				×		×	×	
基准								
预算				×	×		×	
里程碑进度计划			×	×	×		×	
绩效测量基准				×	×	×	×	
项目进度计划				×	×			
范围基准				×	×	×	×	
可视化数据和信息								
亲和图				×	×			
燃尽图/燃起图				×		×	×	
因果图					×	×	×	×
累积流量图						×	×	
周期时间图						×	×	
仪表盘					×		×	
流程图				×	×			
甘特图					×	×	×	
直方图							×	
信息发射源					×		×	
提前期图						×	×	
优先级矩阵		×			×	×		
项目进度网络图				×	×			
需求跟踪矩阵				×		×	×	
责任分配矩阵				×	×			
散点图					×	×	×	
S曲线				×			×	
干系人参与度评估矩阵		×		×	×			
故事图				×				
产量图						×	×	
用例				×		×		
价值流图						×	×	×
速度图						×	×	
报告								

续表

工件	绩效域							
	团队	干系人	开发方法和生命周期	规划	项目工作	交付	测量	不确定性
质量报告					×	×	×	
风险报告					×			×
状态报告					×			
协议和合同								
总价合同		×		×	×	×	×	×
成本补偿合同		×		×	×	×	×	×
工料合同		×		×	×	×	×	×
不确定交付和数量合同		×		×	×	×	×	×
其他协议		×		×	×	×	×	×
其他工件								
活动清单	×	×		×	×			
招标文件		×		×	×			
度量指标				×		×	×	
项目日历	×			×	×			
需求文件		×		×		×	×	
项目团队章程	×				×			
用户故事		×		×		×		